本项目由深圳市宣传文化事业发展专项基金资助

"深圳这十年"
改革创新研究特辑

新时代数字经济高质量发展与深圳经验

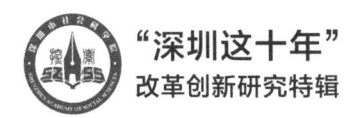

刘伟丽 ◎ 著

中国社会科学出版社

图书在版编目（CIP）数据

新时代数字经济高质量发展与深圳经验 / 刘伟丽著 . —北京：中国社会科学出版社，2023.2

（"深圳这十年"改革创新研究特辑）

ISBN 978-7-5227-1044-0

Ⅰ.①新… Ⅱ.①刘… Ⅲ.①信息经济—经济发展—研究—深圳—2022 Ⅳ.①F492.3

中国版本图书馆 CIP 数据核字（2022）第 220165 号

出 版 人	赵剑英	
责任编辑	周　佳	
责任校对	夏慧萍	
责任印制	王　超	

出　　版	中国社会科学出版社	
社　　址	北京鼓楼西大街甲 158 号	
邮　　编	100720	
网　　址	http://www.csspw.cn	
发 行 部	010-84083685	
门 市 部	010-84029450	
经　　销	新华书店及其他书店	
印　　刷	北京明恒达印务有限公司	
装　　订	廊坊市广阳区广增装订厂	
版　　次	2023 年 2 月第 1 版	
印　　次	2023 年 2 月第 1 次印刷	
开　　本	710×1000　1/16	
印　　张	18	
字　　数	274 千字	
定　　价	118.00 元	

凡购买中国社会科学出版社图书，如有质量问题请与本社营销中心联系调换
电话：010-84083683
版权所有　侵权必究

作者简介

刘伟丽,深圳大学中国质量经济发展研究院院长、中国经济特区研究中心教授、博士生导师,粤港澳高校质量联盟秘书长,国际标准工作组召集人和项目负责人,全国协作业务关系管理标准化技术委员会副秘书长,深圳市高层次人才,深圳大学"荔园优秀学者"。主要研究世界经济、国际经贸规则与标准、质量经济与管理、质量文化和工匠精神、数字经济和数字贸易、合格评定、共享经济、信息安全、组织治理等。出版《质量经济学研究》等学术著作5部。主持国家社科基金项目、教育部基地重大科研项目等50余项。

内容简介

深圳这十年是数字经济高质量发展的十年，数字经济的发展源于信息技术的进步，其内涵是基于数字产品或服务商业模式的数字技术的产出。改革开放以来，深圳充分发挥特区和"双区"优势，推动数字经济经历了从制造到创造、从速度到质量和高质量发展阶段，在数字化转型和制度创新等领域取得卓越的成果。本书构建了深圳数字经济高质量发展衡量指标体系，实证和总结深圳这十年数字经济高质量发展的路径演进。国内对比了广东、深圳与其他省份、城市的数字经济的政策规划、产业体系等发展状况，总结了相关国内数字经济发展的差异；典型分析了深圳数据安全和个人信息保护，深入剖析了中兴通讯数字化转型的良好实践；国际比较了全球主要经济体数字经济发展情况、前沿技术、典型案例、政策措施，对推动深圳数字经济高质量发展和积极参与国际数字规则制定具有借鉴意义。最后从赋能实体经济、创新数字金融、推动人才培养等方面提出深圳数字经济高质量发展的路径选择。

《深圳这十年》
编委会

顾　　问：王京生　李小甘　王　强

主　　任：张　玲　张　华

执行主任：陈金海　吴定海

主　　编：吴定海

总序一

突出改革创新的时代精神

在人类历史长河中，改革创新是社会发展和历史前进的一种基本方式，是一个国家和民族兴旺发达的决定性因素。古今中外，国运的兴衰、地域的起落，莫不与改革创新息息相关。无论是中国历史上的商鞅变法、王安石变法，还是西方历史上的文艺复兴、宗教改革，这些改革和创新都对当时的政治、经济、社会甚至人类文明产生了深远的影响。但在实际推进中，世界上各个国家和地区的改革创新都不是一帆风顺的，力量的博弈、利益的冲突、思想的碰撞往往伴随着改革创新的始终。就当事者而言，对改革创新的正误判断并不像后人在历史分析中提出的因果关系那样确定无疑。因此，透过复杂的枝蔓，洞察必然的主流，坚定必胜的信念，对一个国家和民族的改革创新来说就显得极其重要和难能可贵。

改革创新，是深圳的城市标识，是深圳的生命动力，是深圳迎接挑战、突破困局、实现飞跃的基本途径。不改革创新就无路可走、就无以召唤。作为中国特色社会主义先行示范区，深圳肩负着为改革开放探索道路的使命。改革开放以来，历届市委、市政府以挺立潮头、敢为人先的勇气，进行了一系列大胆的探索、改革和创新，不仅使深圳占得了发展先机，而且获得了强大的发展后劲，为今后的发展奠定了坚实的基础。深圳的每一步发展都源于改革创新的推动；改革创新不仅创造了深圳经济社会和文化发展的奇迹，而且使深圳成为"全国改革开放的一面旗帜"和引领全国社会主义现代化建设的"排头兵"。

从另一个角度来看，改革创新又是深圳矢志不渝、坚定不移的命运抉择。为什么一个最初基本以加工别人产品为生计的特区，变成了一个以高新技术产业安身立命的先锋城市？为什么一个最初大学稀缺、研究院所数量几乎是零的地方，因自主创新而名扬天下？原因很多，但极为重要的是深圳拥有以移民文化为基础，以制度文化为保障的优良文化生态，拥有崇尚改革创新的城市优良基因。来到这里的很多人，都有对过去的不满和对未来的梦想，他们骨子里流着创新的血液。许多个体汇聚起来，就会形成巨大的创新力量。可以说，深圳是一座以创新为灵魂的城市，正是移民文化造就了这座城市的创新基因。因此，在经济特区发展历史上，创新无所不在，打破陈规司空见惯。例如，特区初建时缺乏建设资金，就通过改革开放引来了大量外资；发展中遇到瓶颈压力，就向改革创新要空间、要资源、要动力。再比如，深圳作为改革开放的探索者、先行者，向前迈出的每一步都面临着处于十字路口的选择，不创新不突破就会迷失方向。从特区酝酿时的"建"与"不建"，到特区快速发展中的姓"社"姓"资"，从特区跨越中的"存"与"废"，到新世纪初的"特"与"不特"，每一次挑战都考验着深圳改革开放的成败进退，每一次挑战都把深圳改革创新的招牌擦得更亮。因此，多元包容的现代移民文化和敢闯敢试的城市创新氛围，成就了深圳改革开放以来最为独特的发展优势。

40多年来，深圳正是凭着坚持改革创新的赤胆忠心，在汹涌澎湃的历史潮头劈波斩浪、勇往向前，经受住了各种风浪的袭扰和摔打，闯过了一个又一个关口，成为锲而不舍的走向社会主义市场经济和中国特色社会主义的"闯将"。从这个意义上说，深圳的价值和生命就是改革创新，改革创新是深圳的根、深圳的魂，铸造了经济特区的品格秉性、价值内涵和运动程式，成为深圳成长和发展的常态。深圳特色的"创新型文化"，让创新成为城市生命力和活力的源泉。

我们党始终坚持深化改革、不断创新，对推动中国特色社会主义事业发展、实现中华民族伟大复兴的中国梦产生了重大而深远的影响。新时代，我国迈入高质量发展阶段，要求我们不断解放思想，坚持改革创新。深圳面临着改革创新的新使命和新征程，市委市政府推出全面深化改革、全面扩大开放综合措施，肩负起创建社会主义现代化强国的城市范例的历史重任。

如果说深圳前40年的创新，主要立足于"破"，可以视为打破旧规矩、挣脱旧藩篱，以破为先、破多于立，"摸着石头过河"，勇于冲破计划经济体制等束缚；那么今后深圳的改革创新，更应当着眼于"立"，"立"字为先、立法立规、守法守规，弘扬法治理念，发挥制度优势，通过立规矩、建制度，不断完善社会主义市场经济制度，推动全面深化改革、全面扩大开放，创造新的竞争优势。在"两个一百年"历史交汇点上，深圳充分发挥粤港澳大湾区、深圳先行示范区"双区"驱动优势和深圳经济特区、深圳先行示范区"双区"叠加效应，明确了"1+10+10"工作部署，瞄准高质量发展高地、法治城市示范、城市文明典范、民生幸福标杆、可持续发展先锋的战略定位持续奋斗，建成现代化国际化创新型城市，基本实现社会主义现代化。

如今，新时代的改革创新既展示了我们的理论自信、制度自信、道路自信，又要求我们承担起巨大的改革勇气、智慧和决心。在新的形势下，深圳如何通过改革创新实现更好更快的发展，继续当好全面深化改革的排头兵，为全国提供更多更有意义的示范和借鉴，为中国特色社会主义事业和实现民族伟大复兴的中国梦做出更大贡献，这是深圳当前和今后一段时期面临的重大理论和现实问题，需要各行业、各领域着眼于深圳改革创新的探索和实践，加大理论研究，强化改革思考，总结实践经验，作出科学回答，以进一步加强创新文化建设，唤起全社会推进改革的勇气、弘扬创新的精神和实现梦想的激情，形成深圳率先改革、主动改革的强大理论共识。比如，近些年深圳各行业、各领域应有什么重要的战略调整？各区、各单位在改革创新上取得什么样的成就？这些成就如何在理论上加以总结？形成怎样的制度成果？如何为未来提供一个更为明晰的思路和路径指引？等等，这些颇具现实意义的问题都需要在实践基础上进一步梳理和概括。

为了总结和推广深圳的重要改革创新探索成果，深圳社科理论界组织出版《深圳改革创新丛书》，通过汇集深圳各领域推动改革创新探索的最新总结成果，希冀助力推动形成深圳全面深化改革、全面扩大开放的新格局。其编撰要求主要包括：

首先，立足于创新实践。丛书的内容主要着眼于新近的改革思维与创新实践，既突出时代色彩，侧重于眼前的实践、当下的总结，同时也兼顾基于实践的推广性以及对未来的展望与构想。那些已经产生重要影响并广为人知的经验，不再作为深入研究的对象。这并不是说那些历史经验不值得再提，而是说那些经验已经沉淀，已经得到文化形态和实践成果的转化。比如说，某些观念已经转化成某种习惯和城市文化常识，成为深圳城市气质的内容，这些内容就可不必重复阐述。因此，这套丛书更注重的是目前行业一线的创新探索，或者过去未被发现、未充分发掘但有价值的创新实践。

其次，专注于前沿探讨。丛书的选题应当来自改革实践最前沿，不是纯粹的学理探讨。作者并不限于从事社科理论研究的专家学者，还包括各行业、各领域的实际工作者。撰文要求以事实为基础，以改革创新成果为主要内容，以平实说理为叙述风格。丛书的视野甚至还包括那些为改革创新做出了重要贡献的一些个人，集中展示和汇集他们对于前沿探索的思想创新和理念创新成果。

第三，着眼于解决问题。这套丛书虽然以实践为基础，但应当注重经验的总结和理论的提炼。入选的书稿要有基本的学术要求和深入的理论思考，而非一般性的工作总结、经验汇编和材料汇集。学术研究需强调问题意识。这套丛书的选择要求针对当前面临的较为急迫的现实问题，着眼于那些来自经济社会发展第一线的群众关心关注的瓶颈问题的有效解决。

事实上，古今中外有不少来源于实践的著作，为后世提供着持久的思想能量。撰著《旧时代与大革命》的法国思想家托克维尔，正是基于其深入考察美国的民主制度的实践之后，写成名著《论美国的民主》，这可视为从实践到学术的一个范例。托克维尔不是美国民主制度设计的参与者，而是旁观者，但就是这样一位旁观者，为西方政治思想留下了一份经典文献。马克思的《法兰西内战》，也是一部来源于革命实践的作品，它基于巴黎公社革命的经验，既是那个时代的见证，也是马克思主义的重要文献。这些经典著作都是我们总结和提升实践经验的可资参照的榜样。

那些关注实践的大时代的大著作，至少可以给我们这样的启示：哪怕面对的是具体的问题，也不妨拥有大视野，从具体而微的实践探索中展现宏阔远大的社会背景，并形成进一步推进实践发展的真知灼见。《深圳改革创新丛书》虽然主要还是探讨深圳的政治、经济、社会、文化、生态文明建设和党的建设各个方面的实际问题，但其所体现的创新性、先进性与理论性，也能够充分反映深圳的主流价值观和城市文化精神，从而促进形成一种创新的时代气质。

王京生

写于 2016 年 3 月
改于 2021 年 12 月

总 序 二

中国式现代化道路的深圳探索

党的十八大以来，中国特色社会主义进入新时代。面对世界经济复苏乏力、局部冲突和动荡频发、新冠肺炎病毒世纪疫情肆虐、全球性问题加剧、我国经济发展进入新常态等一系列深刻变化，全国人民在中国共产党的坚强领导下，团结一心，迎难而上，踔厉奋发，取得了改革开放和社会主义现代化建设的历史性新成就。作为改革开放的先锋城市，深圳也迎来了建设粤港澳大湾区和中国特色社会主义先行示范区"双区驱动"的重大历史机遇，踏上了中国特色社会主义伟大实践的新征程。

面对新机遇和新挑战，深圳明确画出奋进的路线图——到2025年，建成现代化国际化创新型城市；到2035年，建成具有全球影响力的创新创业创意之都，成为我国建设社会主义现代化强国的城市范例；到21世纪中叶，成为竞争力、创新力、影响力卓著的全球标杆城市——吹响了新时代的冲锋号。

改革创新，是深圳的城市标识，是深圳的生命动力，是深圳迎接挑战、突破困局、实现飞跃的基本途径；而先行示范，是深圳在新发展阶段贯彻新发展理念、构建新发展格局的新使命、新任务，是深圳在中国式现代化道路上不懈探索的宏伟目标和强大动力。

在党的二十大胜利召开这个重要历史节点，在我国进入全面建设社会主义现代化国家新征程的关键时刻，深圳社科理论界围绕贯彻落实习近平新时代中国特色社会主义思想，植根于深圳经济特区的伟大实践，致力于在"全球视野、国家战略、广东大局、深圳担当"四维空间中找准工作定位，着力打造新时代研究阐释和学习宣传习近平新时代中国特色社会主义思想的典范、打造新时代国际传播典范、打造新时代"两个文明"全面协调发展典范、打造新时代文化高质量发展典范、打造新时代意识形态安全典范。为此，中共深圳市委宣传部与深圳市社会科学联合会（社会科学院）联合编纂《深圳这十年》，作为《深圳改革创新丛书》的特辑出版，这是深圳社科理论界努力以学术回答中国之问、世界之问、人民之问、时代之问，着力传播好中国理论，讲好中国故事，讲好深圳故事，为不断开辟马克思主义中国化时代化新境界做出的新的理论尝试。

伴随着新时代改革开放事业的深入推进，伴随着深圳经济特区学术建设的渐进发展，《深圳改革创新丛书》也走到了第十个年头，此前已经出版了九个专辑，在国内引起了一定的关注，被誉为迈出了"深圳学派"从理想走向现实的坚实一步。这套《深圳这十年》特辑由十本综合性、理论性著作构成，聚焦十年来深圳在中国式现代化道路上的探索和实践。《新时代深圳先行示范区综合改革探索》系统总结十年来深圳经济、文化、环境、法治、民生、党建等领域改革模式和治理思路，探寻先行示范区的中国式现代化深圳路径；《新时代深圳经济高质量发展研究》论述深圳始终坚持中国特色社会主义经济制度推动经济高质量发展的历程；《新时代数字经济高质量发展与深圳经验》构建深圳数字经济高质量发展的衡量指标体系并进行实证案例分析；《新时代深圳全过程创新生态链构建理念与实践》论证全过程创新生态链的构建如何赋能深圳新时代高质量发展；《新时代深圳法治先行示范城市建设的理念与实践》论述习近平法治思想在深圳法治先行示范城市建设过程中的具体实践；《新时代环境治理现代化的理论建构与深圳经验》从深圳环境治理的案例出发探索科技赋能下可复制推广的环境治理新模式和新路径；《新时代生态文明思想的深圳实践》研究新时代生态文明思想指导下实现生态与增长协同发展的深圳模式与路径；《新时代深圳民生幸福标杆城市建设研究》提出深圳民生幸福政策体系的分析框架，论述深圳"以人民幸福为中心"的理论构建与政策实践；《新时代深圳城市文明建设的理念与实践》阐述深圳"以文运城"的成效与经验，以期为未来建设全球标杆城市充分发挥文明伟力；《飞地经济实践论——新时代深汕特别合作区发展模式研究》以深汕合作区为研究样本在国内首次系统研究飞地经济发展。该特辑涵盖众多领域,鲜明地突出了时代特点和深圳特色,丰富了中国式现代化道路的理论建构和历史经验。

《深圳这十年》从社会科学研究者的视角观察社会、关注实践,既体现了把城市发展主动融入国家发展大局的大视野、大格局,也体现了把学问做在祖国大地上、实现继承与创新相结合的扎实努力。"十年磨一剑,霜刃未曾试",这些成果,既是对深圳过去十年的总结与传承,更是对今天的推动和对明天的引领,希望这些成果为未来更深入的理论思考和实践探索,提供新的思想启示,开辟更广阔的理论视野和学术天地。

栉风沐雨砥砺行,春华秋实满庭芳,谨以此丛书,献给伟大的新时代!

2022 年 10 月

目　　录

引　言 …………………………………………………………（1）

第一章　数字经济的内涵与外延 ……………………………（3）
　第一节　数字经济的内涵 ……………………………………（3）
　第二节　数字经济高质量发展的外延 ………………………（10）
　　一　数字科技高质量发展 …………………………………（11）
　　二　数字贸易高质量发展 …………………………………（12）
　　三　数字金融高质量发展 …………………………………（13）

第二章　数字经济研究新进展 ………………………………（16）
　第一节　数字经济发展的影响因素 …………………………（17）
　　一　数字经济的影响因素 …………………………………（17）
　　二　其他数字经济外延的影响因素 ………………………（18）
　第二节　数字经济对经济发展的影响效应 …………………（19）
　　一　数字经济与经济增长 …………………………………（20）
　　二　数字经济与高质量发展 ………………………………（23）
　　三　数字经济与区域创新 …………………………………（25）
　　四　数字经济与产业结构升级 ……………………………（27）
　　五　数字经济与生态环境 …………………………………（29）
　　六　数字经济与劳动力就业 ………………………………（30）
　　七　数字经济与实体经济 …………………………………（32）
　　八　数字经济与共同富裕 …………………………………（33）
　　九　数字经济与城乡差距 …………………………………（33）

十　数字经济与对外开放 …………………………………（35）

第三章　深圳数字经济的发展优势与阶段 ………………（37）
　第一节　深圳数字经济发展的优势 ………………………（37）
　第二节　深圳数字经济发展的阶段 ………………………（39）
　　一　从制造到创造的初始阶段 …………………………（39）
　　二　从速度到质量的转型阶段 …………………………（41）
　　三　高质量发展阶段 ……………………………………（42）

第四章　深圳数字经济高质量发展面临的问题 …………（44）
　第一节　产业数字化转型动力不足、规模有限 …………（44）
　　一　部分传统行业处于转型升级瓶颈期 ………………（45）
　　二　部分中小微企业内部数字化基础较差 ……………（47）
　　三　数字龙头企业数量和国际影响力不突出 …………（48）
　第二节　数据要素价值潜能挖掘不充分 …………………（50）
　　一　数字经济统计与测算体系有待完善 ………………（50）
　　二　数据资源交易流通体系有待加强 …………………（51）
　　三　数据开放共享程度仍需提高 ………………………（54）
　第三节　营商环境有待优化 ………………………………（54）
　　一　数据安全保护风险增加 ……………………………（54）
　　二　数字平台垄断问题日益凸显 ………………………（55）
　　三　市场经营监管难度较大 ……………………………（56）
　第四节　数字化人才培育体系不健全 ……………………（58）
　　一　数字经济复合型人才短缺 …………………………（58）
　　二　数字化人才培育体系建设不完善 …………………（59）
　　三　缺乏专业化的数字技术转化队伍建设 ……………（61）
　第五节　小结 ………………………………………………（61）

第五章 深圳推进数字经济高质量发展的成效和亮点 (63)

第一节 积极推进产业数字化转型升级 (63)
一 重点行业数字化转型 (63)
二 产业园区与产业集群数字化转型 (64)
三 数字技术助力跨区域协同 (64)

第二节 激发数字产业化潜能和优势 (65)
一 实现关键技术突破 (65)
二 培育新业态新模式 (65)
三 做强数字经济核心产业 (66)

第三节 强化数字经济支撑体系建设 (66)
一 加快数字基础设施建设步伐 (66)
二 强化深圳数字经济政策扶持 (66)
三 加强深圳数字经济监管 (67)

第四节 提高公共服务数字化水平 (67)
一 提升"互联网+政务服务"效能 (68)
二 扩大社会服务数字化普惠供给 (68)
三 打造新型数字生活 (68)

第五节 小结 (69)

第六章 深圳数字经济高质量发展指标体系 (71)

第一节 数字经济指标体系构成 (72)
一 数字基础设施指标 (72)
二 数字产业化指标 (72)
三 产业数字化指标 (72)

第二节 总指数测量方法及结果分析 (75)
一 深圳数字经济高质量发展总指数测量方法 (75)
二 深圳数字经济高质量发展总指数 (78)

第三节 分指数测量方法及结果分析 (83)
一 深圳数字经济高质量发展分指数测量方法 (83)

二　深圳数字经济高质量发展分指数测量结果 …………（85）
　第四节　小结 ……………………………………………（109）

第七章　深圳数据安全和个人信息保护 ……………（110）
　第一节　数字经济发展中的重要法律议题 ……………（111）
　　一　数据安全问题 ………………………………………（111）
　　二　个人信息保护 ………………………………………（113）
　　三　国际数据治理 ………………………………………（116）
　第二节　深圳数据安全与个人信息保护的地方实践 ……（117）
　　一　深圳数据立法实践 …………………………………（117）
　　二　深圳数据安全保障的现状 …………………………（120）
　　三　深圳个人信息保护的现状 …………………………（121）
　第三节　深圳数据安全与个人信息保护的政策建议 ……（123）
　　一　发挥深港合作优势，促进深港数据跨境 …………（123）
　　二　厘清数据产权权属，推动深圳数据交易发展 ……（125）
　　三　衔接国际数据规则，支持深圳企业开拓国际
　　　　市场 …………………………………………………（126）

第八章　数字经济发展的国内对比 ……………………（128）
　第一节　广东与其他部分省份的对比 …………………（128）
　　一　与京津冀、环渤海地区省份及其邻近
　　　　省份的对比 …………………………………………（131）
　　二　与长江三角洲及长江经济带中游地区
　　　　省份的对比 …………………………………………（144）
　　三　与长江经济带上游及粤港澳大湾区邻近
　　　　省份的对比 …………………………………………（153）
　第二节　深圳与部分其他城市的对比 …………………（161）
　　一　与其他"数字经济一线"城市的对比 ……………（163）
　　二　与其他粤港澳大湾区城市的对比 …………………（174）

三　与其他经济较发达城市的对比 …………………………（184）
　第三节　小结 …………………………………………………（193）
　　一　设定更高层次发展目标 …………………………………（193）
　　二　稳步推进数字产业合作 …………………………………（194）
　　三　推进数字经济发展对外开放 ……………………………（194）
　　四　持续推动基础设施建设和科研创新 ……………………（195）

第九章　数字经济发展的国际互鉴 ……………………………（197）
　第一节　全球主要经济体数字经济发展 ……………………（197）
　　一　美国数字经济的技术创新持续领先 ……………………（198）
　　二　欧盟推动一体的数字化生态 ……………………………（198）
　　三　德国打造全球制造业数字化转型标杆 …………………（198）
　　四　新加坡扩大多双边的数字经贸圈 ………………………（199）
　第二节　国际数字经济实践的比较 …………………………（199）
　　一　数据价值化 ………………………………………………（199）
　　二　数字产业化和产业数字化 ………………………………（205）
　　三　数字化治理 ………………………………………………（206）
　　四　数字化发展战略 …………………………………………（209）
　　五　数据安全 …………………………………………………（209）
　第三节　全球数字贸易规则发展 ……………………………（210）
　　一　全球数字贸易规则发展 …………………………………（211）
　　二　全球数字贸易海关监管 …………………………………（212）

第十章　中兴通讯数字化转型的典型案例 ……………………（214）
　第一节　企业的基本信息 ……………………………………（214）
　第二节　传统供应链中的问题 ………………………………（215）
　　一　中兴通讯的供应链行业特点 ……………………………（215）
　　二　中兴通讯供应链面临的问题 ……………………………（216）
　　三　中兴通讯供应链数字化转型的意义 ……………………（217）

第三节　企业供应链数字化转型的过程 …………… (218)
　　一　数字化供应链的整体架构 ………………… (218)
　　二　数字化供应链运用新技术情况 …………… (222)
　　三　数字化供应链各业务环节现状 …………… (223)
　　四　实施路径 …………………………………… (226)
第四节　供应链数字化转型的效果 ………………… (233)
　　一　供应链运营效率提升 ……………………… (233)
　　二　供应链抗风险韧性提升 …………………… (234)
第五节　企业供应链数字化转型的创新点 ………… (235)
　　一　项目化运作推动数字化转型 ……………… (235)
　　二　从战略到落地 ……………………………… (237)
　　三　上下游协同发展 …………………………… (239)
第六节　未来发展机遇与挑战 ……………………… (239)

第十一章　深圳数字经济高质量发展的政策建议 ……… (242)
　　一　推动产业间和产业内数字化均衡发展 …… (242)
　　二　提高数字经济的开放水平 ………………… (242)
　　三　处理好政府与市场的关系 ………………… (243)
　　四　优化营商环境 ……………………………… (243)
　　五　支持实体经济高质量发展 ………………… (244)
　　六　创新人才培养路径 ………………………… (244)
　　七　构建数字贸易标准体系 …………………… (246)

参考文献 ………………………………………………… (248)

后　记 …………………………………………………… (269)

引　言

　　经过改革开放40多年的努力，中国特色社会主义进入新时代，经济发展也进入了高质量发展阶段的新时代。实现经济高质量发展，是以习近平同志为核心的党中央对新时代中国经济由高速增长阶段向高质量发展阶段进行重要转变作出的科学系统论断，是新时代中国特色社会主义建设过程中最根本、最显著的经济发展特征。数字经济高质量发展是中国特色社会主义新时代的根本要求，是解决发展不平衡、不协调和不可持续问题的必然选择。党的十八大以来，深圳经济特区以新发展理念为引领，始终走在新时代先行探索的前列。深圳作为改革开放最前沿和粤港澳大湾区中心城市，承担着建设中国特色社会主义先行示范区的重要历史使命，"高质量发展高地"是《中共中央 国务院关于支持深圳建设中国特色社会主义先行示范区的意见》中明确的深圳首要战略地位。数字经济高质量发展，是深圳深化改革开放、推动"双区"建设的内在要求，符合新时代中国特色社会主义的新内涵、新方向。

　　为厘清深圳数字经济高质量发展的内在逻辑，为探寻高质量发展之路提供理论和实践支撑，本书结合相关学者的研究基础和具体发展实践，总结数字经济高质量发展的内涵与外延。深圳数字经济高质量发展主要经历了从制造到创造、从速度到质量和高质量发展三个阶段。深圳在传统产业全球化中仍具有优势，但在推进产业数字化转型、激发数字产业化潜能、强化数字经济支撑体系、提高公共服务数字化水平等方面不断形成一批"深圳经验""深圳标准""深圳样本"。

　　进入中国特色社会主义新时代，深圳充分依托自身推进粤港澳大湾区、中国特色社会主义先行示范区"双区"建设和经济特区的区位优势，持续优化数字经济发展环境和政策法规支持规范体系，深入推进数字化转型和数字基础设施建设，培育出了高质量的、具有核心竞争力的数字经济产业和一批代表性数字经济、高新技术企业，取得了数字经济发展的丰硕成果。

根据深圳高质量发展的内涵与外延，构建深圳数字经济高质量发展衡量指标体系，得到深圳数字经济发展总指数，以及包括用户基础、智慧城市、人才基础、数字产业、数字服务、数字创新、数字产业对外经贸合作、数字产业贸易、文化产业数字化、工业数字化在内的十个分指数，并对总指数和分指数加以分析，力争贯通近十年深圳数字经济的发展脉络，结合深圳数字经济发展实际对指数的内在逻辑和发展规律进行阐述，总结深圳数字经济发展路径的演进。

国内对比了广东、深圳与其他省份、城市的数字经济的政策规划、产业体系等发展状况，较为深入地总结了相关省际和市际数字经济发展的差异，为进一步推动深圳数字经济高质量发展提供借鉴。国际比较了全球主要经济体数字经济发展情况、前沿技术、典型案例、政策措施等，为推动我国和深圳积极参与全球数字经济治理提供了国际案例。典型分析了中兴通讯数字化转型的案例，为深圳企业数字化转型提供可实施的路径选择。最后从赋能实体经济、创新数字金融、紧抓人才培养等方面提出深圳数字经济高质量发展的路径选择。

第一章　数字经济的内涵与外延

数字经济的发展来源于信息技术的进步，是基于数字产品或服务的商业模式的数字技术的产出，具有狭义和广义之分。本章梳理数字经济的内涵与外延。

第一节　数字经济的内涵

目前，学术界关于数字经济的定义尚未形成统一的理解和认识。Bukht 和 Heeks 认为，数字经济的核心是"数字部门"——生产基础数字产品和服务的 IT／ICT 部门。[1] 裴长洪等则将数字经济概念进一步扩展，将广义数字经济定义为一切基于 ICT 生产和数字投入的经济活动所产生的综合价值。[2] 由于定义上的差异，数字经济指标的选取和测算存在较大差异。[3]

随着新一代信息技术的发展，数字经济在全球经济运行中扮演着越来越重要的角色，已经成为全球经济最活跃的领域。数字经济的发展与互联网全球化推进相伴而行，数字经济这一概念最初是由 Tapscott 于 1995 年提出的。数字经济被认为类似于知识经济，其特点是以数字方式完成信息传递，指出互联网对现有的商业模式会造

---

[1] Rumana Bukht and Richard Heeks, "Defining Conceptualising and Measuring the Digital Economy", *Development Informatics working paper*, Vol. 68, 2017.

[2] 裴长洪、倪江飞、李越:《数字经济的政治经济学分析》,《财贸经济》2018 年第 9 期; Chen Yongmin, "Improving Market Performance in the Digital Economy", *China Economic Review*, Vol. 62, 2020。

[3] 许宪春、张美慧:《中国数字经济规模测算研究——基于国际比较的视角》,《中国工业经济》2020 年第 5 期。

成一定的改变。① 1998 年，美国商务部公布的报告中指出"数字经济的前沿是电子商务"②。之后的学者开始注意到数字技术在其中的重要性。Kim 等指出在数字经济中，微观主体所需要的商品和服务都是基于数字信息技术而发生交易的，但未注意到数字经济的宏观影响。③ 陈晓龙认为信息化所覆盖的范围涉及社会经济的各个方面，主要含有信息技术、传统产业、基础设施和生活方式。④ 何枭吟提出数字经济作为一种新的经济活动，以数字知识和信息为基础，以数字信息技术为推动力，且数字经济会对社会的各个方面产生影响。⑤ 学术界对于数字经济的认识从数字化的信息到数字技术，最后将数字信息和数字技术二者结合，对数字经济进行定义。国外对数字经济的研究起步较早，不少学者对数字经济相关概念进行了界定（见表 1-1）。

表 1-1　　　　　　　国外学者对数字经济概念的界定

	学者	代表著作	主要观点
1996 年	Don Tapscott	《数字经济：网络智能时代的承诺与风险》	提出数字经济（Digital Economy）的概念，详细阐述了互联网对经济社会影响
1996 年	Nicholas Negroponte	《数字化生存》	详细说明了信息技术未来发展趋势、应用价值
2001 年	Landefe and Fraumeni	《新经济的测度》	侧重于从数字生产力方面解释数字经济概念，强调从通信设备制造业、信息技术服务行业、数字内容行业等市场化应用进行分析

---

① Don Tapscott ed., *The Digital Economy*: *Promise and Peril in the Age of Networked Intelligence*, New York: McGraw-Hill, 1995.
② U. S. Department of Commerce, *Digital Economy* 2000, 2000.
③ Beomsoo Kim, Anitesh Barua, Andrew Whinston, "Virtual Field Experiments for A Digital Economy: A New Research Methodology for Exploring An Information Economy", *Decision Support Systems*, Vol. 32, No. 3, 2002, pp. 215-231.
④ 陈晓龙：《数字经济对中国经济的影响浅析》，《现代商业》2011 年第 11 期。
⑤ 何枭吟：《数字经济与信息经济、网络经济和知识经济的内涵比较》，《时代金融》2011 年第 29 期。

续表

	学者	代表著作	主要观点
2001 年	Mesenbourg Thomas	《数字经济的测度》	对数学经济进行划分，依次分为电子商务基础设施、电子商务流程和电子商务三部分
2015 年	Berisha-Shaqiri and Berisha-Namani	《信息技术和数字经济》	认为数字技术是将数字化信息解析和处理的新一代信息技术
2016 年	Mark Knickrehm	《数字化颠覆：增长的乘数》	认为数字经济指代各类数字化投入带来的全部经济产出
2017 年	Bukh and Heeks	《数字经济的概念和测度》	数字经济是基于数字产品或服务的商业模式的数字技术的产出，并区分狭义部门和广义部门

资料来源：Don Tapscott ed., *The Digital Economy: Promise and Peril in the Age of Networked Intelligence*, New York: McGraw-Hill, 1995; Steven Landefeld and Barbara Fraumeni, "Measuring the New Economy", *Bea Papers*, Vol. 3, 2001, p. 224; Thomas Mesenbourg, "Measuring the Digital Economy", *US Bureau of the Census*, Vol. 1, 2001, pp. 1-19; Afërdita Berisha-Shaqiri and Mihane Berisha-Namani, "Information Technology and the Digital Economy", *Mediterranean Journal of Social Sciences*, Vol. 6, 2015, p. 78; Rumana Bukht and Richard Heeks, "Defining Conceptualising and Measuring the Digital Economy", *Development Informatics Working Paper*, Vol. 68, 2017。

国内目前认可度较高的定义，是由中国信息通信研究院提出的："数字经济是继农业经济与工业经济之后新的经济形态，它以数字化的知识和信息作为关键生产要素，以数字技术为核心驱动力量，以现代信息网络为重要载体的新型经济形态。"[1]

经济合作与发展组织（OECD）对数字经济的概念主要强调企业和市场方面，包括个体、社区和社会等。使用分层和结构化方式定义是指将数字经济定义为核心层、狭义层、广义层和"数字社会"等。二十国集团领导人在杭州峰会定义了数字经济：是指以使用数字化的知识和信息作为关键生产要素、以现代信息网络作为重

---

[1] 中国信息通信研究院：《中国数字经济发展白皮书（2020 年）》，2020 年。

要载体、以信息通信技术的有效使用作为效率提升和经济结构优化的重要推动力的一系列经济活动（见表1-2）。

表1-2　国际组织以及专业机构对数字经济的界定

	机构	主要观点
2010年	OECD	对数字经济与全球化、ICT技术与就业、互联网经济、ICT与绿色增长等方面进行研究
2012年	OECD	围绕ICT产品和ICT基础设施，企业、住户及个人对ICT的需求情况，内容与媒体产品等方面对数字经济测度展开系统研究
2015年	欧洲议会	数字经济是通过无数个且不断增长的节点连接起来的多层级或层次的复杂结构
2017年	OECD	认为云计算、机器学习、远程控制、自动机器系统、物联网技术等技术普及有力推动数字经济发展
2019年	联合国贸易和发展会议	数字经济发展的两个驱动因素分别是数据和数字平台

资料来源：G20网站、OECD网站、European Parliament网站、UNCTAD网站。

国内学者对数字经济的内涵研究主要包括以下内容。

首先，数字经济是互联网经济的高级形态。数字经济的发展是基于互联网技术在制造领域、管理领域和流通领域的数字化转型，[1]来源于信息化和数字技术的进步，是一种依托于信息化的经济形态。数字经济时代浅议，体现人类智慧的创造精神，其中的社会活动都是基于类似于0和1的二进制程序来动态描述的。[2] 数字经济的发展硬件基础是信息通信设备，数字空间具有虚拟严谨的特点，发展数字经济过程中要注意弥补在国家之间、区域之间和城乡之间

---

[1] 何枭吟：《数字经济与信息经济、网络经济和知识经济的内涵比较》，《时代金融》2011年第29期。

[2] 赵玉鹏、王志远：《数字经济与数字经济时代浅议》，《广西民族学院学报》（哲学社会科学版）2003年第1期。

的"数字鸿沟"。①

其次,数字经济体现新时代数字技术对现代经济的变革,探讨其研究思想和研究方法尤有意义。② 数字技术体现着以往技术变革对经济学理论和思维的相关影响。③ 数字经济理论中的科学问题探讨主要集中于技术革命带来的经济学观念的改变,尤其是对经济理论和经济规则的影响,数字技术的变革深化了管理科学、数学和计算机科学等多学科跨领域的应用研究。④

再次,结合宏观经济增长理论探讨数字经济相关概念。第二次工业革命以来,工业化大生产带来的标准化、规模化是经济增长的重要依托点。Solow 在假定规模报酬不变的前提下将技术进步有内生视为外生转变,技术进步会引起资本和劳动边际报酬增长。⑤ 数字经济将数据要素加入生产函数中,重构了传统生产体系。数字经济时代的技术革新使工业经济的加工价值论演进为创新价值论。⑥ 新一代信息技术拓展了"生产"的概念,通过大数据发现消费者需求以及创造新的商业模式,使得服务要素创造出更高的附加值。数据要素可复制、共享、反复使用的特性强化了该要素生产报酬规模递增的特点,产生放大、叠加和倍增效应。⑦ 同时,数据也有助于改善劳动、知识、管理、资本和技术要素的质量和效率。⑧

最后,在产业组织理论中研究数字经济。传统产业组织理论习惯以静态分析的方法推理分析问题,认为产业是生产同类或有密切

---

① 赵星:《数字经济发展现状与发展趋势分析》,《四川行政学院学报》2016 年第 4 期。

② 洪永淼、汪寿阳:《大数据革命和经济学研究范式与研究方法》,《财经智库》2021 年第 1 期。

③ 蔡昉:《经济学如何迎接新技术革命?》,《劳动经济研究》2019 年第 2 期。

④ 洪永淼、汪寿阳:《数学、模型与经济思想》《管理世界》2020 年第 10 期。

⑤ Robert Solow, "A Contribution to the Theory of Economic Growth", *The Quarterly Journal of Economics*, Vol. 1, 1956, pp. 65 – 94.

⑥ 姜奇平:《数字经济学的基本问题与定性、定量两种分析框架》,《财经问题研究》2020 年第 11 期。

⑦ 陈晓红等:《数字经济理论体系与研究展望》,《管理世界》2022 年第 2 期。

⑧ 谢康等:《大数据成为现实生产要素的企业实现机制:产品创新视角》,《中国工业经济》2020 年第 5 期。

替代关系产品、服务的企业集合。① 在结构、行为、绩效视角下分析信息不完全厂商之间的博弈，产业内上下游企业会在地理空间上形成集聚效应。数字技术的广泛应用催生了新一代的产业模式，传统产业在信息技术加持下持续创造新价值，为产业界定、产业集聚等探索新空间。② 互联网、区块链技术在生产领域的广泛应用打破了传统产业的内涵边界，重组生产环节并重构生产要素，实现新的价值增值和价值创造。③ 同时，数字技术削弱了企业间的空间纽带关系，通过产业数字化加强产业协同效应，促使产业发生网络化变革。大数据、人工智能、云计算等方式的广泛应用提供了可精确度量的结构化信息以及声音、图像、视频等非结构化信息。中国信息通信研究院将数字经济分为数字经济基础部分（包括电子信息制造业、信息通信业以及软件服务业等）和数字经济融合部分（将数字技术应用到制造业、服务业等传统行业所增加的产出）。④

2017 年，党的十九大报告中首次提出"高质量发展"，我国经济由高速增长阶段转向高质量发展阶段。依托大数据、人工智能、物联网等新一代信息技术的数字经济逐渐成为我国经济的发展的重要引擎，其自身的增长与实体经济的融合成为我国经济发展的强大动能。

党的十八大以来，大力发展数字经济成为全党上下重要共识。以习近平同志为核心的党中央高度重视数字经济发展，在党的十九大等重要会议上多次强调要"发展数字经济，加快推动数字产业化，推动产业数字化"。2022 年，国务院政府工作报告也明确提出"数字经济治理"的概念。2022 年 1 月 12 日，国务院通过《"十四五"数字经济发展规划》，明确了数字经济健康发展的指导思想、基本原则、发展目标、重点任务和保障措施（见表 1-3）。

---

① 杨公仆：《产业经济学》，复旦大学出版社 2005 年版。
② 陈晓红等：《数字经济理论体系与研究展望》，《管理世界》2022 年第 2 期。
③ 陈冬梅等：《数字化与战略管理理论——回顾、挑战与展望》，《管理世界》2020 年第 5 期。
④ 中国信息通信研究院：《中国数字经济发展白皮书（2017 年）》，2017 年。

表 1-3　　　　　　　中国有关数字经济的政府文件

	文件名称	文件内容
2021 年	《中华人民共和国国民经济和社会发展第十四个五年规划和 2035 年远景目标纲要》	加快数字化发展，建设数字中国
2021 年	《关于新时代推动中部地区高质量发展的意见》	积极发展服务型制造业，打造数字经济新优势；加强新型基础设施建设，发展新一代信息网络，拓展第五代移动通信应用
2022 年	《"十四五"数字经济发展规划》	规划"十四五"时期我国数字经济发展的国家大战略
2022 年	《关于加快建设全国统一大市场的意见》	加快数字化建设，推动线上线下融合发展，形成更多商贸流通新平台新业态新模式
2022 年	《关于加强数字政府建设的指导意见》	数字政府建设是适应新一轮科技革命和产业变革趋势、引领驱动数字经济发展和数字社会建设、营造良好数字生态、加快数字化发展的必然要求，是建设网络强国、数字中国的基础性和先导性工程，是创新政府治理理念和方式、形成数字治理新格局、推进国家治理体系和治理能力现代化的重要举措

资料来源：中华人民共和国中央人民政府网站。

各部委先后围绕信息通信技术、制造业数字化、服务业数字化、农业数字化和数字政府等领域出台有关数字经济的政策文件（见表1-4）。各省区市政府相继出台有关数字经济发展的地方政策战略，主要涵盖数字经济、制造业与互联网融合、智慧城市、数字政府等领域。2021 年我国各省区市共出台数字经济相关政策 216 个，其中包括顶层设计政策 32 个、数据价值化政策 6 个、数字产业化政策 35 个、产业数字化政策 54 个、数字化治理政策 89 个。[①] 数字经济

---

① 中国信息通信研究院：《中国数字经济发展白皮书（2022 年）》。

的发展不仅要数量更要质量,从速度规模型向质量效益型转变,结合国家城镇化和区域协调发展大战略,培育数字经济发展新动力,注重质量、公平、效率、持续、安全等原则。

表1-4　　　　　中国各部委有关数字经济的文件

	发文单位	文件名	文件内容
2013年	国务院	《"宽带中国"战略及实施方案》	加强战略引导和系统部署,推动我国宽带基础设施快速健康发展
2015年	国务院	《促进大数据发展行动纲要》	全面推进我国大数据发展和应用,加快建设数据强国
2016年	工业和信息化部	《智能制造发展规划(2016—2020年)》	明确了加快智能制造装备发展、加强关键共性技术创新、建设智能制造标准体系、加大智能制造试点示范推广力度、推动重点领域智能转型等十大重点任务
2017年	国务院	《深化"互联网+先进制造业"发展工业互联网的指导意见》	为深化供给侧结构性改革,深入推进"互联网+先进制造业",规范和指导我国工业互联网发展
2019年	中共中央、国务院	《数字乡村发展战略纲要》	立足新时代国情农情,要将数字乡村作为数字中国建设的重要方面,加快信息化发展,整体带动和提升农业农村现代化发展
2021年	国家发展和改革委员会、中国人民银行等九部门	《推动平台经济规范健康持续发展的若干意见》	适应平台经济发展规律,建立健全规则制度,优化平台经济发展环境。进一步推动平台经济规范健康持续发展

资料来源:中华人民共和国中央人民政府网站。

第二节　数字经济高质量发展的外延

中国信息通信研究院发布的《中国数字经济指数2018年度报

告》，将数字经济定义为由信息技术革新驱动的经济增长，分为内涵和外延两部分。其中外延部分指代由信息技术革新带来的新商业模式、新生活方式以及人们获得的各种效用等。例如，互联网购物平台、无人驾驶、深度学习、工业机器人等，虽然这些行业不属于信息技术革新带来的新商业模式，却实实在在地根植于数字经济。数字经济的高质量发展外延主要体现在数字科技、数字贸易、数字金融等方面。

一　数字科技高质量发展

数字科技是数字经济内涵外延的方向之一，元宇宙是近年来数字经济高质量发展的重要表现。元宇宙起源于游戏平台、奠基于数字货币、集成一系列数字硬件和软件，其核心是奠基区块链技术的一种新型数字经济形态。[①] 元宇宙作为一种新型经济形态，对数字经济高质量发展有重要意义，其提出是社会和技术发展的必然结果，是媒介不断革新的产物，具有文明性和交融性两大特征。[②]

互联网技术是构建元宇宙的基础，其发展带来了社会信息化变革，使人们产生了更深层次的需求并促使新型媒介的出现。其硬件技术构建需要庞大的互联网硬件设备，需要强大的物质基础，同时，高效的软件支持系统也是元宇宙支撑经济高质量发展不可或缺的条件。元宇宙的建立需要技术提供数据方便流动，推动了软件技术的发展使社会人文性与虚拟社会交融在一起。元宇宙主要由人文和技术两大部分组成。人文部分主要包括数字替身、虚拟社会、虚拟文明三个组成部分。技术部分则主要分成以加密技术、人工智能、视听技术为代表的软件技术和以支撑型、通讯型和接口型为代表的硬件技术。

元宇宙对数字科技高质量发展的重要表现之一是引起全产业的相关变革，对整个社会进行一定程度的重塑，渗透到各行各业中引

[①] 袁园、杨永忠：《走向元宇宙：一种新型数字经济的机理与逻辑》，《深圳大学学报》（人文社会科学版）2022年第1期。

[②] 方凌智、沈煌南：《技术和文明的变迁——元宇宙的概念研究》，《产业经济评论》2022年第1期。

起革命性的发展。第一产业和第二产业是元宇宙引起的数字科技高质量发展的硬件基础，第三产业则是元宇宙最终推动数字科技高质量发展的主要着力点。

数字科技的发展推动了制造业形成新形态，主要表现在产品形态、生产方式和客户关系等方面。[①] 产品形态方面，数字科技分别从物质到数字、从硬件到软件、从产品到服务多层次影响了制造业高质量发展新形态。生产方式方面，数字科技分别从工序分工到生产专业化、从"知行分离"到"知行合一"、从大规模市场到定制化生产三方面影响制造业新型生产方式。客户关系方面，从多层次销售到平台中心辐射，从信息单向流动到信息双向流动，从用户隔离到用户社群化等方向变化。

数字科技通过数字产业化和产业数字化使得数据资源发挥巨大的价值，一方面是数据资源的集聚，另一方面是技术扩散与渗透。[②] 有利于提升产品和服务质量，推动质量变革。降低企业内部交易成本和市场外部交易成本，实现生产效率变革。有利于培育企业新动能，推动动力变革。同时，产业数字化转型有利于经济转型升级，农业数字化通过数字技术赋能农业生产、销售、流通等环节。工业数字化则通过信息化变革实现研发设计、生产制造和销售等环节数字化变革。服务业数字化则强调培育服务业新内容以及创新传统服务新体验，推出更加具有可操作性、灵活性的新型数字服务。

二　数字贸易高质量发展

"十四五"时期，国家对数字贸易的发展速度、出口结构、产业竞争与企业转型提出了新要求。[③] 积极参与国际数字贸易规则制定。依托《服务贸易总协定》积极参与服务贸易的数字贸易相关规则，推动数字技术与实体经济深度融合，培育数字贸易新业态，使

---

① 李晓华：《数字科技、制造业新形态与全球产业链格局重塑》，《东南学术》2022年第2期。

② 李腾、孙国强、崔格格：《数字产业化与产业数字化：双向联动关系、产业网络特征与数字经济发展》，《产业经济研究》2021年第5期。

③ 卫晓君、赵淼：《"十四五"时期数字贸易高质量发展：问题审视与创新路径》，《经济体制改革》2022年第3期。

数字技术与传统产业和服务贸易深度融合；设立数字自由贸易区，以海外推介、信息共享为指导思想推动数字贸易平台发展壮大，为数字贸易提供专业化、国际化的服务。加快建设全国数字贸易统一大市场，建立全球数字贸易服务网络，鼓励更多国内企业参与全球数字贸易。2021年，商务部等24部门联合印发了《"十四五"服务贸易发展规划》（本节以下简称"规划"），其中明确提出"加快服务贸易数字化进程"。规划中同时指出，要"大力发展数字贸易、推进服务贸易数字化外包化、促进传统服务贸易数字化转型、建立健全数字贸易治理体系"。

三 数字金融高质量发展

数字金融是数字经济发展的重要产物之一，数字金融作为一个多维概念，包含金融服务覆盖广度、使用深度和数字化程度等方面，具有强大的普惠性。[①] 数字金融高质量发展阶段体现了公平与效率的有机统一，既具有经济层面的相关效益，又有社会层面的相关内容。作为消费互联网代表的数字金融，通过大数据、云计算、人工智能等新型信息技术手段，极大限度地提高了数据处理能力，深入挖掘数据价值，提高了数据传播速度和能力，从而减少信息不对称现象。同时，传统金融中出现信息失真或者滞后从而带来的投资风险以及逆向选择的情况将极大限度地减少，有利于金融行业朝着更加科学合理的方向发展。降低了中小企业融资门槛，解决"融资难"和"融资贵"的问题，降低资金使用成本，提高资金使用效率，建立更加科学合理的风险调配机制，推动金融行业高质量发展。

数字金融是实现产业高质量发展的引擎。数字金融的发展，推动了金融服务降低成本和强化金融驱动的实力，畅通消费和生产环节相关阻碍，打破金融服务边界。[②] 首先，数字金融突破时间限制

[①] 滕磊、马德功：《数字金融能够促进高质量发展吗?》，《统计研究》2020年第11期。

[②] 崔耕瑞：《数字金融与产业高质量发展》，《西南民族大学学报》（人文社会科学版）2022年第2期。

降低信息传输成本和信息匹配效率，通过深化金融服务，降低了企业融资门槛，解决企业"融资难，融资贵"的问题。数字技术的进步带动移动终端的普及，移动支付的发展缩短了银行与企业之间的匹配时间，降低企业融资成本，使企业更加方便地获取资金，减少融资约束。同时，伴随着支付宝、微信支付等移动支付平台的发展，极大限度地方便了居民消费流程，激发了人民群众的消费欲望。

其次，数字金融的发展赋能数字技术与实体经济融合进程，引导产业数字化并实现高质量发展。数字技术的进步推动平台经济的发展，金融服务逐渐出现线上化、平台化，打造更加完备的数字生态，依托信息流、商品流和资金流的高效畅通打造了"数字金融＋产业"的发展格局。实体经济在数字金融的助力下，会反作用于金融体系，为社会创造出更多的财富。同时，数字金融具有更高的靶向性和政策针对性。[1] 引导金融向农业、小微企业以及社会弱势人群流动，科学合理地配置社会金融资源，为实体经济源源不断地输入资金源，强化产业运作体系高效合理流动。

再次，数字金融有利于更好地激发数据生产要素的经济创造价值，推动金融行业数字化转型并助力产业高质量发展。金融机构在金融服务过程中积极发挥中介作用，积累大量数据资源，拥有天然信息资源优势。金融机构之间存在的数据资源整合度不高、数据标准资源低、数据应用程序有限等问题，造成信息壁垒、行业壁垒等，阻挠传统金融发展。通过上云赋智用数，提升金融机构数据分析能力，提高金融应用风险承担能力，打破不同企业和机构间的信息壁垒，优化资源配置效率，优化产业结构转型升级。

最后，数字金融高质量发展有利于优化市场营商环境，为经济高质量发展提供环境动力。从供给侧来看，数字金融的发展有效改善了营商环境，使得金融资源由消费端向生产端倾斜，融资部门逐渐便利化、低成本化、有效化。同时通过金融网络效应更好地拉伸金融有效服务，利用各种助力效应推动经济高质量发展。数字金融

---

[1] 汪亚楠、叶欣、许林：《数字金融能提振实体经济吗》，《财经科学》2020年第3期。

发展过程中会出现各种新业态、新产品、新模式,充分释放金融消费能力,构筑"互联网+"场景化金融发展环境,将产业金融环境非碎片化处理,满足企业和居民的消费需求,推动金融消费升级,优化需求结构,激发产业部门竞争活力。

第二章 数字经济研究新进展

数字技术的发展，使得数字经济在工业 4.0 时代展现出强大生命力和影响力。从数字经济的影响因素以及数字经济的经济效应两个方面梳理了数字经济的最新研究进展，针对数字经济的经济效应具体分为数字经济对经济增长、高质量发展、区域创新、产业结构升级、生态环境、劳动力就业、实体经济、共同富裕、城乡差距、对外开放的影响。

自《国家创新驱动发展战略纲要》提出以来，中国一直将创新作为经济长期增长的核心，创新能力的提升关乎国家高质量发展全局。但中国式创新蓬勃增长的背后，却出现了"高量"与"低质低效"并存的发展困境。[1]

数字经济发展伴随着技术进步和效率提升的同时，所产生的新业态也会对传统产业造成一定的冲击，如人工智能、工业机器人等数字技术的大量运用对劳动者权益的挤占；[2] 通过大数据进行个性化定价的价格歧视行为，导致盈余从消费者转移到企业，同时有可能加剧竞争；[3] 以及不容忽视的数字安全问题等。[4] 因此，如何更好地抓住数字经济时代的脉搏，有效发挥数字经济对经济社会发展的

---

[1] 诸竹君、黄先海、王毅：《外资进入与中国式创新双低困境破解》，《经济研究》2020 年第 5 期。

[2] Daron Acemoglu, Pascual Restrepo, "Robots and Jobs: Evidence from U. S. Labor Markets", *Journal of Political Economy*, Vol. 128, No. 6, 2020；柏培文、张云：《数字经济、人口红利下降与中低技能劳动者权益》，《经济研究》2021 年第 5 期。

[3] Simon Loertscher, and Leslie M. Marx, "Digital Monopolies: Privacy Protection or Price Regulation?", *International Journal of Industrial Organization*, No. 102623, 2020.

[4] B. L. Filkins et al., "Privacy and Security in the Era of Digital Health: What Should Translational Researchers Know and Do About It?", *American Journal of Translational Research*, Vol. 8, No. 3, 2016.

推动力量，促进创新能力提升和经济高质量发展，成为近年来政府和社会各界的重要研究领域。

第一节　数字经济发展的影响因素

一　数字经济的影响因素

数字经济发展的经济影响主要使用省级面板数据开展，少数使用城市面板数据，尚未发现在县级层面的研究。聂昌腾和张帆从数字产业化与产业数字化两个维度构建中国经济发展指数，并发现外商投资水平、人力资本、经济外向程度和道路基础设施是数字经济发展的重要驱动因素。[①] 刘军等基于信息化发展、互联网发展和数字交易发展的视角，测算了中国 2015—2018 年省级数字经济指数，并基于 SAR 模型探讨了外部宏观因素对数字经济发展的影响，其中地区经济增长水平、外资依存度、政府干预度、人力资本水平和居民工资水平能够显著影响中国数字经济的发展。[②] 钟业喜和毛炜圣研究了区域层面数字经济的影响因素，探讨了 2016 年长江经济带内 125 个城市（直辖市）数字经济发展的影响因素，该研究使用的数字经济指数由腾讯研究院基于腾讯、京东、滴滴等社交、电商平台的大数据的精准计算产生，并利用地理加权回归结果发现，信息化水平、城市等级、产业结构对长江经济带数字经济发展的影响产生显著的影响，但是经济水平、人口规模、人力资本对长江经济带数字经济发展产生的影响非常微弱。[③] 除了数字经济发展的多因素影响研究，部分学者从单一因素出发，探讨影响数字经济发展的重要变量。司玉静等利用分位数回归方法探索知识产权对数字经济发展的影响，该研究采用 2012—2019 年中国省域面板数据作为样本，

[①] 聂昌腾、张帆：《中国数字经济发展的区域差异及驱动因素——基于空间面板模型的实证分析》，《技术经济与管理研究》2022 年第 4 期。

[②] 刘军、杨渊鋆、张三峰：《中国数字经济测度与驱动因素研究》，《上海经济研究》2020 年第 6 期。

[③] 钟业喜、毛炜圣：《长江经济带数字经济空间格局及影响因素》，《重庆大学学报》（社会科学版）2020 年第 1 期。

结果发现，知识产权与数字经济发展存在显著的倒"U"形非线性关系。[①] 张红伟等基于 CRITIC 方法测算中国 2010—2018 年省级数字经济发展水平指数，发现财政科技投入是影响数字经济发展的重要影响因素。虽然财政科技投入对非数字科技创新产生挤出效应从而抑制数字经济发展，但同时财政科技投入对数字科技创新产生促进效应，对数字基础设施产生支撑效应，从而推动数字经济正向发展。[②]

二 其他数字经济外延的影响因素

除了数字经济发展水平，部分学者考察了与数字经济相关的其他主题。例如，数字经济的空间关联网络方面，余海华利用引力模型公式和社会网络分析法测算出中国省际数字经济的空间关联网络指数，进一步利用计量分析的手段揭示产业结构、区域开放、基础设施、科技创新、市场化、信息化、城镇化是驱动数字经济空间关联的重要影响因素。[③] 数字产业发展方面，魏亚飞和李言利用 2004—2018 年中国地级市层面数据，将"宽带中国"作为一项准自然实验，发现"宽带中国"试点政策显著促进了数字经济产业发展。[④] 数字经济竞争方面，姚震宇发现区域市场化水平与省级数字经济竞争力息息相关，具体而言，市场化水平越高，数字经济发展的竞争力越大。[⑤] 数字经济高质量发展方面，林宏伟和邵培基讨论了区块链如何影响数字经济高质量发展。[⑥]

[①] 司玉静、曹薇、赵伟：《知识产权保护赋能数字经济发展的实证检验——基于区域创新的中介效应》，《金融与经济》2022 年第 5 期。
[②] 张红伟等：《财政科技投入对数字经济发展的影响》，《财经科学》2022 年第 5 期。
[③] 余海华：《中国数字经济空间关联及其驱动因素研究》，《统计与信息论坛》2021 年第 9 期。
[④] 魏亚飞、李言：《网络基础设施与数字经济产业化——来自"宽带中国"政策的准自然实验》，《云南财经大学学报》2021 年第 7 期。
[⑤] 姚震宇：《区域市场化水平与数字经济竞争——基于数字经济指数省际空间分布特征的分析》，《江汉论坛》2020 年第 12 期。
[⑥] 林宏伟、邵培基：《区块链对数字经济高质量发展的影响因素研究》，《贵州社会科学》2019 年第 12 期。

第二节　数字经济对经济发展的影响效应

数字经济对经济社会的影响是多层面、多维度的，具体而言：从宏观层面，学者们围绕互联网、大数据、人工智能等不同形态的数字经济对经济高质量发展[①]、产业结构升级[②]、地区全要素生产率[③]、创新创业[④]、城乡金融协调发展[⑤]等角度展开了丰富研究。从微观层面，数字化使企业更容易围绕消费者的个人数据建立创新和营销工作。[⑥] 人工智能能够增强企业创新活动主要源于技术性杠杠的作用，但对于人工智能经济中面临脱媒风险的传统小企业可能会造成负面影响。[⑦] 数字经济发展在降低企业成本加成[⑧]、促进企业创新效率[⑨]、

[①] 赵涛、张智、梁上坤：《数字经济、创业活跃度与高质量发展——来自中国城市的经验证据》，《管理世界》2020年第10期。

[②] 何地、林木西：《数字经济、营商环境与产业结构升级》，《经济体制改革》2021年第5期。

[③] 杨慧梅、江璐：《数字经济、空间效应与全要素生产率》，《统计研究》2021年第4期；赵宸宇、王文春、李雪松：《数字化转型如何影响企业全要素生产率》，《财贸经济》2021年第7期。

[④] 吴赢、张翼：《数字经济与区域创新——基于融资和知识产权保护的角度》，《南方经济》2021年第9期；梁琦、肖素萍、李梦欣：《数字经济发展、空间外溢与区域创新质量提升——兼论市场化的门槛效应》，《上海经济研究》2021年第9期；姜南、李鹏媛、欧忠辉：《知识产权保护、数字经济与区域创业活跃度》，《中国软科学》2021年第10期。

[⑤] 张勋、万广华、吴海涛：《缩小数字鸿沟：中国特色数字金融发展》，《中国社会科学》2021年第8期。

[⑥] Alexander Bleier, Avi Goldfarb, Catherine Tucker, "Consumer Privacy and the Future of Data-based Innovation and Marketing", *International Journal of Research in Marketing*, Vol. 37, No. 3, 2020；张新民、陈德球：《移动互联网时代企业商业模式、价值共创与治理风险——基于瑞幸咖啡财务造假的案例分析》，《管理世界》2020年第5期。

[⑦] Dominic Chalmers, Niall G. MacKenzie, Sara Carter, Artificial Intelligence and Entrepreneurship: Implications for Venture Creation in the Fourth Industrial Revolution, *Entrepreneurship Theory and Practice*, Vol. 45, No. 5, 2021.

[⑧] 柏培文、喻理：《数字经济发展与企业价格加成：理论机制与经验事实》，《中国工业经济》2021年第11期。

[⑨] 侯世英、宋良荣：《数字经济、市场整合与企业创新绩效》，《当代财经》2021年第6期。

培育企业国际竞争优势①等方面发挥重大作用。此外，对微观个体而言，柏培文和张云利用 CHIP 混合截面数据，发现数字经济一定程度上挤占了中低技能劳动者相对收入权，但也提升了中低技能劳动者相对福利水平。② Litwin 和 Tanious 利用英国职业调查横截面数据（WERS），证明数字信息技术会促进就业岗位的重新分配，管理人员通过信息技术将曾经由内部员工完成的工作重新分配给那些为人力资源机构工作的人，进而提高效率。③

一 数字经济与经济增长

理论方面，陈明明和张文铖认为数字经成为经济增长的新动能，主要源于数字经济能够提供资源的供给效率，激发经济主体套利型与创新型企业家精神，优化社会分工，打破行政垄断和市场分割，从而提高生产效率。④ 左鹏飞和陈静则认为数字经济具有通用技术性、范围经济性、平台生态性、融合创新性的基本内涵，为经济增长注入新动能，促进经济效率大大提升。⑤ 实证方面，张少华和陈治研究发现数字经济有利于促进区域经济增长。⑥ 刘达禹等的研究揭示，数字经济的增长效应存在显著的门槛效应与规模瓶颈效应。就门槛效应而言，数字建设产生显著的微弱门槛效应，即使在区域数字建设处于较低水平区间，即区域数字建设未跨过门槛值，数字经济对经济增长的积极影响仍然存在；就规模瓶颈效应而言，当区域数字建设达到一定的水平，即省宽带入网数超过 2209 万户之后，

---

① 邬爱其、刘一蕙、宋迪：《跨境数字平台参与、国际化增值行为与企业国际竞争优势》，《管理世界》2021 年第 9 期。

② 柏培文、张云：《数字经济、人口红利下降与中低技能劳动者权益》，《经济研究》2021 年第 5 期。

③ Adam Seth Litwin, and Sherry M. Tanious, "Information Technology, Business Strategy and the Reassignment of Work from In-House Employees to Agency Temps", *British Journal of Industrial Relations*, Vol. 59, No. 3, 2021.

④ 陈明明、张文铖：《数字经济对经济增长的作用机制研究》，《社会科学》2021 年第 1 期。

⑤ 左鹏飞、陈静：《高质量发展视角下的数字经济与经济增长》，《财经问题研究》2021 年第 9 期。

⑥ 张少华、陈治：《数字经济与区域经济增长的机制识别与异质性研究》，《统计与信息论坛》2021 年第 11 期。

数字经济的经济增长效应已经微乎其微。① 杨文溥在探讨数字经济的增长效应时，发现数字经济对经济增长的积极影响存在非线性关系，具体而言，数字经济在发达地区的经济增长效应更强，但在欠发达地区则较弱，表明数字经济存在后发劣势，由于区域间存在数字使用鸿沟和能力鸿沟，落后地区难以实现弯道超车。② 然而，张少华和陈治的研究则显示出截然相反的结论，该研究发现，数字经济对中西部地区、城镇化率较低与高物质资本投入地区经济增长的正向作用更明显，并且数字经济是通过促进地区产业结构升级、提升全要素生产率的路径来作用于经济增长。③ 黄志等通过测算2010—2017 年我国 31 个省份的消费型经济增长水平，发现数字经济与消费型经济增长呈正"U"形关系，并进一步分析发现，数字经济将先恶化后改善需求结构和消费结构使消费型经济增长水平先下降后上升；产业数字化与消费型经济增长呈正"U"形非线性关系，但数字产业化的影响不显著。④

部分文献集中于研究数字普惠金融角度对经济增长的影响，多数研究基于总体或省份层面的数据，分析均认为数字普惠金融对经济增长具有显著的正向影响，此促进作用是通过技术创新和地区创业实现的。⑤ 王永仓和温涛进一步考虑区域异质性，发现在中西部地区、初始高等教育比重较低和互联网普及率较低的省份，数字金融对经济增长的作用更强；在初始银行信贷水平较低和私营企业比重较高的省份，数字金融的经济增长效应受到一定程度的削弱。⑥

---

① 刘达禹、徐斌、刘金全：《数字经济发展与区域经济增长——增长门槛还是增长瓶颈？》，《西安交通大学学报》（社会科学版）2021 年第 6 期。
② 杨文溥：《数字经济与区域经济增长：后发优势还是后发劣势？》，《上海财经大学学报》2021 年第 3 期。
③ 张少华、陈治：《数字经济与区域经济增长的机制识别与异质性研究》，《统计与信息论坛》2021 年第 11 期。
④ 黄志、程翔、邓翔：《数字经济如何影响我国消费型经济增长水平》，《山西财经大学学报》2022 年第 4 期。
⑤ 张勋等：《数字经济、普惠金融与包容性增长》，《经济研究》2019 年第 8 期；龚沁宜、成学真：《数字普惠金融、农村贫困与经济增长》，《甘肃社会科学》2018 年第 6 期。
⑥ 王永仓、温涛：《数字金融的经济增长效应及异质性研究》，《现代经济探讨》2020 年第 11 期。

在此基础上，荆文君和孙宝文总结了中国数字经济发展的特点，对数字经济与经济增长关系进行多方面研究，以及促进高质量经济发展的潜在机制。[1] 赵涛等将企业微观数据与城市宏观数据结合，研究了数字经济对高质量发展的可能影响，结果表明数字经济能通过刺激大众创业来促进经济高质量发展。[2]

除了直接探讨数字经济与经济增长之间的关系，部分学者从其他视角来讨论经济增长。第一，在消费方面。李浩和黄繁华从数字化环境、数字化投入和数字化产出三个角度构建了数字经济发展指数，并发现数字经济发展不仅能够促进本地居民服务消费支出增长，而且对邻近地区居民服务消费支出也产生了显著的正向空间溢出效应。[3] 钟若愚和曾洁华基于2018年和2019年两年的地级市面板数据，发现地级市居民消费呈现显著的空间正相关性，高—高集聚特征主要集中在东部沿海城市，特别是珠三角和长三角地区。[4] 城市数字经济的发展能促进当地和临近城市居民消费潜力的释放，具有显著的直接效应和空间溢出效应。其中，数字经济在产业和公共服务体系的深度融合和应用是提高居民消费的关键。通过中介模型疏导发现，数字经济可以通过改善居民收入水平、加强产业创新能力拓展居民消费的可能性。第二，在投资方面。周经和吴可心发现东道国数字经济发展显著促进了中国对外直接投资的规模，而发展中国家的数字经济发展对中国对外直接投资具有更大的促进作用。从不同行业来看，金融和医疗等行业的对外直接投资对东道国数字经济发展水平更为敏感；从影响机制来看，东道国数字经济发展水平通过影响人力资本和创新能力，进而影响中国对外直接

---

[1] 荆文君、孙宝文：《数字经济促进经济高质量发展：一个理论分析框架》，《经济学家》2019年第2期。

[2] 赵涛、张智、梁上坤：《数字经济、创业活跃度与高质量发展——来自中国城市的经验证据》，《管理世界》2020年第10期。

[3] 李浩、黄繁华：《数字经济能否促进服务消费？》，《现代经济探讨》2022年第3期。

[4] 钟若愚、曾洁华：《数字经济对居民消费的影响研究——基于空间杜宾模型的实证分析》，《经济问题探索》2022年第3期。

投资。① 齐俊妍和任奕达发现共建"一带一路"合作国家间数字经济发展水平差距明显，却显著促进中国对其直接投资规模的提升并成为区位选择的决定因素。② 中介效应模型检验结果显示东道国数字经济发展存在通过贸易成本效应和制度质量效应的改变吸引中国对其投资的影响机制。董有德和米筱筱发现东道国和地区的数字经济发展水平存在一定程度差异，欧洲地区的平均综合水平高于亚洲地区。东道国的市场规模、市场潜力、劳动力要素、自然资源、技术水平、贸易与投资开放度对中国在该国家和地区进行的直接投资有显著正向促进作用，中国首都北京与东道国首都之间的距离则呈现显著的负向影响；东道国和地区的数字经济发展水平越高，会增加中国对它们的直接投资，东道国制度及创新环境、数字基础设施建设和信息技术应用的提升，对中国在该国家和地区的直接投资具有较为显著的正向影响。③

二 数字经济与高质量发展

数字经济与高质量发展的研究相当丰富，包括直接探讨数字经济对高质量发展的影响，所采用的样本包括全国范围的省级与城市层面的面板数据、区域样本数据以及全球样本数据。全国样本数据方面，赵涛等的研究显示，数字经济整体上可以促进经济高质量发展。④ 此外，鲁玉秀等发现数字经济发展不仅能显著提升本地城市

---

① 周经、吴可心：《东道国数字经济发展促进了中国对外直接投资吗？》，《南京财经大学学报》2021年第2期。

② 齐俊妍、任奕达：《数字经济渗透对全球价值链分工地位的影响——基于行业异质性的跨国经验研究》，《国际贸易问题》2021年第9期。

③ 董有德、米筱筱：《互联网成熟度、数字经济与中国对外直接投资——基于2009年—2016年面板数据的实证研究》，《上海经济研究》2019年第3期。

④ 赵涛、张智、梁上坤：《数字经济、创业活跃度与高质量发展——来自中国城市的经验证据》，《管理世界》2020年第10期；杨文溥：《数字经济促进高质量发展：生产效率提升与消费扩容》，《上海财经大学学报》2022年第1期；徐晓慧：《数字经济与经济高质量发展：基于产业结构升级视角的实证》，《统计与决策》2022年第1期；张腾、蒋伏心、韦朕韬：《数字经济能否成为促进我国经济高质量发展的新动能？》，《经济问题探索》2021年第1期；李宗显、杨千帆：《数字经济如何影响中国经济高质量发展？》，《现代经济探讨》2021年第9期；葛和平、吴福象：《数字经济赋能经济高质量发展：理论机制与经验证据》，《南京社会科学》2021年第1期。

经济发展质量，也促进了邻近城市经济发展，具有空间溢出效应。①区域样本数据方面，周清香和李仙娥基于2011—2019年黄河流域城市面板数据发现，数字经济快速发展有利于推动黄河流域生态保护和高质量发展，成为驱动经济提质增效的新动能。②王军和车帅发现黄河全流域内数字经济能够显著提升高质量发展水平，非资源型城市的提升效果相较资源型城市更佳。③余博和潘爱民讨论了2011—2018年长三角"三省一市"共41个城市数字经济与高质量发展的关系，发现数字经济发展通过提升生产效率、流通效率和社会便利促进长三角地区高质量发展，非核心区域的正影响强度大于核心区域。④万晓琼和王少龙详细讨论了了数字经济如何助力粤港澳大湾区高质量发展。⑤

部分学者还讨论了数字经济对不同产业高质量发展的影响。制造业方面，刘鑫鑫和惠宁发现，数字经济能够显著促进制造业高质量发展。⑥惠宁和杨昕数字经济发展水平的提升对制造业绿色全要素生产率具有显著正向作用。⑦马中东和宁朝山发现数字经济可显著促进制造业质量升级。⑧海洋产业方面，寒令香等发现数字经济能推动海洋产业高质量发展，但是这种影响大小会受到产业集聚规模效应、消费水平、涉海就业机会以及创新能力等经济因素的调节

---

① 鲁玉秀、方行明、张安全：《数字经济、空间溢出与城市经济高质量发展》，《经济经纬》2021年第6期。

② 周清香、李仙娥：《数字经济与黄河流域高质量发展：内在机理及实证检验》，《统计与决策》2022年第4期。

③ 王军、车帅：《黄河流域数字经济对高质量发展的影响——来自城市异质性的经验证据》，《资源科学》2022年第4期。

④ 余博、潘爱民：《数字经济、人才流动与长三角地区高质量发展》，《自然资源学报》2022年第6期。

⑤ 万晓琼、王少龙：《数字经济对粤港澳大湾区高质量发展的驱动》，《武汉大学学报》（哲学社会科学版）2022年第3期。

⑥ 刘鑫鑫、惠宁：《数字经济对中国制造业高质量发展的影响研究》，《经济体制改革》2021年第5期。

⑦ 惠宁、杨昕：《数字经济驱动与中国制造业高质量发展》，《陕西师范大学学报》（哲学社会科学版）2022年第1期。

⑧ 马中东、宁朝山：《数字经济、要素配置与制造业质量升级》，《经济体制改革》2020年第3期。

作用，调节作用大小决定了海洋产业高质量发展具体路径。[①] 文化产业方面，韩松和王洺硕发现数字经济和研发创新促进文化产业高质量发展的协同效应显著存在；数字经济会显著提升文化产业高质量发展水平，且这种正向影响具有显著的空间溢出特征。[②] 陆建栖和任文龙发现数字经济对文化产业高质量发展具有显著正向影响。[③] 体育产业方面，沈克印等运用文献资料、专家访谈、逻辑分析等研究方法，认为数字经济能够提高政府管理和治理效率、促进体育产业全方位改造与精细化运作、提升体育企业的竞争意识与场景搭建能力。[④] 沈克印等运用文献资料、案例分析、专家访谈等研究方法，阐释数字经济驱动体育产业高质量发展的内涵特征、理论依据和作用机理。[⑤] 此外，有学者基于国外数据对数字经济与高质量发展进行研究。例如，刘家旗和茹少峰在对2005—2018年38个国家数字经济规模进行测算的基础上，发现数字经济对经济高质量发展有显著的推动作用，其作用主要源于产业数字化；数字经济对经济高质量发展的促进作用具有区域异质性，在发达国家的促进效果优于发展中国家。[⑥]

三 数字经济与区域创新

吴赢和张翼从宏观层面发现数字经济能够在不同层面上促进创

[①] 寒令香、苏宇凌、曹珊珊：《数字经济驱动沿海地区海洋产业高质量发展研究》，《统计与信息论坛》2021年第11期。

[②] 韩松、王洺硕：《数字经济、研发创新与文化产业高质量发展》，《山东大学学报》（哲学社会科学版）2022年第3期。

[③] 陆建栖、任文龙：《数字经济推动文化产业高质量发展的机制与路径——基于省级面板数据的实证检验》，《南京社会科学》2022年第5期。

[④] 沈克印等：《数字经济驱动体育产业高质量发展的变革机制与推进策略》，《体育学研究》2022年第3期。

[⑤] 沈克印等：《数字经济驱动体育产业高质量发展的理论阐释与实践路径》，《武汉体育学院学报》2021年第10期。

[⑥] 刘家旗、茹少峰：《数字经济如何影响经济高质量发展：基于国际比较视角》，《经济体制改革》2022年第1期。

新能力提升。[1] 温珺等基于2013—2018年中国省际面板数据构建数字经济发展水平评价体系，研究表明数字经济的发展促进了创新能力提升，数字经济水平高的地区创新所受影响也较大。[2]

吴赢和张翼等从不同视角对数字经济如何影响创新能力展开细致研究，却忽视了数字经济的空间溢出效应。[3] 数字经济作为未来推动经济社会发展的核心，如何全面衡量数字化发展的产出与经济效益十分关键，其中数字溢出效应不容忽视。梁琦等利用空间面板模型，研究数字经济对区域创新能力影响的溢出效应，却未对数字经济影响区域创新能力的影响机制进行深入研究。[4] 上述文献采用专利申请数量或新产品销售额等较为单一的维度来衡量创新有失偏颇。创新方面。区域创新能力的提升主要有两种途径：一是区域内部自发形成的自主创新意识和能力；二是源于吸收外部知识、技术溢出带来的进步。[5] 因此，数字经济促进区域创新能力提升，也可以分为区域内和区域间两部分来分析。数字经济作为一种以数字信息技术为载体的新经济形态，具有高附加性、高渗透性、跨时空传播、低成本等特性。[6] 数字经济的高附加值特性表现在随着技术投入的增加，其附加价值越高。高渗透性表现在人工智能、工业互联网、大数据等现代化数字技术蓬勃发展的同时，也快速渗透到三次产业，特别是第二、第三产业，赋予区域内传统产业更广阔的创新空间，驱动区域内部知识与技术的累积。同时，数字技术与产业渗

---

[1] 吴赢、张翼：《数字经济与区域创新——基于融资和知识产权保护的角度》，《南方经济》2021年第9期；梁琦、肖素萍、李梦欣：《数字经济发展、空间外溢与区域创新质量提升——兼论市场化的门槛效应》，《上海经济研究》2021年第9期。

[2] 温珺、阎志军、程愚：《数字经济驱动创新效应研究——基于省际面板数据的回归》，《经济体制改革》2020年第3期。

[3] 吴赢、张翼：《数字经济与区域创新——基于融资和知识产权保护的角度》，《南方经济》2021年第9期；侯世英、宋良荣：《数字经济、市场整合与企业创新绩效》，《当代财经》2021年第6期。

[4] 梁琦、肖素萍、李梦欣：《数字经济发展、空间外溢与区域创新质量提升——兼论市场化的门槛效应》，《上海经济研究》2021年第9期。

[5] Pedro Cunha Neves, and Tiago Neves Sequeira, "Spillovers in the Production of Knowledge: A Meta-Regression Analysis", *Research Policy*, Vol. 47, No. 4, 2018.

[6] 王俊豪、周晟佳：《中国数字产业发展的现状、特征及其溢出效应》，《数量经济技术经济研究》2021年第3期。

透融合发展，进一步优化了区域产业价值链分工，催生了一大批新工艺、新技术和新产品，提高了区域创新活力。另外，数字经济的发展，能够促进区域间人才、知识、技术、信息等要素流通与再配置，释放出提高经济效益的巨大潜力。[①] 现代化信息技术的融合与嵌入，赋能区域治理现代化，有助于形成信息开放共享的新格局，助力创新主体跨越"数字鸿沟"，进而有效缓解自主创新行为与市场之间由于信息不对称导致的信息摩擦，大大降低了跨区经营成本和进入壁垒。得益于数字技术的发展，创新资源和生产要素在区域间流通效率加快，促进了创新主体之间的交流与合作，并通过"竞争效应"和"示范效应"促进区域创新能力提升。有别于传统的生产要素，数字经济中的"数据"作为一种新的生产要素，有助于突破传统资源约束与增长限制，带来更高的生产率提升。[②]

四 数字经济与产业结构升级

陈小辉等首次对数字经济与产业结构水平之间的关系进行实证研究，该研究基于 CRITIC 方法测算了数字经济发展水平指数，并利用 2012—2018 年省级面板数据发现，数字经济对中国产业结构水平具有边际递增的提升作用，随着数字经济发展水平的提升，产业结构水平得到提升，并且提升速度边际递增。[③] 进一步地，李治国等把产业结构转型升级分解成产业转型速度、产业结构高度化以及产业结构合理化三个维度，并探讨数字经济对产业结构及其子维度的影响，结果发现数字经济发展显著提升产业转型速度、产业结构高度化和产业结构合理化。[④] 韩健和李江宇发现数字经济发展与产业结构高度化水平呈正相关，且能抑制产业结构偏离均衡状态，

---

① Avi Goldfarb, and Catherine Tucker, "Digital Economics", *Journal of Economic Literature*, Vol. 57, No. 1, 2019.

② 费方域等：《数字经济时代数据性质、产权和竞争》，《财经问题研究》2018 年第 2 期。

③ 陈小辉、张红伟、吴永超：《数字经济如何影响产业结构水平？》，《证券市场导报》2020 年第 7 期。

④ 李治国、车帅、王杰：《数字经济发展与产业结构转型升级——基于中国 275 个城市的异质性检验》，《广东财经大学学报》2021 年第 5 期。

提高产业结构合理化水平。① 白雪洁等发现：数字经济发展显著推动了产业结构服务化、工业结构高级化和服务业结构高级化，对产业互动水平的影响为正，但不显著，表明中国数字经济发展在整体上有利于推动产业结构转型。② 此外，刘洋和陈晓东探讨了数字经济与产业结构转型的非线性关系，发现数字经济对产业结构升级的影响存在非线性特征，数字经济对产业结构高级化的作用存在边际效应减弱的趋势，而对产业结构合理化的作用具有边际效应递增的特征。③ 在机制研究方面，白雪洁等基于效率型技术进步视角，发现数字经济可以通过产业间技术进步差异有效推动产业结构转型。④ 唐红涛等发现数字经济发展水平主要通过优化资源配置效率、促使数字技术与传统产业融合来实现产业结构升级。⑤ 姚维瀚和姚战琪基于研发投入强度的中介机制以及大学生数量占比和企业规模的调节机制，建立了一个有调节的中介效应模型，来解释数字经济影响产业结构升级的作用机制，发现研发投入强度是数字经济与产业结构升级的中介变量，大学生数量占比正向调节了数字经济与研发投入强度的关系。⑥ 何地和林木西应用交互效应模型，探讨数字经济与营商环境的交互效应对产业结构升级的影响，结果发现数字经济与营商环境的交互效应对产业结构升级具有促进作用。⑦ 刘翠花发

---

① 韩健、李江宇：《数字经济发展对产业结构升级的影响机制研究》，《统计与信息论坛》2022年第7期。
② 白雪洁、宋培、李琳：《数字经济发展助推产业结构转型》，《上海经济研究》2022年第5期。
③ 刘洋、陈晓东：《中国数字经济发展对产业结构升级的影响》，《经济与管理研究》2021年第8期。
④ 白雪洁等：《数字经济能否推动中国产业结构转型？——基于效率型技术进步视角》，《西安交通大学学报》（社会科学版）2021年第6期。
⑤ 唐红涛、陈欣如、张俊英：《数字经济、流通效率与产业结构升级》，《商业经济与管理》2021年第11期。
⑥ 姚维瀚、姚战琪：《数字经济、研发投入强度对产业结构升级的影响》，《西安交通大学学报》（社会科学版）2021年第5期。
⑦ 何地、林木西：《数字经济、营商环境与产业结构升级》，《经济体制改革》2021年第5期。

现数字经济发展通过促进科学技术创新和社会分工深化助力实现产业结构升级。① 纪园园和朱平芳发现数字经济通过对生产端和需求端的双重赋能，提升了生产效率，转变了传统的消费模式，从而促进了产业结构升级。② 郭炳南等发现绿色技术创新是数字经济释放产业结构升级红利的重要传导机制。③

五 数字经济与生态环境

现有研究普遍发现，数字经济的发展有助于改善生态环境，从而提高经济发展的质量。孙耀武和胡智慧使用我国2011—2018年288个地级及以上城市的面板数据，运用面板固定效应模型和中介效应模型实证分析了数字经济对环境质量的影响效应和作用机制。结果表明：数字经济的发展能显著地抑制环境污染物的排放，呈现"绿色效应"。④ 李广昊和周小亮借助"宽带中国"战略的准自然实验，研究发现推动数字经济发展能够显著降低主要环境污染物 SO_2 的排放量，且这种"治污效应"具有明显的厚积薄发特征。机制分析表明，SO_2 排放量的下降主要是由于工业生产方式的集约化转型和居民生活方式的线上化转型，而推动数字经济发展能够通过释放创新驱动力来促进这两大转型。⑤ 邓荣荣和张翱祥基于中国285个城市2011—2018年的面板数据，运用固定效应模型、空间杜宾模型、中介效应模型等方法，多维度实证检验了数字经济发展对城市环境污染的影响及其中介机制。研究发现，数字经济发展显著降低

---

① 刘翠花：《数字经济对产业结构升级和创业增长的影响》，《中国人口科学》2022年第2期。

② 纪园园、朱平芳：《数字经济赋能产业结构升级：需求牵引和供给优化》，《学术月刊》2022年第4期。

③ 郭炳南、王宇、张浩：《数字经济、绿色技术创新与产业结构升级——来自中国282个城市的经验证据》，《兰州学刊》2022年第2期。

④ 孙耀武、胡智慧：《数字经济、产业升级与城市环境质量提升》，《统计与决策》2021年第23期。

⑤ 李广昊、周小亮：《推动数字经济发展能否改善中国的环境污染——基于"宽带中国"战略的准自然实验》，《宏观经济研究》2021年第7期。

了城市各类环境污染物的排放。① 郭炳南等基于国家级大数据综合试验区这一准自然实验，发现数字经济发展对城市空气质量的改善作用显著，且减排效应呈厚积薄发的特征。②

六 数字经济与劳动力就业

王文基于中国 30 个省份 2009—2017 年面板数据的研究发现，工业智能化水平的提升显著降低了制造业就业份额，同时增加了服务业特别是知识和技术密集型的现代服务业就业份额，促进了行业就业结构高级化，有助于实现高质量就业。③ 丛屹和俞伯阳发现数字经济的发展从总体上提高了中国劳动力资源的配置效率，同时区域间存在显著差异，东部地区和北方地区的数字经济发展对于劳动力资源配置效率的影响更为显著。④ 戚聿东等研究发现，数字经济发展有助于优化就业结构，促使劳动报酬和劳动保护进一步提升；也能促进就业环境持续改善、就业能力不断增强，为实现更高质量就业提供新契机。数字经济发展带动了就业结构优化和就业质量提升，其中互联网和电信业、软件业、电商零售业、科学技术业显著增加了第三产业就业比重和各省就业质量得分。⑤ 何宗樾和宋旭光利用中国家庭追踪调查数据实证分析了数字经济发展对个人就业决策的影响，结果显示，数字经济红利偏向于受教育程度较高的群体，并且有助于缓解个体创业的借贷约束以及社会关系资源不足的制约，能够显著促进他们的就业决策。⑥ 阎世平等发现在全国范围

---

① 邓荣荣、张翱祥：《中国城市数字经济发展对环境污染的影响及机理研究》，《南方经济》2022 年第 2 期。

② 郭炳南、王宇、张浩：《数字经济发展改善了城市空气质量吗——基于国家级大数据综合试验区的准自然实验》，《广东财经大学学报》2022 年第 1 期。

③ 王文：《数字经济时代下工业智能化促进了高质量就业吗》，《经济学家》2020 年第 4 期，第 89—98 页。

④ 丛屹、俞伯阳：《数字经济对中国劳动力资源配置效率的影响》，《财经理论与实践》2020 年第 2 期。

⑤ 戚聿东、刘翠花、丁述磊：《数字经济发展、就业结构优化与就业质量提升》，《经济学动态》2020 年第 11 期。

⑥ 何宗樾、宋旭光：《数字经济促进就业的机理与启示——疫情发生之后的思考》，《经济学家》2020 年第 5 期。

内，数字经济发展水平的提高会导致劳动力需求出现"两端极化"格局，即数字经济发展水平的提高减少了对高中和初中学历劳动力的需求，增加了对小学及以下、大专及以上学历劳动力的需求。①杨骁等将数字经济发展指数与 CLDS 微观调查数据相结合，发现数字经济调整和优化我国就业结构，具体表现为制造行业就业以先降后升的正"U"形影响模式优化升级；社会服务业受数字经济影响明显且对劳动力需求增大；数字经济对地区就业结构呈异质性影响。②戚聿东和刘翠花基于 2010 年、2013 年、2015 年中国综合社会调查（CGSS）的数据，发现互联网使用对总体工资水平有显著正向影响，随年份推进其影响程度呈逐渐减小趋势，互联网使用显著缩小了性别工资差异。③郭凤鸣基于中国流动人口动态监测调查数据分析，发现数字经济的发展有助于缓解农民工群体的过度劳动；对于新生代和传统代农民工，数字经济发展对过度劳动的缓解作用无明显差异；高数字化行业就业比例增加，会使得新生代农民工过度劳动概率低于传统代农民工。④罗小芳和王素素基于中国家庭追踪调查（CFPS）数据的实证研究发现数字经济能够提高劳动收入，对不同群体的收入增长均有促进作用，对低收入群体的劳动收入提升作用更大。⑤柏培文和张云利用 2002 年、2007 年、2008 年和 2013 年 CHIP 的截面数据，研究发现数字经济发展引致的低技能劳动力替代效应远甚于人口红利下降的低技能。具体而言，数字经济发展挤占了中低技能劳动者相对收入权，但改善了中低技能劳动者相对福利效应；数字经济通过要素重组升级、再配置引致的效率变革与产业智能化削弱了中低技能劳动者的相对收入权，但通过数字

---

① 阎世平、武可栋、韦庄禹：《数字经济发展与中国劳动力结构演化》，《经济纵横》2020 年第 10 期。
② 杨骁、刘益志、郭玉：《数字经济对我国就业结构的影响——基于机理与实证分析》，《软科学》2020 年第 10 期。
③ 戚聿东、刘翠花：《数字经济背景下互联网使用是否缩小了性别工资差异——基于中国综合社会调查的经验分析》，《经济理论与经济管理》2020 年第 9 期。
④ 郭凤鸣：《数字经济发展能缓解农民工过度劳动吗？》，《浙江学刊》2020 年第 5 期。
⑤ 罗小芳、王素素：《数字经济、就业与劳动收入增长——基于中国家庭追踪调查（CFPS）数据的实证分析》，《江汉论坛》2021 年第 11 期。

化治理模式改善了中低技能劳动者的相对福利效应；人口红利下降的劳动力短缺效应来源于中低技能劳动者，尤其是低技能劳动者的供给陷阱；在人口红利下降背景下，数字经济发展仅削弱了低技能劳动者的权益。①

七 数字经济与实体经济

姜松和孙玉鑫基于我国 290 个城市截面数据发现，在总体层面，数字经济对实体经济的影响显著为负，已产生挤出效应。在条件性方面，不同实体经济水平条件下，数字经济的挤出效应存在恒定性，但挤出程度会边际递减。在阶段特征方面，数字经济的影响呈现倒"U"形特征。②周小亮和宝哲通过建立指标体系对我国2011—2018 年数字经济发展水平进行测度，发现数字经济快速发展的同时，省份之间依然存在较大的差距，但该差距随着时间的推移在一定程度上缩小了；我国数字经济发展对实体经济产生了一定的挤压。③江红莉等基于 2011—2019 年非金融类上市公司数据，研究发现数字经济发展显著促进了企业实体投资。④罗茜等发现，数字经济的发展显著提升了实体经济的发展水平。从作用机制来看，数字经济通过产业数字化和数字产业化的发展直接作用于实体经济；数字经济通过影响实体产业供需结构，促使产业结构合理化来间接推进实体经济发展。⑤马勇等发现数字经济对中部地区实体经济的总体呈现挤出效应；同时在差异实体经济水平的条件下，数字经济的挤出效应恒定，但影响效果呈现出边际递减规律；此外，数字经济的倒"U"形影响，证明了数字经济对中部地区实体经济存在影

---

① 柏培文、张云：《数字经济、人口红利下降与中低技能劳动者权益》，《经济研究》2021 年第 5 期。
② 姜松、孙玉鑫：《数字经济对实体经济影响效应的实证研究》，《科研管理》2020 年第 5 期。
③ 周小亮、宝哲：《数字经济发展对实体经济是否存在挤压效应？》，《经济体制改革》2021 年第 5 期。
④ 江红莉、侯燕、蒋鹏程：《数字经济发展是促进还是抑制了企业实体投资——来自中国上市公司的经验证据》，《现代财经》（天津财经大学学报）2022 年第 5 期。
⑤ 罗茜、王军、朱杰：《数字经济发展对实体经济的影响研究》，《当代经济管理》2022 年第 7 期。

响门槛。①

八 数字经济与共同富裕

向云等研究发现,数字经济显著促进了共同富裕发展,不仅推动整体富裕水平提升,而且推动共享富裕的分配水平提升。②刘儒和张艺伟采用 Bootstrap 有调节的中介效应分析方法,验证了数字经济对共同富裕的传导机制,研究结果发现数字经济对共同富裕具有正向的直接效应和正向的中介效应,中介效应大于直接效应,但无论是直接效应还是中介效应都不太显著。③夏杰长和刘诚研究发现,数字经济可以推动宏观经济一般性增长,即"做大蛋糕";数字经济可以促进区域产业分散化、城乡协调以及建设全国统一大市场,有利于均衡性增长,即"分好蛋糕"。④

九 数字经济与城乡差距

陈鑫鑫和段博研究发现,数字经济通过发挥市场一体化效应、模块化分工效应直接缩小了城乡差距,经由集聚经济通过发挥劳动力再配置效应、集聚效应间接地缩小了城乡差距。⑤城乡收入方面,王军和肖华堂等实证研究发现,数字经济发展与城乡居民收入差距之间存在"U"形关系,即数字经济发展初期会降低城乡收入差距,但数字经济的进一步发展会拉大城乡收入差距,产生数字鸿沟问题。⑥米嘉伟和屈小娥研究发现,数字经济发展对城乡收入差距的

---

① 马勇、王慧、夏天添:《数字经济对中部地区实体经济的挤出效应研究》,《江西社会科学》2021 年第 10 期。

② 向云、陆倩、李芷萱:《数字经济发展赋能共同富裕:影响效应与作用机制》,《证券市场导报》2022 年第 5 期。

③ 刘儒、张艺伟:《数字经济与共同富裕——基于空间门槛效应的实证研究》,《西南民族大学学报》(人文社会科学版)2022 年第 3 期。

④ 夏杰长、刘诚:《数字经济赋能共同富裕:作用路径与政策设计》,《经济与管理研究》2021 年第 9 期。

⑤ 陈鑫鑫、段博:《数字经济缩小了城乡差距吗?——基于中介效应模型的实证检验》,《世界地理研究》2022 年第 2 期。

⑥ 王军、肖华堂:《数字经济发展缩小了城乡居民收入差距吗?》,《经济体制改革》2021 年第 6 期;陈文、吴赢:《数字经济发展、数字鸿沟与城乡居民收入差距》,《南方经济》2021 年第 11 期。

影响呈先缩小后扩大的"U"形变化趋势，并且目前中国已跨越拐点处于"U"形曲线的右侧，数字经济展现出扩大城乡收入差距的倾向。① 李晓钟和李俊雨发现，数字经济发展水平对城乡收入差距的影响呈先扩大后缩小的倒"U"形态势；数字经济发展水平对城乡收入差距存在门槛效应。② 牟天琦等发现，农村居民数字技能的培育是当下实现城乡包容性增长的关键之匙。掌握数字技能显著地提升了居民尤其是农村居民的收入水平，进而改善城乡收入格局。③ 城乡人力资本方面，姚战琪基于各地区的面板数据，构建中介模型、门槛回归模型、空间杜宾模型，研究发现数字经济能缩小中国城乡人力资本差距，但数字经济对中国城乡人力资本差距的间接效应为正。④ 城乡消费差距方面，魏君英等发现，数字经济发展可以显著缩小城乡消费差距，并且数字经济发展对城乡消费差距的改善效应存在明显的地区差异，东部地区效果较中、西部地区显著。⑤ 城乡多维差距方面，周慧等研究发现，数字经济显著缩小城乡多维差距，这种作用在长期也表现出条件收敛。⑥ 张勋等将中国数字普惠金融指数与中国家庭追踪调查（CFPS）数据结合，发现数字金融促进了中国的包容性增长，具体而言，我国数字金融不但在落后地区的发展速度更快，而且显著提升了家庭收入，尤其对农村低收入群体而言。⑦

---

① 米嘉伟、屈小娥：《数字经济发展如何影响城乡收入差距》，《现代经济探讨》2022 年第 6 期。
② 李晓钟、李俊雨：《数字经济发展对城乡收入差距的影响研究》，《农业技术经济》2022 年第 2 期。
③ 牟天琦、刁璐、霍鹏：《数字经济与城乡包容性增长：基于数字技能视角》，《金融评论》2021 年第 4 期。
④ 姚战琪：《数字经济对城乡人力资本差距的影响机理分析》，《哈尔滨工业大学学报》（社会科学版）2022 年第 3 期。
⑤ 魏君英、胡润哲、陈银娥：《数字经济发展如何影响城乡消费差距：扩大或缩小？》，《消费经济》2022 年第 3 期。
⑥ 周慧、孙革、周加来：《数字经济能够缩小城乡多维差距吗？——资源错配视角》，《现代财经》（天津财经大学学报）2022 年第 1 期。
⑦ 张勋等：《数字经济、普惠金融与包容性增长》，《经济研究》2019 年第 8 期。

十 数字经济与对外开放

数字经济对进出口贸易的影响研究，大多集中于出口贸易这一方面，包括出口效率、出口技术复杂度等。孙杰认为数字经济发展必然导致数字贸易的产生，然而数字贸易与传统贸易并非是对立的而是共生的，换言之，数字贸易不会颠覆或者取代传统贸易活动，而是与传统贸易协同发展，并提高传统贸易的经济效率。① 范鑫以网络就绪指数衡量不同国家的数字经济发展水平，运用异质性随机前沿引力模型，发现进口国数字经济的发展能够显著降低我国出口效率损失，提高我国出口贸易效率，且这一作用对我国出口至中低收入水平国家更明显。② 孙黎和许唯聪发现中国各地区参与 GVC 的程度严重失衡，削弱了整体参与国际分工的竞争优势；同时，中国地区 GVC 的嵌入模式具有明显的空间依赖特征，而且各地区在嵌入 GVC 过程中会产生空间外溢效应，影响相邻地区参与国际分工的程度。③ 杜传忠和管海锋利用 2011—2018 年中国制造业省级层面的面板数据研究发现，数字经济发展总体上显著提升了我国制造业的出口技术复杂度，这一作用在技术密集型行业表现得更为显著。④ 齐俊妍和任奕达发现数字经济发展不同维度显著提高了全球价值链分工地位，并以数字基础设施的影响最为显著。⑤ 刘志坚基于出口技术复杂度数据，发现数字经济发展对各国出口技术复杂度具有显著的正向效应；数字经济发展规模、效率、结构与科技创新投入的交互项均显著为正，数字经济发展与科技创新投入的交互项对技术密集型行业出口技术复杂度的影响最为显著，对资本密集型行业的影

---

① 孙杰：《从数字经济到数字贸易：内涵、特征、规则与影响》，《国际经贸探索》2020 年第 5 期。

② 范鑫：《数字经济发展、国际贸易效率与贸易不确定性》，《财贸经济》2020 年第 8 期。

③ 孙黎、许唯聪：《数字经济对地区全球价值链嵌入的影响——基于空间溢出效应视角的分析》，《经济管理》2021 年第 11 期。

④ 杜传忠、管海锋：《数字经济与我国制造业出口技术复杂度——基于中介效应与门槛效应的检验》，《南方经济》2021 年第 12 期。

⑤ 齐俊妍、任奕达：《数字经济渗透对全球价值链分工地位的影响——基于行业异质性的跨国经验研究》，《国际贸易问题》2021 年第 9 期。

响次之,对劳动密集型行业的影响最小。① 傅晓冬和杜琼发现数字经济显著正向地促进了中国核心文化产品出口额的提升,但随着经济、制度、文化距离的增大,这种正向的影响作用会有所减弱。② 李亚波和崔洁发现数字经济能够显著地提升中国出口质量,且这种提升效果会随着产品质量差异幅度增加而更加明显,并具有区域差异,中部地区和出口到低收入国家的产品质量提升效果更为突出;从影响渠道来看,数字经济主要通过产品内质量升级效应和产品再配置效应来促进出口质量提升。③ 姚战琪发现数字经济能提升所在地区的制造业出口竞争力,呈现显著的空间正相关性,对临近地区的制造业出口竞争力也有积极的影响。④ 夏杰长等发现数字经济正向影响中国人力资本、R&D 经费投入强度、出口技术复杂度。⑤ 范鑫利用中国 2008—2017 年的省级出口面板数据,围绕数字经济发展对中国不同地区出口效率的影响进行了机制分析与实证检验,结果表明,数字经济的发展能够通过降低出口成本和优化地区资源配置提高出口效率,且这种影响也存在区域性差异。⑥ 余姗等研究发现数字经济显著促进中国省级出口技术复杂度的提升,其产生的正向空间溢出效应能助推出口贸易的高质量发展;同时会提升中国产品出口的竞争力。⑦

---

① 刘志坚:《数字经济发展、科技创新与出口技术复杂度》,《统计与决策》2021年第17期。
② 傅晓冬、杜琼:《数字经济对中国文化产品出口贸易的影响研究》,《宏观经济研究》2022年第3期。
③ 李亚波、崔洁:《数字经济的出口质量效应研究》,《世界经济研究》2022年第3期。
④ 姚战琪:《数字经济对我国制造业出口竞争力的影响及其门槛效应》,《改革》2022年第2期。
⑤ 夏杰长、徐紫嫣、姚战琪:《数字经济对中国出口技术复杂度的影响研究》,《社会科学战线》2022年第2期。
⑥ 范鑫:《数字经济与出口:基于异质性随机前沿模型的分析》,《世界经济研究》2021年第2期。
⑦ 余姗、樊秀峰、蒋皓文:《数字经济对我国制造业高质量走出去的影响——基于出口技术复杂度提升视角》,《广东财经大学学报》2021年第2期。

第三章　深圳数字经济的发展优势与阶段

改革开放以来，深圳市发展数字经济经历了从制造到创造、从速度到质量以及党的十九大以来的新发展三个阶段。从制造到创造的过渡阶段，深圳依靠特区政策优待、毗邻港澳地理区位以及第三次科技革命背景大力发展电子信息制造业，为数字经济的发展奠定了制造业基础，并通过创新驱动发展战略推广高新技术产业。进入21世纪，深圳数字经济的重点逐渐从"速度"向"质量"迈进，并根据国际形势变化逐步布局战略性新兴产业。数字经济逐渐从居民收入、民生福利、城市文化、社会管理等方面影响深圳的社会生活。党的十九大后国家提出大力发展数字经济战略，深圳数字经济发展取得巨大成就：数字经济总量不断提高、新型基础设施建设不断完善、产品品牌质量不断改善、数字品牌建设稳步推进。同时，数字技术的推广有效助力"双碳"目标、智慧城市和数字政府、开发健康安全的数字生态的实现。未来深圳数字经济可尝试往全球数据跨境流动试点、数字技术与实体经济融合试点、平台经济规范发展试点、数字贸易示范区等方向演进。

第一节　深圳数字经济发展的优势

深圳市数字经济高质量发展离不开全球第三次科技革命的历史机遇以及国家大政策的支持。第三次科技革命以原子能、电子计算机、空间技术和生物工程的发明和应用为主要标志，是涉及信息技术、新能源技术、新材料技术、生物技术、空间技术和海洋技术等诸多领域的一场信息控制技术革命。①

2021年中国数字经济规模达到45.5万亿元，同比增长16.2%，占GDP的比重为39.8%。②深圳市作为广东省乃至全国数字经济发展第一梯队的城市，拥有良好的数字经济发展潜力。其主要优势如下。

首先，深圳市数字经济发展规模总量庞大。2021年深圳市战略性新兴产业规模达1.2万亿元，占GDP的比重达39.6%，数字经济核心产业占GDP的比重接近30.6%。③深圳市的数字经济指数在粤港澳大湾区排名中居首位，数字基础设施、数字商业、数字产业、数字政务、数字民生这几个指标与广州共同组成第一梯队。④同时，强大的科技发展支撑是深圳数字经济高质量发展的基础。战略性新兴产业增加值占地区生产总值的比重提升至39.6%，现代服务业增加值占服务业增加值的比重提升至76.2%。⑤2021年，深圳市166个关键核心技术攻关项目稳步实施，国内发明专利授权量增长45%，出台促进科技成果产业化38条，新增4家国家级科技企业孵化器。

其次，近年来深圳市受到国家政策扶持力度逐渐加大，为发展数字经济提供制度保障。2019年，中共中央、国务院通过《关于支持深圳建设中国特色社会主义先行示范区的意见》，提出在深圳加快构建现代产业体系，打造数字经济发展试验区，支持开展数字人民币研究。2020年，中共中央办公厅、国务院办公厅印发了《深圳建设中国特色社会主义先行示范区综合改革试点实施方案（2020—2025年）》，指出在央行数字货币研究所深圳下属机构基础上成立金融科技创新平台，支持开展人民币内部封闭试点测试，推动人民

---

① 人民教育出版社历史室：《世界近代现代史》，人民教育出版社2006年版，第106页。
② 中国信息通信研究院：《中国数字经济发展报告（2022）》，2022年7月。
③ 《2021年我国数字经济规模占GDP比重达到39.8%》，鲁壹点官方账号，2022年7月12日，https：//baijiahao.baidu.com/s？id=1738117136583472672&wfr=spider&for=pc。
④ 《战新视野丨2021年深圳战略性新兴产业增加值超1.2万亿！》，搜狐网，2022年4月18日，https：//www.sohu.com/a/539015144_120904688。
⑤ 《2022年深圳市政府工作报告（全文）》，人民网，2022年4月21日，http：//sz.people.com.cn/n2/2022/0421/c202846-35233026.html。

币国际化。2021年中共中央、国务院印发《全面深化前海深港现代服务业合作区改革开放方案》，提出"健全数字法规"以及"推进政务服务数字化"等建议。同时，该方案建议将前海地区打造为以现代服务业为支撑产业的深港合作区，而现代服务业中的生产和市场服务包含的金融、物流、电子商务等都与数字经济息息相关。

最后，深圳的数字经济法律体系建设以及技术标准建设成就居全国前列。一方面，法治保航是数字经济高质量发展的重要保障。2021年深圳市人大常委会通过《深圳经济特区数字经济产业促进条例（草案）》，强化数字产品保护应用、建立数字知识产权快速预审机制、放宽数字产品市场准入。同年，深圳市人大常委会通过《深圳经济特区数据条例》，涵盖了个人数据、公共数据、数据要素市场、数据安全等方面的数据安全保障。同时出台了有关数字经济产业、人工智能产业、智能网联汽车等方面的法律法规。另一方面，掌握技术标准制定权就是掌握了未来数字经济发展的主导权。2021年深圳市人民政府印发《深圳市数字经济产业创新发展实施方案（2021—2023年）》，鼓励深圳市龙头企业、科研院所、行业组织加大对数字关键技术标准制定的投入，致力于将地方标准升级为国家标准。

第二节　深圳数字经济发展的阶段

一　从制造到创造的初始阶段

深圳数字经济的初始发展阶段，具有从"制造"到"创造"的阶段性特征，即发展重点从电子信息产业制造业向以互联网为代表的战略型新兴产业演进过程。20世纪70年代末到90年代初，深圳市的数字经济发展是从电子信息产业制造业加工代工开始的。改革开放初期，深圳经济特区与香港特别行政区形成"前店后厂"的模式，通过毗邻香港的区位优势和经济特区的政策优惠大量承接香港的劳动密集型产业。深圳加工、港澳销售成为当时重要的生产经营模式。深圳经济特区基于土地和劳动力优势，大力发展"来料加工""来件装配""来样加工"和"补偿贸易""三来一补"产业。其中大量来自欧美的信息产业制造业代工加工订单推动了深圳数字制造业的初步发展,形成区域分工协作、优势互补和互利共赢的产业经营格局。深圳市数字经济的发展萌芽是从一批批信息产业代工订单开始的,批量化的电子信息业制造工厂有效地完善了数字经济的产业基础,形成规模效应。

20世纪90年代末到21世纪初,是深圳市电子信息制造业飞速发展的黄金时期,深圳的数字经济发展开始从"深圳加工"向"深圳制造"转变。1992年我国开始社会主义市场经济体制的建设,注重公平与效率的同时更加关注市场经济体制的自由竞争。尽管深圳依靠"三来一补"模式完成产业结构的转型升级,但后期该模式的弊端日渐突出。大部分"三来一补"工厂的生产经营权被外方股东垄断,企业缺乏打造国产品牌的动力,国产产品质量提高缓慢。为了完成产业结构转型升级,提高生产产品的质量与品牌效应,深圳市敦促企业升级生产方式,实行"贴牌生产"的方式。承接来自"亚洲四小龙"的制造业转移,大力发展电子信息制造业,主攻高附加值和低消耗的电子信息产品。自此,深圳数字经济发展开始从"深圳代工"向"深圳制造"发展,迈入全球价值链中低端行列。深圳市外商直接投资额从1982年的0.58亿美元上升至1992年的4.449亿美元。

21世纪初,随着第三次科技革命的兴起,深圳市数字经济开始从"制造"向"创造"跨越。深圳市在承接了"亚洲四小龙"转移的电子信息制造业后,促进了当地加工制造业的飞速发展,为深圳打下雄厚的工业基础。然而,在经历一段时间发展后一系列弊病也随之而来。首先,土地资源供应不足。深圳市本身所辖面积在经历工业发展后显得有所不足。水资源以及能源供应开始捉襟见肘,环境恶化的问题也开始出现,环境承载力已接近极限。其次,由于缺乏统筹规划,很多地方的电子产品已经出现产能过剩的现象,造成生产资源的浪费。最后,劳动力资源也开始制约各个企业的发展,"用工难"和"用工荒"问题开始在深圳以及珠三角其他地区出现。最重要的是,之前发展的劳动密集型产业在全球价值链中处于中低端产业，长期发展已经不适应我国经济发展质量的提高以及培养具有国际竞争力企业的要求。例如，生产一台彩色电视机成本占整机80%的核心部件都要从日本、韩国、中国台湾进口，企业利润率难以为继。

二 从速度到质量的转型阶段

进入21世纪，深圳市高新技术产业的发展上升到一个新台阶，也为接下来数字经济高质量发展奠定了坚实基础。深圳市坚持以企业为主体的高新技术产业发展方向，出现90%以上的研发机构、研发人员、研发投入和研发成果集中在企业的情况，成为深圳自主创新的一大亮点。2008年，深圳市成为全国首批国家创新型城市试点，高新技术产业发展的着力点逐步转向以构建自主创新支撑体系为主，对数字经济发展的关注点逐渐从数量型增长向质量型增长过渡。深圳市不断加大对高新技术企业的补贴力度，将市级加区级补贴上升到35万元以上，并以当年研发经费的10%进行奖励补助。腾讯、华为、中兴、大疆创新、华大基因等高新技术企业在这一轮政策补助中受益匪浅，同时也为战略性新兴产业的发展奠定了良好的基础。深圳市发展数字经济的基础水平不断提高。

随着第三次科技革命的深入，互联网经济发展大潮给我国带来新的发展机遇。深圳市在拥有电子信息制造业和高新技术产业的发展基础上，开始布局更具发展质量的新型战略性产业，为数字经济高质量发展奠定基础。结合大数据、人工智能、物联网、云计算等新型信息技术大力发展推进企业数字化转型，推动数字技术与实体经济相融合，有力地提高了深圳出口产品质量，"深圳质量"逐渐成为全国乃至全球响亮的名片。数字经济作为基础战略性新兴产业，是以重大科技和技术突破为基础，对社会全局发展具有重大引领作用的产业，是新兴科技与新兴产业的融合。

战略性新兴产业的发展有效提高了"深圳质量"，以创新驱动发展战略为主线，向高端自主设计和自主品牌建设方向努力并重视质量标准的作用。企业通过运用数字技术有效地计算出各个生产部门的利润率，对于利润率较高的部门加大生产投入以及资金投入，而对于利润率较低的部门则采取外包或者缩小生产规模等方式减少资本投入，提高企业总体利润效率。企业通过数字化转型有效减少生产成本，提高生产效率和利润率水平，从而使企业有更多资金投入到研发领域。提高产品质量水平，升级生产技术含量，从仿照设计走向高端品牌经营，从价值链低端向高端延伸。

三 高质量发展阶段

深圳市以制度创新支持数字经济发展，《深圳市国民经济和社会发展第十四个五年规划和二〇三五年远景目标纲要》指出，要将深圳打造成全球数字先锋城市。打造数字经济新优势，营造开放健康的数字生态（见表3-1）。2021年深圳市数字经济核心产业增加值达9000亿元，占GDP的30.6%。[①] 深圳入选2021年中国电子信息竞争力百强企业数量全国排名第一，培育了华为、大疆、腾讯等一批世界级创新型企业，注重企业创新主体作用。

表3-1 深圳市人民政府出台支持数字经济高质量发展相关文件

	文件名称	文件内容
2018年	《深圳市关于率先实现5G基础设施全覆盖及促进5G产业高质量发展的若干措施》	加快5G基础设施建设，推动5G产业快速发展，把深圳打造成全球5G发展高地
2018年	《深圳市新型智慧城市建设总体方案》	打造国家新型智慧城市标杆市的战略部署，促进深圳现代化国际化创新型城市和社会主义现代化先行区的建设
2019年	《深圳市新一代人工智能发展行动计划（2019—2023年）》	抢抓人工智能发展机遇，抢占人工智能发展制高点，构建人工智能技术开放创新体系，推动人工智能与实体展，打造人工智能产业集群，加快建设国际科技创新中心
2020年	《关于加快推进新型基础设施建设的实施意见（2020—2025年）》	加快深圳市新型基础设施建设，为粤港澳大湾区和中国特色社会主义先行示范区建设提供坚强支撑

---

① 《2022年深圳市政府工作报告（全文）》，人民网，2022年4月21日，http://sz.people.com.cn/n2/2022/0421/c202846-35233026.html。

续表

	文件名	文件内容
2021年	《关于加快智慧城市和数字政府建设的若干意见》	贯彻党中央、国务院关于建设"网络强国、数字中国、智慧社会"的决策部署，加快推进数字政府综合改革试点的工作，推进智慧城市和数字政府建设
2021年	《关于印发深圳市多功能智能杆基础设施管理办法的通知》	规范多功能智能杠杆基础设施的管理，有效利用资源，提高城市管理效能和公共服务水平，提升城市品质，维护智慧城市感知网络安全
2021年	《深圳市数字经济产业创新发展实施方案（2021—2023年)》	抢抓数字经济产业密集创新和高速增长的战略机遇，加快推动深圳数字经济产业创新发展，着力打造国家数字经济创新发展试验区

资料来源：深圳市人民政府网站。

第四章 深圳数字经济高质量发展面临的问题

数字技术的采用与创新对企业和个人来说都是一场新试验，将很大程度上改变它们的组织方式和之间的关系，是社会向前迈出的重要一步。当前，信息和通信技术、软件产品、计算机和电信设备成为深圳经济主体活动结构的一部分。数字经济不仅为深圳居民生活带来巨大改变，也加速了深圳的产业结构升级与企业数字化转型的步伐。然而，在经济和社会日益数字化的背景下，深圳面临着产业数字化、数字产业化、数据价值化、数字化治理等领域诸多问题的挑战。深圳应正视数字经济发展面临的问题并积极采取行动，处理好与数字经济相关的波动性、不确定性和不平等。

第一节 产业数字化转型动力不足、规模有限

国家统计局发布的《数字经济及其核心产业统计分类（2021）》，将数字经济分为1—4大类的数字经济核心产业（数字产业化部分）和5大类的数字化效率提升业（产业数字化部分）。传统产业数字化转型是数字经济利用其高技术属性推动经济高质量发展的可行路径。[①] 从国际来看，深圳在城市和企业层面的数字经济竞争力与纽约、波士顿、伦敦、新加坡、东京相比仍有较大差距；从国内来看，中国城市数字经济竞争力排名中，深圳落后于北京和上海，其中，深圳在核心数字产业和数字政策环境这两个分项指标上超过北

---

① 荆文君、孙宝文：《数字经济促进经济高质量发展：一个理论分析框架》，《经济学家》2019年第2期。

京和上海,在数字创新、数字基础设施这两个分项指标上落后于北京和上海两地,此外在数字融合应用分项指标上弱于北京,但强于上海。①从上海与深圳有关数字经济"十四五"规划中发现,2025年深圳数字经济核心产业增加值占全市生产总值的比重预期达到31%,而2025年上海数字经济核心产业增加值占全市生产总值的比重预期达到15%,可见深圳在数字经济核心产业竞争力方面保持领先地位,但2020年深圳在数字经济规模上远低于北京和上海,并且深圳2020年的数字经济增加值增长率较2019年降低0.2%。②深圳产业数字化转型乏力主要表现在以下几个方面。

一 部分传统行业处于转型升级瓶颈期

2022年6月,深圳市人民政府发布《深圳市人民政府关于发展壮大战略性新兴产业集群和培育发展未来产业的意见》,即"20+8"产业集群政策,其中涉及20个战略性新兴产业重点细分领域和8个未来产业重点发展方向,预期到2025年,深圳市战略性新兴产业增加值超过1.5万亿元;《深圳市国民经济和社会发展第十四个五年规划和二〇三五年远景目标纲要》中提出经济发展目标,到2025年经济总量超4万亿元,届时战略性新兴产业增加值占生产总值的比重接近4成,战略性新兴产业将成为推动深圳市经济社会高质量发展的主引擎。战略性新兴产业即一般意义上的"互联网+",需要传统行业的支撑,电子信息、生物制药、新材料、智能制造等深圳的主导性、支持性、战略性产业需要与传统的制造业配套,更重要的是传统行业亟须数字经济赋能,以实现传统行业的提质增效。

近年来,随着线上和线下的融合加剧,很多深圳的传统行业尤

---

① 王振、惠志斌:《全球数字经济竞争力发展报告(2020)》,社会科学文献出版社2020年版;中国信息通信研究院:《中国数字经济发展报告(2022年)》,2022年7月;中国信息通信研究院:《中国城市数字经济发展报告(2021年)》,2021年12月。

② 深圳市政务服务数据管理局:《深圳市数字政府和智慧城市"十四五"发展规划》,2022年6月22日;上海市人民政府办公厅:《上海市数字经济发展"十四五"规划》,2022年6月12日;中国信息通信研究院:《北京数字经济研究报告(2021年)》,2021年8月;深圳市统计局:《深圳统计年鉴2021》,2021年12月30日。

其是人跟人密切接触的行业，如文化和体育演出、教育培训、餐饮等受到的冲击较新兴行业大。如图4-1所示，"十三五"时期，深圳部分传统服务业的增加值增长率有较大程度的下降，其中住宿和餐饮业以及文化、体育和娱乐业降幅明显；2016年"新零售"概念被提出以来，深圳的实体零售业受阻，被新零售下的电商抢占了市场份额，总体来看批发与零售业的增速有所放缓；此外，受中美经贸摩擦的影响，外贸出口受挫，2018年深圳的交通运输、仓储和邮政业增加值的增长率下降明显。

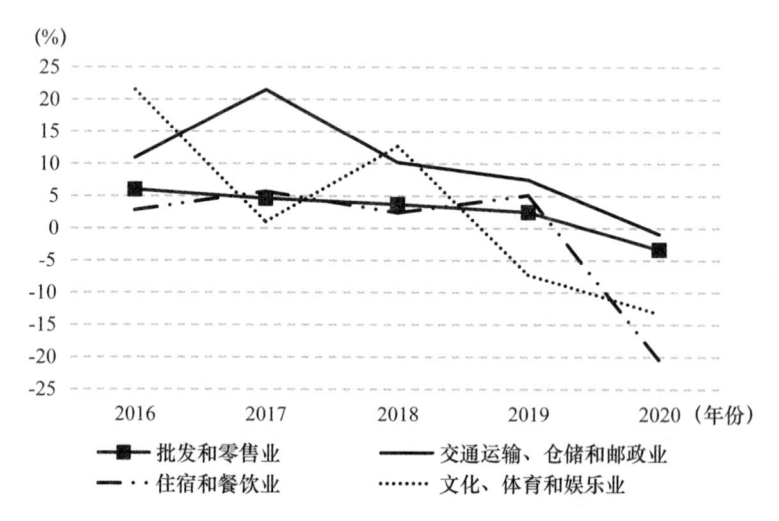

图4-1 2016—2020年深圳部分传统服务业增加值增长率

资料来源：《深圳统计年鉴（2021）》。

深圳的传统优势行业主要有电子、服装、钟表、眼镜、黄金珠宝等，随着粤港澳大湾区建设的持续推进，这些传统优势行业也积极抢抓机遇。然而，深圳的部分传统优势行业面临外部环境风险加大和企业内部经营成本增加的双重压力，也处于转型升级瓶颈期。

其一，面临的外部环境风险加大。2020年，深圳的外贸依存度为110.2%，属于典型的外向型经济，在中美经贸摩擦和新冠肺炎疫情的影响下，对出口企业和依赖国外进口的供应链企业影响很大。以深圳电子行业转型升级为例，深圳电子信息制造业是其工业第一支柱，2020年其占规模以上工业总产值的比重达61.4%。① 以华强北电子批发市场为例，在"十二五"时期，京东、天猫等电商平台的崛起导致实体采购受挫；2017年开始，比特币价格上涨，华强北开始生产比特币挖矿机，成为全球比特币挖矿机最大交易市场；此后，电子烟热潮开启，2019年深圳的电子烟出口达到1000亿元，成为全球90%以上电子烟的生产地。此外，深圳服装行业受新冠肺炎疫情影响，多数服装企业面临线下零售停摆、线上销售布局不足的困境。深圳的传统行业亟须在质量、工艺、文化、设计等方面深入挖掘，以推进深圳制造向深圳创造、深圳速度向深圳质量、深圳产品向深圳品牌转变，建设具有世界影响力的创新创意之都。

其二，经营的成本增加为深圳企业转型升级带来难度。通过对150家福田区企业进行调研，发现外迁因素排名前三的分别为城市整体建设（100%）、降低经营成本（85%）、楼宇租金上升（78%）。② 城市经济结构调整安排一致发展高端产业与总部经济，淘汰劳动密集型、粗放型低端产业。深圳用地资源短缺，陆域开放强度已达50%，用水、用电、用工成本上升，资源约束趋紧。③ 2015—2020年，深圳写字楼空置率逐年升高，2020年空置率达28%，较2015年翻了1.15倍；造成空置率攀升的主要因素是企业外迁，2019年新增企业注销或吊销数量较2015年增加了14.5倍，但新增企业数量较2015年增速仅为10.65%。④

二 部分中小微企业内部数字化基础较差

2021年深圳的中小微企业数字化指数为82.06，在全国城市中

---

① 深圳统计局：《深圳统计年鉴（2021）》，2021年12月30日。
② 陈建军、韩靓：《深圳企业外迁问题探析——以深圳市福田区为例》，《特区实践与理论》2018年第3期。
③ 刘伟丽、方晓萌：《世界经济特区演进与中国特色经济特区发展路径选择》，《国际贸易》2022年第7期。
④ 根据壹深圳（http：//static.scms.sztv.com.cn/ysz/zx/dc/78386405.shtml）数据整理所得。

排名第一，其数字化转型发展已不再是"选择题"而是"必答题"，① 已从探索阶段迈向践行阶段。中小微企业是深圳实体经济的根基，企业业务主要聚焦于细分市场，以提供专业化的生产和服务以及供应链的协作配套为核心。2020年，深圳规模以上工业企业中的中小微企业贡献了42.5%的规模以上工业总产值以及97.07%的企业数量，是深圳制造业数字化转型的载体，是实体经济发展的主动力。然而深圳部分中小微企业内部信息化基础较差，应用数字技术能力不足，数字化转型升级仍有较大的提升和改进空间。部分中小微企业数字化转型"转不动"的原因主要有以下几方面。

首先，部分中小微企业数字化转型意愿不强，由于数字化转型周期长，企业发展路径依赖于企业决策者的固化思维，对企业数字化转型的盈利模式缺乏认识，只顾短期利润目标而忽视长期发展，因此企业决策者亟须转变经营思维，以及利用同行竞争者的成功实践给予压力倒逼，例如，利用机器决策取代人工决策的ERP系统，为解决供应链管理上信息不对称问题提供帮助。其次，中小微企业有数字化转型意愿，但转型的能力不够，例如，数字化人才匮乏，此时需要引进相应人才以及对员工进行数字化转型方面的培训，以及寻求合作伙伴的帮助等。此外是数字化转型较高技术成本的考量，中小企业资源投入不足面临的试错成本相对较高。因此需要从易到难，从简单到复杂。最后，是转型的路径不够清晰。不同行业的转型升级速度与当地产业优势以及技术更新迭代速度和应用程度相关，例如，深圳市的新一代电子信息、汽车、超高清视频显示、生物医药与健康等支柱产业处于数字化转型优先地位，而绿色石化、现代轻工纺织等行业中技术在整个生产流程中的应用程度较低，数字化转型重要程度排名靠后。②

三 数字龙头企业数量和国际影响力不突出

将数字经济拆解开来看，主体由数字产业化和产业数字化两部

---

① 庄媛：《推动中小企业加"数"跑》，《深圳特区报》2022年7月1日第9版。
② 广东省人民政府：《广东省制造业高质量发展"十四五"规划》，2021年7月30日。

分构成。从数字产业化角度来看，其中数字企业就是为数字经济服务的，它的产品就是数字产品，它的技术就是数字技术，它们生产数字的硬件和软件，还有数字平台。以深圳的本土企业为例，腾讯控股是数字经济的先行者，整合 AI、云计算、大数据等技术落实应用；华为的鸿蒙系统研发、创新，赋能各行业，打造数字互联。

2021 年全球互联网上市企业市值前 30 名中我国共有 9 家，占全球市值的比重为 18.65%，而美国共有 17 家企业上榜，市值占比为 77.7%；2018 年，我国共有 10 家企业上榜全球市值前 30 名，市值占比为 27.2%，美国上榜 17 家企业，市值占比为 71.5%，受行业监管政策和新冠肺炎疫情等不确定因素的影响，对比 2018 年在互联网上市龙头企业数量和规模上有所下降。[①] 由表 4-1 可见，深圳数字龙头企业的数量不如北京与上海，我国市值前 10 名的互联网企业中深圳企业仅有 1 家，为腾讯控股，北京 4 家、上海 2 家。深圳数字经济对经济发展的驱动和支撑能力有待提高，龙头企业数量和国际影响力不突出，缺少如谷歌、微软、亚马逊等兼具国际竞争力和创新引领力的行业龙头企业，深圳本土企业腾讯控股的海外市场份额很低，行业集聚力及行业话语权相对缺乏。

表 4-1　中国市值前 10 名的互联网企业发展情况　（单位：亿元，%）

	企业名称	2021 年 12 月 31 日市值	环比增速
1	腾讯控股	35885.3	-2.7
2	阿里巴巴	21082.8	-17.9
3	美团-W	11306.5	-10.3
4	京东	6959.5	-5.7
5	拼多多	4658.5	-36.8
6	网易	4449.2	17.5

---

① 中国信息通信研究院：《2021 年四季度我国互联网上市企业运行情况》，2022 年 1 月。

续表

	企业名称	2021年12月31日市值	环比增速
7	东方财富	3835.6	8.0
8	百度	3291.9	-4.4
9	快手-W	2478.9	-14.0
10	京东健康	1605.0	-19.5

资料来源：中国信息通信研究院：《2021年四季度我国互联网上市企业运行情况》，2022年1月。

第二节 数据要素价值潜能挖掘不充分

一 数字经济统计与测算体系有待完善

数字经济统计体系不完善，现采用的统计口径和产业分类具有一定的局限性，数字科技应用所衍生的免费服务、自助服务、分享经济等所创造的增加值未被全覆盖，导致数字经济体量被低估。同时，当前数字经济规模测算更多关注市场和商品及服务的价格，而数字经济是基于新的生产要素、生产力和基础设施的新生产关系，传统的经济测算体系已经不能适应数字经济的特点。

深圳市统计局已多次公开征求《深圳市数字经济统计方法制度研究实施方案（征求意见稿）》意见，但暂未公开该项目运用的深圳市数字经济统计报表制度。在《深圳统计年鉴（2021）》中，数字经济这一指标属于战略性新兴产业发展情况的细分指标。深圳市统计局已公布《深圳市战略性新兴产业统计报表制度》（2019年10月），其中列出数字经济的行业细分领域，涉及45个行业代码，但与2021年6月3日国家统计局发布的《数字经济及其核心产业统计分类（2021）》中涉及的156个行业代码对比发现，现有的深圳数字经济统计报表制度覆盖面较窄。并且，《深圳统计年鉴（2021）》中将战略性新兴产业划分为新一代信息技术、数字经济、高端装备制造、绿色低碳、海洋经济、新材料、生物医药，由于战略性新兴产业为深圳相关产业发展规划的口径,与国家、广东省及内地城市有所不同,测算的深圳市数字经济增加值及增速数据无法准确地在城市间进行横向比较。未来随着数字经济统计标准的提高,数字经济统计报表制度中会逐步加入一些新的填报指标,仍需要不断进行完善。此外在数字资产税收征管中,数字经济的纳税主体难以确定、课税对象评定模糊、税率无法合理确定、国际税收管辖权遇到挑战、有效电子证据有难度等问题亟须解决。

二 数据资源交易流通体系有待加强

深圳已汇集了经济领域、公共安全、民生服务、城市交通、舆情监督、生态环保等海量数据资源,但目前数据仅用于统计分析和政府管理等方面,深圳数据市场交易渠道不畅通、数据价值判断无依据、数据权属权益不确定等问题导致数据交易不通畅和数据增值不完全。深圳数据交易所正处于筹备阶段,深圳南方大数据交易中心正在运行中。

未来企业最宝贵的资产既不是品牌,也不是生产,更不是设备,而是数据。在数字经济时代,数据就是生产要素,未来的收入分配机制也有可能是按照数据要素价值和贡献来评估。在数字经济时代,数据就像石油与电力一样宝贵,那么如何利用数据盈利呢?首先是业务数字化,企业可以将管理事务从线下迁移到线上,便于产生大数据,不管是监测设备的生产数据,还是门店的用户数据,以及员工上班的工作数据,都是属于数据资产。其次是数字业务化,数据可能产生新的业务和新的价值,例如,当前一些健身房的新型管理方式,通过在线团课的数据,合理安排健身教练的时间与数量。最后是数据市场化,未来将会出现很多像家电批发市场、水果批发市场一样的专业大数据交易市场。企业的数据价值与数据规模就决定了在这个批发市场中间是否能够销售出去。

中国信息通信研究院的研究指出,截至2021年,国内共有38家大数据交易所(中心、平台等)。自2014年以来,各地建设数据交易机构,提供集中式、规范化的数据交易场所和服务,以期消除供需双方的信息差,推动形成合理的市场化定价机制和可复制的交易制度。① 各地数据交易机构运营发展有限：绝大多数交易机构已停止运营或转变经营方向，持续运营的数据交易机构非常有限；落地业务模式基本局限于中介撮合，各机构成立之初设想的确权估值、交付清算、数据资产管理和金融服务等一系列增值服务未能落地；各交易机构整体上数据成交量较低，经营业绩低迷，市场能力不足。②

表4-2 国内大数据交易所（中心、平台等）建设历程及相关政策文件

建立时间	平台名称	政策文件	文件内容
2014年	中关村数海大数据交易平台 北京大数据交易服务平台	政府工作报告	大数据首次写入政府工作报告；设立新兴产业创业创新平台，在新一代移动通信、集成电路、大数据、先进制造、新能源、新材料等方面赶超先进，引领未来产业发展
2015年	河北京津冀大数据交易中心 华东江苏大数据交易平台 华中大数据交易平台 重庆大数据交易市场 西咸新区大数据交易所 武汉东湖大数据交易中心 武汉长江大数据交易中心 贵阳大数据交易所	《促进大数据发展行动纲要》	探索开展大数据衍生产品交易，鼓励产业链各环节市场主体进行数据交换和交易，促进数据资源流通，建立健全数据资源交易机制和定价机制，规范交易行为
		《国务院办公厅关于运用大数据加强对市场主体服务和监管的若干意见》	按照规范、安全、经济的要求，建立健全政府向社会力量购买信息产品和信息技术服务的机制，加强采购需求管理和绩效评价
2016年	深圳南方大数据交易中心 浙江大数据交易中心 钱塘大数据交易中心 广州数据交易平台 上海数据交易平台 哈尔滨数据交易中心	大数据产业发展规划（2016—2020年）	围绕数据全生命周期各阶段需求，发展数据采集、清洗、分析、交易、安全防护等技术服务

① 中国信息通信研究院：《大数据白皮书》，2021年12月。
② 王林：《大数据"交易自由"还有多远》，《中国青年报》2022年3月1日第6版。

续表

建立时间	平台名称	政策文件	文件内容
2017年	河南平原大数据交易中心 山东省先行大数据交易中心 山东省新动能大数据交易中心 潍坊大数据交易中心 青岛大数据交易中心 中原大数据交易平台	《国务院关于深化"互联网+先进制造业"发展工业互联网的指导意见》	面向关键技术和平台需求，支持建设一批能够融入国际化发展的开源社区，提供良好开发环境，共享开源技术、代码和开发工具
2018年	东北亚大数据交易服务中心	《科学数据管理办法》	法人单位应根据需求，对科学数据进行分析挖掘，形成有价值的科学数据产品，开展增值服务。鼓励社会组织和企业开展市场化增值服务
2020年	粤港澳大湾区数据平台* 湖北大数据交易平台* 北方大数据交易中心* 安徽大数据交易中心* 湖南大数据交易中心* 北部湾大数据交易中心* 山西数据交易服务平台 山东数据交易公司	《工业和信息化部关于工业大数据发展的指导意见》	构建工业大数据资产价值评估体系，研究制定公平、开放、透明的数据交易规则，加强市场监管和行业自律，开展数据资产交易试点，培育工业数据市场
		《关于加快构建全国一体化大数据中心协同创新体系的指导意见》	完善覆盖原始数据、脱敏处理数据、模型化数据和人工智能化数据等不同数据开发层级的新型大数据综合交易机制
2021年	川渝大数据交易平台* 内蒙古数据交易中心* 广东省数据交易中心* 西部数据交易中心* 深圳数据交易所* 上海数据交易所 北京国际大数据交易所	《重庆市服务业扩大开放综合试点总体方案》	探索创制数据确权、数据资产、数据服务等交易标准及数据交易流通的定价、结算、质量认证等服务体系，规范交易行为

注：*表示在建或筹建中。

资料来源：中国信息通信研究院（http://www.caict.ac.cn/）、中华人民共和国中央人民政府（https://www.gov.cn）。

三 数据开放共享程度仍需提高

改革开放40多年来深圳打开窗口、拥抱世界，用数十年无数次的敢闯敢拼，成就如今数字深圳的城市形象。在探索数字化转型的路上，开始进一步探索如何变得更加高效。深圳大数据的共享平台建设，以数字政府建设为例，关键要实现数据资源共享共用，数字政府建设的核心是实现数据资源的互联互通和共享共用，而这需要政务云等共性平台的支撑，也亟待打破当前因一些制度规则缺位或不完善而产生的制约条件。首先，要建立健全数字政府建设领导协调机制，实行"一数一源一标准"和社会数据"统采共用"。其次，做好城市基础数据库的建设，使经济运行、民生服务等主题模型实现大数据可视化。再次，做好非结构化的大数据平台的建设，需要统一数据模型，便于对非结构化大数据进行检索、处理、分析，并且大数据平台建设需要分布式存储与并行处理能力。最后，通过融合多方资源，打通数据到决策的最短路径，按照"数据资源库＋大数据基础平台＋视频监控共享交换平台＋智慧中枢"的架构建设城市数据中台，形成"城市大脑"。

第三节　营商环境有待优化

一　数据安全保护风险增加

从国家层面而言，大国之间的竞争已经逐渐从实体经济逐渐转向数字经济和虚拟经济，保护数据安全就是保护国家安全。"十四五"时期，深圳面临科技伦理风险管理、数据安全保护的挑战日趋严峻，亟须健全科技伦理治理体制和数据治理体系，加快发展新兴科技、建设数字经济创新发展试验区。[①] 从个人层面而言，普通民众更加关心个人隐私和个人数据的保护、对个人信息的泄露以及包括很多App对个人信息的过度采集等问题。2021年，国家出台了相

---

① 深圳市科技创新委员会：《深圳市科技创新"十四五"规划》，2022年7月7日。

关的法律，如《数据安全法》《个人信息保护法》，对普通民众的信息保护提供了法治保障。

数字化可以应用在不同的领域，从组织和企业角度来看，可能链接到企业的生产层、管理层、销售层等。宏观来看，需要最底层的计算与存储能力和顶层规划。对比中国和美国的数字化应用市场，美国是在数字技术上比较领先的一个国家。中美两国在技术趋势上差距很小，从底层来看，都需要用统一的算力平台和数据平台，并在平台上承载不同的应用；但在数据安全保护上有一定差异。例如，在美国市场的公有云，美国亚马逊的云、微软的云、Google 的云，其市场占有率比较高，大量企业采购或者是使用这些公有云的服务；相反中国的市场需求始终是存在的，而中国的客户特别是政府和企业客户更倾向于私有化的部署。造成差异的很大一个因素是中国的企业用户对网络安全和信息安全的考量。因为一旦实现了数字化之后，这些数字化系统里面的数据可能就会成为这个企业的核心。全面的数字化以后，数字系统就类似于把企业所有的资源放在一个箱子中。如果出现网络安全和信息安全事故，可能对这个企业造成严重后果。当然，这个趋势慢慢也会改变，就比如我们将自己的钱存在银行里。当前私有化的部署还将迎来非常旺盛的需求，但是随着数字化技术的成熟，可能也会有越来越多的用户会采用这种混合云的架构，会将核心的一部分系统放在独立部署的系统上，然后把一些相对不太敏感的数据面向公众。对公有和私有这两种解决方案进行有机组合，通过这种组合的方式来满足不同用户对于安全和效率的不同诉求。

二 数字平台垄断问题日益凸显

深圳数字经济发展需要关注的首要问题是防止它的垄断，垄断可能带来技术的无法进步、损害创新创业、破坏创新环境和投资环境等问题。数字经济背后离不开达到一定规模水平的大数据，数据规模越大算法分析的有效性越高，从而数据也就越具有价值。在数字经济领域频繁出现的竞争结果是"one or none"，即"赢者通吃"的结局。这种行业现象在美国如此，在中国亦然。其中的搜索、电商、社交等平台型数字经济,无一不是如此。①

在互联网快速发展阶段,创业者凭借新模式新技术,不仅推动了经济的发展,增加了就业岗位,同时更方便了人们的生活。曾经监管的态度是包容审慎,然而如今当互联网发展进入了成熟阶段,线上经济发展中存在一些竞争风险和隐患。部分巨头在创造新流量、新生意、新故事上动力不足,开始利用自身垄断地位,去榨取产业链上的从业者以及消费者的利益。在绝对自由的市场环境下,自然竞争产生垄断企业是必然的,但任由互联网平台垄断行为触及与撑控公权力将会带来严重后果,导致资本无序扩张。2020 年 12 月 14 日,市场监管总局发布通知,依据《反垄断法》第 48 条和第 49 条,对阿里巴巴投资有限公司收购银泰商业(集团)有限公司股权、阅文集团收购新丽传媒控股有限公司股权、深圳市丰巢网络技术有限公司收购中邮智递科技有限公司股权三起案件分别处以 50 万元的罚款。用大数据"杀熟"差别对待用户,用平台优势压低供应商的价格将得到制约。

三 市场经营监管难度较大

2021 年 10 月 18 日,习近平总书记在在党的十九届中央政治局第三十四次集体学习时的讲话中提出,要规范数字经济发展,要在发展中规范,在规范中发展。② 平台监管是全方位的,劳动保障、数据安全、隐私保护等,而且还要"强化反垄断和防止资本无序扩张"。虽然近年来,对数字平台企业的监管越来越严,但数字平台更具有隐蔽性、虚拟性,客观上增加了监管难度。从主观因素来看,平台缺乏行业规范、法律意识淡薄,致使不规范市场经营的监管难度较大。不规范经营问题凸显,以平台为核心的数字经济新业态准入门槛较低,经营者良莠不齐。无证经营、伪造证件、电商刷单、网络售假、不正当竞争等现象时有发生,危害税收、损害消费者权益、制约行业健康发展。例如,互联网上一些不正当竞争和暴

---

① 林建永:《数字经济助推上海城市世界影响力的法律思考》,澎湃新闻,2022 年 7 月 1 日,http://m.thepaper.cn/rss_newsDetail_18826890。

② 习近平:《不断做强做优做大我国数字经济》,《求是》2022 年第 2 期。

力，直接损害了商品的声誉和商业的信誉，会对一些不了解情况的消费者产生影响，导致销量下滑。

数字平台企业与传统一般意义上的企业并不一致，一般意义上的企业是工业时代重要的组织形态之一。企业生产产品，提供服务，然后通过市场跟消费者完成交换。这是我们熟悉的社会运转方式，包括配套的法律体系、治理结构，都是与这个组织形态密切相关的。然而，数字平台企业是偏向于需求方的连接。连接供给方与需求方的、消灭中间商的中介，利用规模效应、网络效应，以正反馈循环的模式吸引更多的用户，便利更多的生产和交换、产生更精确和丰富的数据，提供更好的服务，但监管与治理的滞后也可能使消费者产生损失。[①] 数字平台企业主要充当类似"撮合交易"的工作，电商和打车软件亦如此。即使社交和短视频平台也是通过信息交互实现聚集，然后以流量等方式完成撮合交易的任务。撮合交易、支持交换，这与市场的功能相适应，因此数字平台即市场，是数字时代的市场。这样看来，从组织管理结构上，他们是企业。但从"外部权力"上来看，他们的处境很特殊。

随着对数字化需求的增加，数字权力也被放大。任何一个企业，从实质上来说都有影响外部社会的权力，企业规模越大或者企业越倾向于"中介""撮合"的角色，涉及的资源越多，这种外部权力也会越大。要看它的外部权力影响，需要回到它的本质。数字平台是基于互联网的，例如"通信＋互联网""销售＋互联网""生活＋互联网"等。比如 Email，MSN 这些都是通信工具，在原有的技术端、产业端，加上一个互联网，是积极的生产技术。所以前20年政府对互联网行业一直非常支持，因为这跟中国发展的基本思路一致。而现在互联网平台慢慢成为新时代的"基础设施"，互联网的公共性也就日益凸显，其"社会技术"的属性也更强烈。这时就出现了权力边界的摩擦：在传统的社会结构中，政府给经济社会提供秩序，经济社会为政府提供资源，完成资源配置；然而，当前部分数字平台自己提供和输出秩序，而这种秩序在大数据和算法的加

---

① 谢富胜、江楠、吴越：《数字平台收入的来源与获取机制——基于马克思主义流通理论的分析》，《经济学家》2022年第1期。

持下影响甚广，影响很多人的生计。随后也改变了经济资源的组合配置状况。最终从平台的抽成、流量费、广告费、营销费中获利。

　　大数据时代的到来确实为我们提供了许多便利，比如新冠肺炎疫情防控期间我们出行使用的健康码、行程码等，但对于随之而来的种种乱象，我们要深入分析并及时整治，让大数据更好地服务于人们的生活。首先，经营者利用大数据技术采集用户信息，同样的商品或服务，老客户购买的价格反而比新客户要高，侵害了消费者的权益。其次，某些 App 为寻求高利润，过度收集个人信息并滥用权限，会造成个人信息的泄露，给电子诈骗等不法行为提供了"温床"。然后，一些 App 会根据大数据画像分析用户的个人喜好，从而不断推荐用户已知或看过的类似内容，形成"信息茧房"效应，造成人们获取信息的单一化，导致认知狭隘。最后，对于平台来说，也会损害自身形象和长久利益，失去人们的信任。深究其背后原因，最直接的便是平台方不够诚信、利欲熏心才出现此类现象。因此，我们要让法律有牙齿，让监管有眼睛。一方面，要完善相关法律法规、加强监管。比如，我们可以采用黑白名单制度，使利用大数据侵害群众利益的商家无处遁形。同时，各大平台形成行业自律，联合抵制，在一个平台下架的不良商家，不允许在其他平台再次上架，以此来加大惩处力度。另一方面，用户要懂得维护自身权益，涉及隐私信息的获取需要再三斟酌，一旦自身权益受到侵害，要及时举报，如拨打 12315 监督举报热线。

第四节　数字化人才培育体系不健全

一　数字经济复合型人才短缺

　　当前，随着人工智能、细胞和基因等新兴科技快速发展，大数据成为数字经济时代的基础性战略资源，已经出现了相关数字化职业，包括互联网营销师、人工智能训练师、数字化管理师等。这些数字化职业的出现，也提醒深圳要开始着力培养数字化的人才队伍，培养对象的范围不局限于高校与科研院所等。2021 年 11 月，中共中央网络安全和信息化委员会办公室发布的《提升全民数字素养与技能行动纲要》指出，全球主要国家和地区把提升国民数字素养与技能作为谋求竞争新优势的战略方向，并提出发展目标——到2025年，全民数字化适应力、胜任力、创造力显著提升，全民数字素养与技能达到发达国家水平。数字经济具有技术密集型特征，对人才依赖程度较高，目前深圳人才供给与数字经济发展需求不相适应，政府部门和相关企业急需既懂数字技术又懂相关业务知识、既有互联网思维又理解传统产业痛点的复合型人才。

数字人才是深圳经济数字化转型的核心驱动力，需要拥有信息与通信技术（ICT）的专业技能人才，包括与 ICT 专业技能互补协同的跨界人才，主要分成以下六类：第一类是最顶层为数字战略管理人才，在企业中一般是决策者或战略规划者身份；第二类是深度分析商务智能专家、数据科学家、大数据分析师、人工智能专家等专业人才；第三类是数字化的产品研发人才；第四类是依托于工业互联网与工业大数据从事新制造的人才；第五类是数字化的运营人才，致力于数字化的智能运维质量监控；第六类是数字营销人才，例如，在网购平台的运营人才、网络直播人才以及企业的数字营销人才等。

真正的数字化人才需要将具体数字化工具链接到业务系统服务中。所以对于企业而言，需要既懂业务又懂数字技术的人才。此外，数字化人才作为一个参与者，需要置身于"泛数字生态"的环境中，整个行业需要积极分享数字化转型经验，上下游企业形成数字化组织体系。

二 数字化人才培育体系建设不完善

如表4-3所示，深圳自改革开放以来经历三个发展阶段，由以传统制造业为主的劳动密集型产业转向以高新技术产业、战略性新兴产业、现代服务业为主，对人才的需求也由大量需求蓝领工人转向对管理人员、高级高科技人才、所需学科专家及其研究团队的巨大需求。深圳的创新土壤让移动互联网、人工智能、大数据、云计算、物联网等信息技术快速扎根，但数字化人才的缺口仍然很大，培育体系建设仍不充分。据欧洲工商管理学院（INSEAD）历年发布的《全球人才竞争力指数报告》（GTCI）：2019—2021 年，深圳的人才竞争力指数在全球居于第 94、第 78、第 82 位，在中国城市内部的排名依次为第 9、第 7、第 6 位。总体来看，深圳与欧美国家部分城市相比差距较大，2021 年国内人才竞争力不如香港、台北、北京、南京、上海等城市。

表 4-3　　　　　　　　　　深圳人才发展阶段

发展阶段	主导产业	增长驱动因素	人才或劳动力需求	城市环境的人才需求
1980—1994 年	以传统制造业为主的劳动密集型产业	劳动与资本	蓝领工人需求量大	低
1995—2005 年	高科技产业和先进制造业	技术、资本	从蓝领工人转向熟练和高技能技术工人	相对较高
自 2006 年以来	高新技术产业、战略性新兴产业、现代服务业	技术、资本和创新	对管理人员、高级高科技人才、所需学科专家及其研究团队的巨大需求	非常高

资料来源：G. Y. Wang, "Talent Migration in Knowledge Economy: The Case of China's Silicon Valley, Shenzhen", *Journal of International Migration and Integration*, 2021, https://doi.org/10.1007/s12134-021-00875-5。

深圳高等教育资源供需矛盾突出，产教融合、校企合作、协会企业协同育人等人才培育模式探索不足，人才培养投资和职业培训体系建设不充分等因素成为人才培育供给的主要问题。在深圳中小企业的数字化转型中，数字化人才是转型关键，因员工问题而导致转型失败主要有以下几点原因：第一，数字化工具烦琐的问题，只用了新技术新工具，不仅没有提高效率，还增加了工作量；第二，员工数字化培训不当导致员工不会用的问题，首先仅培训高大上的技术理论，对具体操作程序不熟悉；第三，历史绩效脱节不愿用的问题，一般的企业员工都是按照绩效考核的"指挥棒"做事，数字化转型没有和绩效挂钩。

三 缺乏专业化的数字技术转化队伍建设

"十三五"时期,深圳持续坚持创新为主导战略,2020年,全社会研发经费支出占地区生产总值的比重达5.46%,较2016年提升1.38%;科技人员为495630人,较2016年增加150243人,[①]创新人才加速集聚,开放创新的体制机制环境不断完善。同时也应该看到,深圳面临更为严峻的关键核心技术"断供"、重点产业链"断裂"两大风险,[②]深圳的数字技术人员实际贡献与收入分配不匹配、企业内部分配激励机制不健全等问题仍在相当程度上存在,深圳在专业化的数字技术转化队伍建设上仍有继续提升的空间。

数字技术成果转化中间过程所需的专业化成果转化人才缺乏,从事技术评估、法律咨询、审计、仲裁、风险投资等业务的机构和人员较少,同时由于技术交易过程复杂、差异大,现有的方式已不能满足交易各方对信息的需求。为打造与建立与数字技术转化服务体系相匹配的中介服务人才队伍,深圳市还需要加大力度支持专业化数字服务人才队伍的建设,建立职业发展通道,提高人才待遇,加速建设能对接市场需求、促进成果交易、提供投融资服务的职业化、规模化、国际化数字成果转移转化服务队伍。

第五节 小结

数字经济的热度持续不减,主要原因:一是政府的大力推动和倡议,2019—2022年,我国已经连续4年都把数字经济的发展情况写到了政府工作报告中;此外,在2021年表决通过的"十四五"规划纲要里,把数字经济提升到一个前所未有的高度。二是不管在微观机理还是宏观逻辑上,数字经济是促进中国经济发展的一个核

[①] 深圳市统计局:《深圳统计年鉴2021》,2021年12月30日。
[②] 深圳市科技创新委员会:《深圳市科技创新"十四五"规划》,2022年7月7日。

心动力来源。①

未来深圳数字经济的突破口将是进一步地在数字经济"四化框架"下提高效率和质量。② 如何提质增效？首要问题是完成产业数字化转型这一严峻的任务，这也是产业升级的一个重要组成部分。从数字经济对我们生活带来的巨变中可以看到产业数字化转型的影子。例如，在新冠肺炎疫情的冲击下，通过视频会议在很大程度上节省了费用，提高了效率，数字经济改变了我们的时空观，地理的距离和时间的要求不再是问题。中小微企业是深圳产业数字化转型的主战场，其数字化转型并非要求全部是颠覆性创新，它其实是一些延续性创新。数字化转型创新，就是把不同的要素重新组合。把实体业务加上新的要素，加上网络、数据、人工智能等数字化链接。例如，出租车链接手机就成了网约车，购物链接抖音就成了直播购物，传统 VCD 链接电脑就变成视频网站……这些新生事物都是在现有的实体经济基础上，把数字技术和应用产品结合起来，而形成数字经济新业态、新模式，给消费者带来新的体验。如今，数字化技术智能化技术门户从不同的维度渗透着。各个行业和各种技术，没有什么事物能够继续停留在原来的框架之下。有了数字化技术，有了大数据的产品，有了人工智能产品，汽车变成无人驾驶，配送变成无人配送，购物也很可能上到元宇宙这一数字生活空间。在此情形下，我们亟须思考和重视创新和数字化转型，如何把现在的业务用数字化技术进行更新提升，这才是深圳市政府、企业、公民在数字化时代真正需要努力实现的目标。

---

① 荆文君、孙宝文：《数字经济促进经济高质量发展：一个理论分析框架》，《经济学家》2019 年第 2 期。

② 数字经济的"四化框架"：一是围绕生产要素的数据价值化，包括数据采集、数据确权、数据定价、数据交易等；二是围绕生产力的数字产业化，包括基础电信、电子信息制造、软件及服务、互联网等；三是围绕生产力的产业数字化，包括数字技术在农业、工业、服务业中的边际贡献；四是围绕生产关系的数字化治理，包括多主体参与、"数字技术+治理"、数字化公共服务等。资料来源：中国信息通信研究院：《中国数字经济发展报告（2022 年）》，2022 年 7 月。

第五章　深圳推进数字经济高质量发展的成效和亮点

党的十八大以来，深圳不断加快高质量发展的步伐。面对新冠肺炎疫情、原材料价格大幅上涨和多重不利因素叠加影响，深圳推进数字经济高质量发展非但没有停滞不前，反而在工业园区转供电改造、软件和互联网服务业营业收入、数字经济核心产业增加值占GDP的比重等重要指标上有所提升，[①] 深圳围绕重点行业、产业园区与产业集群、区域协同角度积极推进产业数字化转型。在激发数字产业化潜能上致力于关键技术的突破，持续催生新业态、新模式。此外，不断完善数字经济支撑体系，加大数字经济政策扶持力度与监管力度。并通过数字技术助力政务服务效能提升、扩大社会服务普惠供给、打造新型数字生活，公共服务数字化水平持续提升。深圳通过数字赋能经济高质量发展，十年蝶变，不断形成一批"深圳经验""深圳标准""深圳样本"。

第一节　积极推进产业数字化转型升级

一　重点行业数字化转型

数字化转型仍然是大多数深圳企业的首要任务。在新技术推动创新转型前景下，企业正专注于新业务流程、服务和竞争战略的数字化转型计划。为打造世界一流港口、推进粤港澳大湾区和"一带一路"发展，深圳也致力于推进智慧港口、绿色港口的建设，制定

[①] 吴德群：《深圳数字经济领跑全国》，《深圳特区报》2022年1月21日第1版。

了数字化转型蓝图，助力港口降本增效。

二 产业园区与产业集群数字化转型

深圳产业园区与产业集群优势突出。截至 2020 年 6 月 16 日，工信部共批复了 17 家国家制造业创新中心，其中，深圳在 2020 年 5 月获批"国家高性能医疗器械创新中心"。此外，在工信部先进制造业集群决赛优胜者名单中，深圳共有 4 个集群入选，数量位居全国城市第一。[①] 深圳为了更好地服务园区企业，利用数字化技术赋能新一代产业园区，为园区内部企业搭建合作平台，促进内外部企业的双向零距离互动交流，为企业寻求适合的项目及发展机会，并进一步优化配套环境。此外，2022 年深圳出台了《关于发展壮大战略性新兴产业集群和培育发展未来产业的意见》，提出培育发展壮大"20+8"产业集群，其中提出的引领型新兴产业集群包括网络与通信、软件与信息服务、半导体与集成电路等均属于数字核心产业。随着比亚迪汽车工业园（深汕）项目、荣耀智能制造中心等一批重大项目落地建设，园区亟须一系列智能化解决方案，例如，提供智慧用能解决方案以及利用数字化手段助力工业园区工改工等。

三 数字技术助力跨区域协同

在《粤港澳大湾区发展规划纲要》的指导下，湾区各城市间基础设施"硬联通"与规则机制"软联通"具有很大的突破。从数字人才视角来看，深圳在湾区内各城市的数字人才流出方面处于领先状态，突出了深圳在粤港澳湾区的数字经济核心地位，[②] 深圳的部分大数据中心、科研机构、互联网企业等也正以人工智能金融科技、区块链技术与可信计算、AI 系统、智能机器人等研究成果为大湾区一体化融合发展提供新思路新方法。

[①] 吴德群：《深圳数字经济领跑全国》，《深圳特区报》2022 年 1 月 21 日第 1 版。

[②] 清华经管互联网发展与治理中心：《粤港澳大湾区数字经济与人才发展研究报告》，2019 年 2 月。

第二节 激发数字产业化潜能和优势

一 实现关键技术突破

核心技术攻关是加速深圳数字经济高质量发展的重要推手，深圳不断加强顶层设计、推动上下游产业链企业协同攻关、"政产学研金"协同创新，2021年深圳共攻克了39项关键核心技术，成果显著。光明区高水平设计建设科学家谷项目以及光明科学城的"楼上创新、楼下创业"模式为攻克设计芯片、人工智能等"卡脖子"技术创造条件。2022年8月1日，深圳市政府印发的《深圳加快推进5G全产业链高质量发展若干措施》正式生效，有效期为5年。在此期间，深圳将加强攻克5G产业链薄弱环节，在芯片、IOT、平台建设等方面实现技术标准攻关。[1]

二 培育新业态新模式

数字经济发展持续催生新业态，如远程协同办公、自动驾驶等，以及助推个人电子商务、短视频等个体经济，以及共享汽车、共享用工等共享经济新模式的应用。深圳已从世界制造业基地转变为大型高科技公司的所在地，如民营通信科技公司华为、智能手机制造商中兴通讯和互联网巨头腾讯，以及拥有全球最大的民用无人机生产商大疆创新（DJI）和机器人套件制造商童心制物（Makeblock），深圳正利用数字技术从"中国制造"走向"中国设计"。2020年以来，新冠肺炎疫情推动了中国已经蓬勃发展的在远程协同办公的增长。2020年，腾讯会议获得"世界互联网领先科技成果"奖。2021年世界互联网大会上，腾讯会议入选"携手构建网络空间命运共同体精品案例"。

---

[1] 吴德群：《深圳加快推进5G全产业链高质量发展》，《深圳特区报》2022年7月20日第2版。

三 做强数字经济核心产业

数字经济产业是深圳市七大战略性新兴产业之一，各区结合自身产业优势，积极布局数字经济产业。例如，南山区作为中国数字经济强区，结合 500 余家人工智能企业打造人工智能创新发展引领区；宝安区在自身国家级工业互联网示范基地的基础上，加快工业互联网建设进度，推进万家企业上"云"；福田区在传统金融业、金融科技、绿色金融基础上新增供应链金融、普惠金融、绿色金融等项目。深圳市工业和信息化局发布的《深圳市数字经济产业创新发展实施方案（2021—2023 年）》中提出，深圳拟在人工智能产业、区块链产业、大数据产业、云计算产业等 12 大数字经济细分领域予以重点扶持，打造全球数据创新、应用和产业发展的区域高地。

第三节　强化数字经济支撑体系建设

一　加快数字基础设施建设步伐

与制造经济中的公路、铁路、高铁等交通基础设施不同，数字基础设施网络包括以 5G、F5G、IPv6＋、物联网、工业互联网等为代表的通信网络基础设施，以人工智能、存储、计算、数据中心为代表的算力基础设施等。2021 年，深圳获批国家 5G 中高频器件创新中心，将直接推动通信设备的质量提升，有利于降低企业创新成本与加速技术成果转移转化。其中，深汕特别合作区在全国率先实现 700MHz 5G 网络全覆盖以及龙华区 4 个工业园区和重大项目实现 5G 专网接入等，为区域发挥 5G 基础设施规模效应、打造现代产业体系和增强产业链韧性提供支撑。

二　强化深圳数字经济政策扶持

深圳为推动数字经济发展做出相关实践行动，出台了一系列支撑政策与指导规划文件，如《深圳市"互联网＋"行动计划》（深府〔2015〕69 号）、《深圳市促进大数据发展行动计划（2016—

2018年)》(深府〔2016〕195号)、《深圳市工业互联网发展行动计划(2018—2020年)》(深府办规〔2018〕7号)、《深圳市关于进一步加快发展战略性新兴产业的实施方案》(深府〔2018〕84号)、《中国制造2025深圳行动计划》(深府〔2015〕112号)、《深圳市数字经济产业创新发展实施方案(2021—2023年)》(深府办函〔2020〕136号)等。2021年6月4日,深圳市工业和信息化局组织实施2022年数字经济产业扶持计划,明确具体支持领域、支持数量及资助方式,让深圳数字经济的产业"引擎"动力十足。

三 加强深圳数字经济监管

自2021年8月20日国家发布《中华人民共和国个人信息保护法》以来,关于规范网络交易平台、互联网信息服务等信息安全与数据合规的政策文件相继出台,深圳也通过立法与出台相关实施意见和标准规范数字经济发展。2021年7月6日,深圳市人民代表大会常务委员会发布的《深圳经济特区数据条例》是国内数据领域第一部基础性、综合性立法,首次提出数据权。2022年1月5日,深圳市市场监督管理局印发《深圳经济特区数据条例行政处罚裁量权实施标准》,对其职权范围内的数据执法事项裁量标准进行界定。2022年4月22日,深圳市中级人民法院发布的《关于加强数字经济知识产权司法保护的实施意见》,是全国首个从司法角度保护数字经济知识产权的实施意见。

第四节 提高公共服务数字化水平

虽然最初智慧城市应用主要集中在安全和交通管理等领域,但5G网络和边缘计算的进步可能会为城市带来一个作为集成数字平台的新时代。数字创新,如教育、医疗保健、物流等行业的数字创新正在中国城市大规模应用,以改善公共服务的提供。[1] 在深圳,数字

---

[1] McKinsey Digital, *The Future of Digital Innovation in China*, October 2021.

经济赋能公共服务,通过积极建设智慧城市,城市品质不断提升。

一 提升"互联网+政务服务"效能

在数字经济的助力下,深圳政务服务效能显著提升,已形成"i深圳"移动政务服务平台、块数据赋能精细治理、"5G+基层治理"、可视化城市空间数字平台、民生诉求统一处理平台等"互联网+政务服务"特色成果。政务服务事项基本实现"最多跑一次"、行政许可事项基本实现"零跑动"。《小康》杂志社发布的"2021中国智慧城市百佳县市"榜单显示,深圳市龙华区以95.02分的总评分位列榜单第五,成为全市唯一上榜的区域,这也是龙华区连续两年蝉联榜单五强。①

二 扩大社会服务数字化普惠供给

深圳在扩大社会服务数字化普惠供给上不断积累创新案例,例如,利用数字化应用为特殊群体提供帮助;通过"5G消息+政务服务"提供面向老年人的"适老化"数字交互服务,跨越"数字鸿沟";在医疗健康领域、养老、文旅等领域建立数字化信息服务平台,统筹资源为市民提供更便利的服务。深圳社会服务数字化发展始终坚持以人为中心,利用市民亲身体验后的评价反馈提升大数据系统内部的运作水平和数据开发能力,形成正反馈效能。

三 打造新型数字生活

人们在虚拟现实世界中的生活正在迅速过渡到"真实"世界。消费者正在将越来越多的社交互动和休闲活动转移到虚拟领域。深圳依托线上与线下的融合,不断探索新型数字生活方式。其中,福田区正致力于打造成为全国首个数字人民币示范区。② 接下来,可

---

① 《全市唯一!龙华再度上榜"2021中国智慧城市百佳县市"》,深圳市人民政府门户网站,2021年10月25日,http://www.sz.gov.cn/szzt2010/jjhlwzwfw/cgzs/content/post_9287016.html。

② 《福田区将创建数字人民币示范区》,深圳市人民政府门户网站,2021年12月16日,http://www.sz.gov.cn/cn/xxgk/zfxxgj/gqdt/content/post_9456551.html。

以进一步深化数字人民币在零售交易、生活缴费、支付养老金、财政补贴等场景的试点使用，促进普惠金融进一步发展，让数字人民币更好地落实到企业和居民生活中。① 此外，深圳龙华区通过数字技术应用，搭建数字平台用户链接、智能匹配和信用塑造，改善共享单车乱停放问题。②

第五节　小结

数字经济无论是在生产、营销还是商业等方面均克服了传统经济的局限性，它是传统经济实现创新、降低成本、提高效率、增加就业的重要驱动力。深圳拥有庞大的数字消费者基础、制造业产业集群、良好的创新氛围以及政府的塑造作用，这些因素为深圳的数字生态系统创造了必要的条件，成为深圳推动数字经济高质量发展的内在驱动力。值得注意的是，有别于其他城市，深圳数字化转型具有独特的优势基础，一是其具有数字经济发展可及的材料和技能，例如，华强北是一个巨大的电子市场，其中的贸易商几乎销售数字经济核心产业所需的基础组件，包括电路板、LED、微芯片、晶体振荡器等，并吸引了大量的职业机械师和电气工程师；二是其对设计的态度的转变，从最开始的知识产权的缺乏到制定《深圳经济特区知识产权保护条例》以激发创新活力，使深圳从"中国制造"走向"中国设计"，正积极打造具有世界影响力的创新创意之都。

深圳在政务数字化、社会生活的数字化、工业物联网/供应链数字化、数字城市化方面已积累了许多"深圳优先"的创新案例。《深圳市数字政府和智慧城市"十四五"发展规划》提出，到2025

---

① 葛孟超：《让数字人民币更好惠企利民》，《人民日报》2022年7月18日第18版。
② 《龙华区创新"蓝牙道钉"技术，全国首个政企共建"互联网＋共享单车管理"新模式试行》，深圳人民政府网站，2018年8月13日，http://www.sz.gov.cn/szzt2010/jjhlwzwfw/cxal/content/post_1421147.html。

年数字经济核心产业增加值占全市生产总值的比重达到31%。根据《深圳市统计年鉴（2021）》数据计算，2020年其数字经济核心产业增价值占全市生产总值的比重已达到30.5%。虽然这一目标看似容易实现，但在全球经济低迷、新冠肺炎疫情、逆全球化、贸易摩擦等因素的影响下，深圳仍需在多层次多领域大力推进数字经济高质量发展，以增强地区经济韧性。深圳在"双区"叠加的战略背景下，应进一步拓展"产业数字化"与"数字产业化"产业链，孕育数字经济核心产业内的新理念、新技术、新设备，把脉数字经济的现实需要和趋势变化，推动区域协同与经验分享，持续形成"深圳方案"辐射全国走向世界。

第六章　深圳数字经济高质量发展指标体系

　　数字化技术已经向社会经济生活全面渗透，并成为经济增长的新动能。如何打造良好的数字基础设施体系，更好地实现数字产业化和产业数字化是新时代深圳实现高质量发展的重要议题。本章基于现有可得数据指标构建深圳数字经济高质量发展指标体系，研究深圳数字经济发展总指数，以及包括用户基础、智慧城市、人才基础、数字产业、数字服务、数字创新、数字产业对外经贸合作、数字产业贸易、文化产业数字化、制造业数字化转型在内的十个分指数，并对总指数和分指数加以分析，力争贯通近十年深圳数字经济的发展脉络。

　　深圳数字经济指标体系的实证结论：深圳数字经济发展质量不断提升，这不仅得益于深圳科技创新发展，更得益于深圳在党中央领导下发挥特有的特区制度创新优势和较高的执行效率。深圳数字基础设施建设在全国名列前茅，并为以信息传输、软件和信息技术服务业为主导的数字产业化和贸易、金融、文化、工业等为主导的产业数字化双轨发展相辅相成，奠定良好基础。另外，深圳在过去十年间智慧城市建设、人才基础积累、数字产业发展、数字服务发展、数字创新上均有出色表现，这说明深圳数字要素集聚效应明显，数字产业营商环境良好，数字创新能力较强，数字经济仍有较大需求空间，为未来深圳实现数字化转型和开创数字产业新发展打造坚实基础。

第一节　数字经济指标体系构成

基于前文对数字经济内涵的界定与其发展特征的分析，具体指标从三个一级指标及十个二级指标中选取，构建深圳市数字经济高质量发展评价指标体系。

一　数字基础设施指标

数字基础设施指标主要包括用户基础、智慧城市和人才基础三方面。其中用户基础从互联网普及率和移动电话普及率两个量化指标来集中反映。智慧城市从轨道交通线路长度，电子信息业固定资产投资完成投资额，信息传输、软件和信息技术服务业用电总量，轨道交通客运总数，道路照明灯五个量化指标来集中反映。人才基础从R&D人员全时当量、普通高等学校教职工数、普通高等学校毕业生数三个量化指标来集中反映。

二　数字产业化指标

数字产业化指标主要包括数字产业、数字服务、数字创新三方面。其中数字产业从信息传输、软件和信息技术服务业增加值，信息传输、软件和信息技术服务业基础产业和基础设施完成投资额，新一代信息技术产业增加值三个量化指标来集中反映。数字服务从邮电业务总量和快递业务收入两个量化指标来集中反映。数字创新从规模以上工业企业科技活动中R&D经费支出、有R&D活动企业数、新产品开发经费支出/产值、国家级/省级/市级创新载体数量四个量化指标来集中反映。

三　产业数字化指标

产业数字化指标主要包括数字产业对外经贸合作、数字产业贸易、文化产业数字化、制造业数字化转型四方面。其中数字产业对外经贸合作从信息传输、软件和信息技术服务业利用外资签订协议合同，信息传输、软件和信息技术服务业实际利用外资额，高新技术产品进出口总额三个量化指标来集中反映。数字产业贸易从集成电路进口额、自动数据处理设备及其部件进口额、自动数据处理设备及其部件出口额三个量化指标来集中反映。文化产业数字化从电子出版类及音像制品类销售额、政府文化体育与传媒财政支出两个量化指标来集中反映。制造业数字化转型从专用设备制造业，计算机、通信和其他电子设备制造业，电力、热力的生产和供应业，电气机械及器械制造业四个制造行业的工业总产值；这四个制造行业的营业收入；这四个制造行业的总资产贡献率；这四个制造行业的全员劳动生产率十六个量化指标来集中反映。根据国家统计局发布的《数字经济及其核心产业统计分类（2021）》，选择专用设备制造业，计算机、通信和其他电子设备制造业，电力、热力的生产和供应业，电气机械及器械制造业。指标选择充分考虑了科学性和可得性，选取2011—2020年深圳各指标的统计数据。①

表6-1　　深圳数字经济高质量发展指标体系

一级指标	二级指标	三级指标
数字基础设施	用户基础	互联网普及率
		移动电话普及率
	智慧城市	轨道交通线路长度
		电子信息业固定资产投资完成投资额
		信息传输、软件和信息技术服务业用电总量
		轨道交通客运总数
		道路照明灯
	人才基础	R&D人员全时当量
		普通高等学校教职工数
		普通高等学校毕业生数

---

① 注：对于个别缺失数据，根据数据变化特征，通过趋势分析，得到相应趋势值替代缺失值。

续表

一级指标	二级指标	三级指标
数字产业化	数字产业	信息传输、软件和信息技术服务业增加值
		信息传输、软件和信息技术服务业基础产业和基础设施完成投资额
		新一代信息技术产业增加值
	数字服务	邮电业务总量
		快递业务收入
	数字创新	规模以上工业企业科技活动中R&D经费支出
		有R&D活动企业数
		新产品开发经费支出/产值
		国家级/省级/市级创新载体数量
产业数字化	数字产业对外经贸合作	信息传输、软件和信息技术服务业利用外资签订协议合同
		信息传输、软件和信息技术服务业实际利用外资额
		高新技术产品进出口总额
	数字产业贸易	集成电路进口额
		自动数据处理设备及其部件进口额
		自动数据处理设备及其部件出口额
	文化产业数字化	电子出版类及音像制品类销售额
		政府文化体育与传媒财政支出
	制造业数字化转型	专用设备制造业工业总产值
		专用设备制造业营业收入
		专用设备制造业总资产贡献率
		专用设备制造业全员劳动生产率
		计算机、通信和其他电子设备制造业工业总产值
		计算机、通信和其他电子设备制造业营业收入
		计算机、通信和其他电子设备制造业总资产贡献率

续表

一级指标	二级指标	三级指标
产业数字化	制造业数字化转型	计算机、通信和其他电子设备制造业全员劳动生产率
		电力、热力的生产和供应业工业总产值
		电力、热力的生产和供应业营业收入
		电力、热力的生产和供应业总资产贡献率
		电力、热力的生产和供应业全员劳动生产率
		电气机械及器械制造业工业总产值
		电气机械及器械制造业营业收入
		电气机械及器械制造业总资产贡献率
		电气机械及器械制造业全员劳动生产率

资料来源：笔者整理。

第二节 总指数测量方法及结果分析

一 深圳数字经济高质量发展总指数测量方法

测度数字经济指标，通过极差法将三级指标进行标准化处理，消除量纲的影响：

$$X_i = \begin{cases} \dfrac{x_i - m_i}{M_i - m_i} \\ \dfrac{M_i - x_i}{M_i - m_i} \end{cases} \quad (6-1)$$

其中，x_i 是三级指标的真实值；m_i 表示 x_i 的最小值；M_i 表示 x_i 的最大值。式（6-1）中上半部分的 x_i 为正向指标，下半部分的 x_i 为负向指标。

权重的确定，采用变异系数法进行权重赋值。变异系数法是一种客观的赋权方法，其权重大小等于各指标变异系数占全部指标变异系数之和的比：

$$w_i = \frac{cv_i}{\sum_{i=1}^{n} cv_i} = \frac{\sigma_i / \bar{x}_i}{\sum_{i=1}^{n} (\sigma_i / \bar{x})} \qquad (6-2)$$

其中，cv_i 表示变异系数；σ_i 表示标准差；$\bar{x}_i$ 表示平均值。

关于数字经济的测度，采用加权平均法进行测度：

$$RER = \sum_{i=1}^{n} X_i w_i \qquad (6-3)$$

表 6-2　深圳数字经济高质量发展各指标全局权重

一级指标	二级指标	三级指标	全局权重
数字基础设施	用户基础	互联网普及率	0.0128
		移动电话普及率	0.0067
	智慧城市	轨道交通线路长度	0.0216
		电子信息业固定资产投资完成投资额	0.0539
		信息传输、软件和信息技术服务业用电总量	0.0276
		轨道交通客运总数	0.0170
		道路照明灯	0.0250
	人才基础	R&D 人员全时当量	0.0164
		普通高等学校教职工数	0.0225
		普通高等学校毕业生数	0.0105
数字产业化	数字产业	信息传输、软件和信息技术服务业增加值	0.0348
		信息传输、软件和信息技术服务业基础产业和基础设施完成投资额	0.0381
		新一代信息技术产业增加值	0.0250
	数字服务	邮电业务总量	0.0519
		快递业务收入	0.0420
	数字创新	规模以上工业企业科技活动中 R&D 经费支出	0.0267
		有 R&D 活动企业数	0.0458
		新产品开发经费支出/产值	0.0309
		国家级/省级/市级创新载体数量	0.0294

续表

一级指标	二级指标	三级指标	全局权重
产业数字化	数字产业对外经贸合作	信息传输、软件和信息技术服务业利用外资签订协议合同	0.0702
		信息传输、软件和信息技术服务业实际利用外资额	0.0545
		高新技术产品进出口总额	0.0062
	数字产业贸易	集成电路进口额	0.0132
		自动数据处理设备及其部件进口额	0.0138
		自动数据处理设备及其部件出口额	0.0105
	文化产业数字化	电子出版类及音像制品类销售额	0.0357
		政府文化体育与传媒财政支出	0.0215
	制造业数字化转型	专用设备制造业工业总产值	0.0291
		专用设备制造业营业收入	0.0245
		专用设备制造业总资产贡献率	0.0073
		专用设备制造业全员劳动生产率	0.0159
		计算机、通信和其他电子设备制造业工业总产值	0.0168
		计算机、通信和其他电子设备制造业营业收入	0.0147
		计算机、通信和其他电子设备制造业总资产贡献率	0.0084
		计算机、通信和其他电子设备制造业全员劳动生产率	0.0185
		电力、热力的生产和供应业工业总产值	0.006
		电力、热力的生产和供应业营业收入	0.0063
		电力、热力的生产和供应业总资产贡献率	0.0131
		电力、热力的生产和供应业全员劳动生产率	0.0203
		电气机械及器械制造业工业总产值	0.013
		电气机械及器械制造业营业收入	0.0131
		电气机械及器械制造业总资产贡献率	0.0095
		电气机械及器械制造业全员劳动生产率	0.0194

资料来源：笔者整理。

二 深圳数字经济高质量发展总指数

综合考虑数字基础设施、数字产业化和产业数字化一级指标，用户基础、智慧城市、人才基础、数字产业、数字服务、数字创新、数字产业对外经贸合作、数字产业贸易、文化产业数字化、制造业数字化转型二级指标，构建深圳数字经济高质量发展指标体系。测量结果显示，2011—2020 年，深圳市数字经济高质量发展指数稳步上升，从 2011 年的 0.0953 上升到 2020 年的 0.7744，尤其在 2015 年，深圳数字经济得到跨越式发展，在 2015 年之后也以较高的增长速度直线上升。2020 年，深圳市数字经济核心产业增加值达到 8446.6 亿元，占全市生产总值的比重为 30.5%，总量和比重都位居全国第一。从细分领域来看，深圳电子信息制造业产值为 2.2 万亿元，约占全国的 1/5，位居全国大中城市第一，[1] 拥有 21 家全国电子信息百强企业；软件业务收入约占全国的 1/10，位居全国大中城市第二，拥有 11 家全国软件百强企业。[2] 这不仅是深圳一直以来发展高新技术产业的优势积累，更得益于 2015 年我国正式提出"国家大数据战略"，推进数字经济发展和数字化转型的政策不断深化和落地，深圳作为改革开放的前沿，进行了一系列的数字化改革，也继续扩大大数据等行业的发展优势。

2021 年 6 月，深圳市发展和改革委员会发布的《深圳市国民经济和社会发展第十四个五年规划和二〇三五年远景目标纲要》提出"十四五"时期深圳要打造全球数字先锋城市的坚定目标，深圳将从数字经济、数字基建、数字政府、新型智慧城市建设、数字生态等多个方面，抢抓数字技术产业变革机遇，充分发挥海量数据和丰富应用场景优势，以数字产业化和产业数字化为主攻方向，大力发展数字经济，建设数字政府、智慧城市、数字生态，促进数字化转型，引领数字新生活。《深圳市国民经济和社会发展第十四个五年

---

[1] 董晓远：《数字赋能增强信心促进增长》，《深圳特区报》2022 年 3 月 29 日第 B2 版。

[2] 吴亚男、林捷兴：《央地携手推动数字经济再上新台阶》，《深圳特区报》2021 年 12 月 26 日第 A2 版。

第六章　深圳数字经济高质量发展指标体系　79

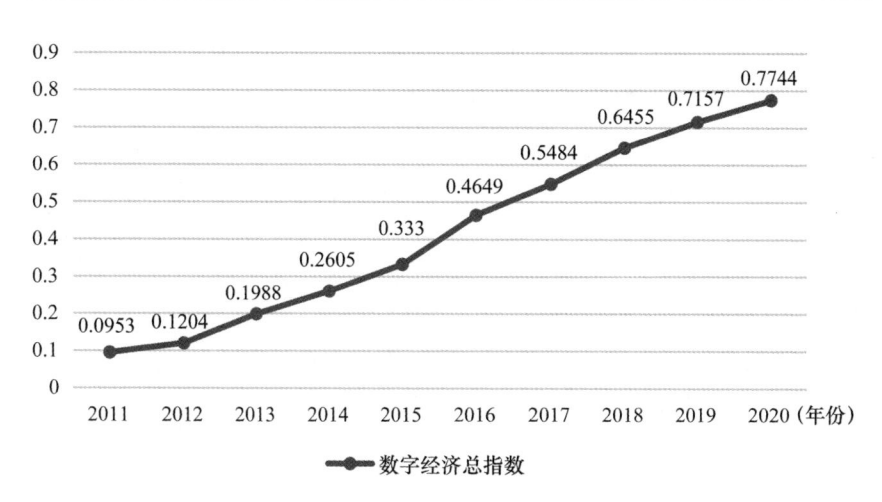

图 6-1　深圳数字经济高质量发展总指数

资料来源：笔者绘制。

规划和二〇三五年远景目标纲要》结集了深圳多年来的经验积累，摸索出一条适合特区转型发展的新道路。深圳这十年的数字经济发展无论是在制度创新上，还是在实践探索中都一步一个脚印，不断取得突破与卓越成就。

第一，深圳着力推进数字基础设施建设，实践中见真招。2018年8月，深圳市"数字政府"官方微信公众号"i深圳"正式上线，市民和企业均可以通过公众号获悉深圳"数字政府"的最新报道和动态，了解"数字政府"建设过程中的规划与落实，并获得最新最有效的政府政务服务便民利民惠民的政策资讯，开通在线办理业务通道，真正实现了畅通渠道、高效便民。2021年6月，深圳正式成立深圳市智慧城市和数字政府建设领导小组，[1] 深圳市"数字政府"改革建设工作领导小组同时撤销，相关职责划入深圳市智慧城市和数字政府建设领导小组。此次部署，深圳将智慧城市建设与数字政府建设摆在相同高度，表明城市建设和政府建设是密不可分的协调发展关系，数字政府建设致力于服务好智慧城市建设，造福市民生

---

[1] 《成立深圳市智慧城市和数字政府建设领导小组》，深圳政府在线，2021年6月28日，http://www.sz.gov.cn/zfgb/2021/gb1204/content/post_8909801.html?ivk_sa=1024320u。

活。2021年7月,深圳启动数字人民币公共交通领域试点应用,数字货币在民生公共领域的应用场景进一步扩大,深圳作为"双区"的先行先试行为也为其他地区复制推广相关经验提供示范蓝本。目前,深圳数字基础设施建设水平已全国领先,民众生活已然进入智慧时代。①

第二,在人才基础建设上,深圳积极出台人才引进措施和优惠政策,完善和壮大数字人才队伍。2021年,龙华出台第一份数字经济人才认定标准,以数字产业化和产业数字化为依托,充分发挥数字产业人才在促进数字技术与实体经济融合、在数字驱动发展方面的引领和推动作用。深圳除了积极引进国内外数字经济行业高层次人才来深工作,还充分发挥地方企业、高校、职业学校和科研院所的带动作用。深圳积极与公司合作,夯实人力资源开发基础,建立完善的学校和企业人力资源数字技术匹配体系,帮助重点企业、行业协会、科技媒体等组织举办技能大赛以遴选数字产业人才,打造更加便捷的人才流动服务平台以实现人才效用的最大化。如在2021年9月正式落成的深圳香港培侨书院龙华信义学校,在深港教育融合的背景下将为数字经济发展培养更多优质人才。

第三,深圳加快数字政府和智慧城市建设制度安排。2018年12月,《龙岗区"数字政府"综合改革试点实施方案》正式出台,提出龙岗区将围绕推动体制机制科学化、推动"数字政府"智能化、推动大数据应用规范化、推动支撑保障系统化、推动政务服务便捷化、推动政务协同高效化、推动智慧应用多样化、推动试点示范标杆化八类重点工作,开展包括探索"政企合作"建设运营模式、建设龙岗大数据湖、统一政务服务门户、推行"零跑动""微笑办一次""信任在先""数字服务"等在内的34项重点任务。2019年4月,罗湖区"数字政府"和"智慧城市"建设项目正式启动,以"互联网+政务服务+大数据"为发展模式,以"智慧五星政务"为服务内容。在各区进行积极尝试和经验总结之后,2021年1月,深圳市《关于加快智慧城市和数字政府建设的若干意见》正式出

---

① 王攀、孙飞、印朋:《"数"上开出"产业花"——深圳数字经济推动高质量发展观察》,《经济参考报》2022年2月10日第A6版。

台，从全市范围内进一步加快推进数字政府综合改革试点发展步伐。2022年6月，《深圳数字政府和智慧城市"十四五"发展规划纲要》也进一步明确目标，到2035年，数字化转型驱动生产方式、生活方式和治理方式变革成效更加显著，实现数字化到智能化的飞跃，全面支撑城市治理体系和治理能力现代化，成为更具竞争力、创新力、影响力的全球数字先锋城市。除此之外，深圳市还配合发布《深圳市推进新型信息基础设施建设行动计划（2022—2025年）》（以下简称《行动计划》），《行动计划》指出，到2025年年底深圳基本建成泛在先进、高速智能、天地一体、绿色低碳、安全高效的新型信息基础设施供给体系，打造新型信息基础设施标杆城市和全球数字先锋城市。

第四，深圳高度重视数字经济的知识产权保护问题。深圳相继出台了全国法院首个知识产权侵权惩罚性赔偿规范性文件，建立契合数字经济规律和知识产权审判规律的举证责任分配制度，大力推广区块链技术在审判中的应用，上线法院区块链证据核验平台，降低数字版权成本、简化电子证据核验过程，有效破解维权成本高、周期长、取证难问题。[1]《深圳经济特区数据条例》包括个人信息数据、公共数据、数据市场、数据安全等方面，是充分发挥特区立法优势而制定的数据应用与保护相关条例。

第五，深圳大力支持数字产业化发展，制订健全扶持计划。深圳政府大力支持数字产业化发展，特别出台《深圳经济特区数字经济产业促进条例》，推动数字经济发展。该条例强调，在数字产业发展中，深圳积极推进公共数据共享和开放，提高数据要素分配的效率。引入社会资本，创新应用模式，加强协作共享。推动建立合法合规的数据交易平台，研究跨境数据流量、保护数据股票安全等创新数字经济管理模式。推动各类数据深度融合，重点关注健康、社保、交通、科技、通信、投资与企业金融、普惠金融等领域，推动公共数据与社会数据融合深度应用。搭建合作平台协助各类工业企业、互联网平台公司、科研院所、高等院校、社会组织等进行数

---

[1] 李倩：《深圳：服务数字经济发展 打造知产保护高地》，《人民法院报》2022年4月25日第8版。

字经济合作。加强数据要素市场社会信用体系建设，制定交易数据负面清单，推进交易异常行为发现与风险预警研究，确保数据流通过程可追溯、安全风险可防范，提高配置效率。

在扶持计划制订和落实上，2019年以来，深圳持续落实数字经济产业扶持计划和产业链关键环节提升扶持计划，为工业互联网的应用项目建设、平台建设、服务体系建设、测试验证环境建设、服务商培育等方面给予扶持补贴，扶持计划中最高补贴达到3000万元。

在金融数字化转型实践上，2016年，深圳市知识产权局举办中国（深圳）数字版权峰会，深圳成立全国首个Fintech数字货币联盟及研究院，有望在全国率先试点数字货币。随着数字货币在流通领域的逐渐推广，数字经济的发展空间与数字技术和人才的需求将进一步释放。2017年，由中国银行业协会、深圳市金融办指导的中国首届数字银行高峰论坛在深圳举办，会上宣布将在深圳成立中小银行互联网金融联盟。数字金融领域一直面临人才缺失与不匹配、数据治理和监管不足、应用能力有待挖掘等短板，中小银行互联网金融联盟的成立将对深圳金融数字化转型，特别是中小企业的数字转型发展提供强有力的智力支撑。

在产业数字化转型制度安排上，2020年8月，前海蛇口自贸片区管委会正式发布实施《加快新型基础设施建设推动前海数字经济高质量发展的行动方案（2020—2025年）》。在前海数字基础设施和数字贸易发展的基础上，《深圳市数字贸易高质量发展三年行动计划（2022—2024年）》正式出台，为全市数字贸易的发展保驾护航。2021年1月，《深圳市数字经济产业创新发展实施方案（2021—2023年）》（以下简称《实施方案》）正式出台，对数字经济发展重点领域和重点目标做了详细阐述，《实施方案》提出，到2023年，深圳市数字经济产业位居全国大中城市前列，并列出12个重点扶持领域，包括高端软件产业、人工智能产业、区块链产业、大数据产业、云计算产业、信息安全产业、互联网产业、工业互联网产业、智慧城市产业、金融科技产业、电子商务产业、数字创意产业。另外，为保证数字经济产业创新发展，深圳于2021年11月通过了《深圳数据交易有限公司组建方案》。深圳数据交易有限公司致力于打造新型数据交易信息化平台，构建完善的数据交易服务体系，探索数据交易的规则和应用场景，促进深圳数字交易规范、稳定发展。《实施方案》中规划的重点扶持领域均为战略性新兴行业，也是未来深圳经济的支柱和核心增长点。数字技术的应用和数字交易平台的搭建作为产业发展的强大支撑，也将在未来推动深圳经济全面实现数字化转型和"深圳智造"。上述两个方案相互配合，互为支撑，为深圳数字经济产业创新提供良好的方向性引导和工具性辅助。

在能源数字化转型制度安排上，2022年3月，深圳龙华率先提出建设国内首个数字能源融合发展先行示范区，并紧随发布《龙华区创建数字能源融合发展先行示范区行动计划（2022—2025年）》（以下简称《行动计划》）。《行动计划》制定规划了科学合理的龙华区数字能源发展目标，提出到2025年率先建成数字能源融合发展先行示范区，全面推广综合能源服务解决方案，辖区数字能源产业规模达到200亿元，将落实"培育构建数字能源产业集群""突破数字能源关键技术""打造数字能源全场景示范应用基地""先行创建数字能源交易平台"四大重点任务，推动数字能源产业成为新的增长极，加快构建数字能源融合发展先行示范区。

第三节 分指数测量方法及结果分析

一 深圳数字经济高质量发展分指数测量方法

本书运用熵权赋值法进行深圳数字经济高质量发展分指数测度，熵权赋值法可以根据指标对整体系统的影响，客观地反映各分评价指标的重要性，同时也可纵向分析深圳数字经济高质量发展各个分指数的发展变化。

（1）数据矩阵

$$A = \begin{pmatrix} X_{11} & \cdots & X_{1m} \\ \vdots & \vdots & \vdots \\ X_{n1} & \cdots & X_{nm} \end{pmatrix}_{n \times m} \quad (6-4)$$

其中，X_{ij} 为第 i 个方案第 j 个指标的数值。

(2) 非负数化处理

熵值法计算采用各个方案某一指标占同一指标值总和的比值，不存在量纲的影响，也不需要进行标准化处理；但是，如果数据中有负数，就需要对数据进行非负化处理。同时，为了避免求熵值时对数的无意义，需要进行数据平移。

对于越大越好的指标：

$$X'_{ij} = \frac{X_{ij} - \min(X_{1j}, X_{2j}, \cdots, X_{nj})}{\max(X_{1j}, X_{2j}, \cdots, X_{nj}) - \min(X_{1j}, X_{2j}, \cdots, X_{nj})} + 1,$$

$i = 1, 2, \cdots, n; j = 1, 2, \cdots, m$。对于越小越好的指标：

$$X'_{ij} = \frac{\max(X_{1j}, X_{2j}, \cdots, X_{nj}) - X_{ij}}{\max(X_{1j}, X_{2j}, \cdots, X_{nj}) - \min(X_{1j}, X_{2j}, \cdots, X_{nj})} + 1,$$

$i = 1, 2, \cdots, n; j = 1, 2, \cdots, m$。为了方便起见，仍记非负化处理后的数据为 X_{ij}。

(3) 计算第 j 项指标下第 i 个方案占该指标的比重

$$P_{ij} = \frac{X_{ij}}{\sum_{i=1}^{n} X_{ij}} \tag{6-5}$$

其中，$j = 1, 2, \cdots m$。

(4) 计算第 j 项指标的熵值

$e_j = -k \sum_{i=1}^{n} P_{ij} \log(P_{ij})$，其中 $k > 0$，ln 为自然对数，$e_j \geq 0$。常数 k 与样本数 m 有关，一般令 $k = \frac{1}{\ln m}$，则 $0 \leq e \leq 1$。

(5) 计算第 j 项指标的差异系数

对于第 j 项指标，指标值 X_{ij} 的差异越大，对方案评价的作用就越大，熵值就越小。

$g_j = 1 - e_j$，则 g_j 越大，其指标越重要。

(6) 求权数

$$W_j = \frac{g_j}{\sum_{j=1}^{m} g_j} \tag{6-6}$$

其中，$j = 1, 2 \cdots m$。

(7) 计算各方案的综合得分

$$S_i = \sum_{j=1}^{m} W_j P_{ij} \qquad (6-7)$$

其中，i=1，2，⋯n。

二 深圳数字经济高质量发展分指数测量结果

（一）用户基础指数

深圳数字经济发展中用户基础指数呈现波动上升趋势，从2011年一直增长，到2014年达到顶峰，之后趋于平稳，并在2018—2019年再次出现峰值。将数字经济用户基础指数体现在三级指标上，也呈现同样的发展趋势。深圳市互联网宽带网用户从2011年的281万户增长到2020年的548万户，总体呈现先上升后下降的趋势，深圳市互联网普及力度在2014—2016年最为突出，之后全市互联网普及趋于饱和，但仍然处于快速发展进程中。移动电话用户从2011年的2313万户增长到2020年的2682万户，特别是在2013—2014年，深圳移动电话用户剧增，华强北的迅猛发展带动了手机业务的兴起，并且这一时期大量的人员从四面八方聚集到深圳，这与深圳充满巨大的发展机遇是离不开的。《2020深圳市互联网发展状况研究报告》显示，截至2020年12月，深圳市网民规模达到1244万人，较2018年年底新增网民154万人，增幅为14.1%；互联网普及率高达93.2%，比全国平均水平高出22.8个百分点。其中，深圳市手机网民规模达1236万人，较2018年年底增长163万人，增幅为15.2%；深圳市网民使用手机上网的比例为99.4%，较2018年年底增长1个百分点。[1]

《2020深圳市互联网发展状况研究报告》显示，十年来，深圳网民规模不断上升，从2011年的797万人上升到2020年的1244万人，年均增长率为5%。其中，深圳手机网民规模从2011年的579万人增长到2020年的1236万人，年均增长率为8.8%，手机网民

---

[1] 《〈2020深圳市互联网发展状况研究报告〉发布：疫情下，深圳网民最爱外卖、理财、打车、看片》，深圳新闻网，2021年6月21日，http：//www.sznews.com/news/content/mb/2021-06/21/content_24315110.htm。

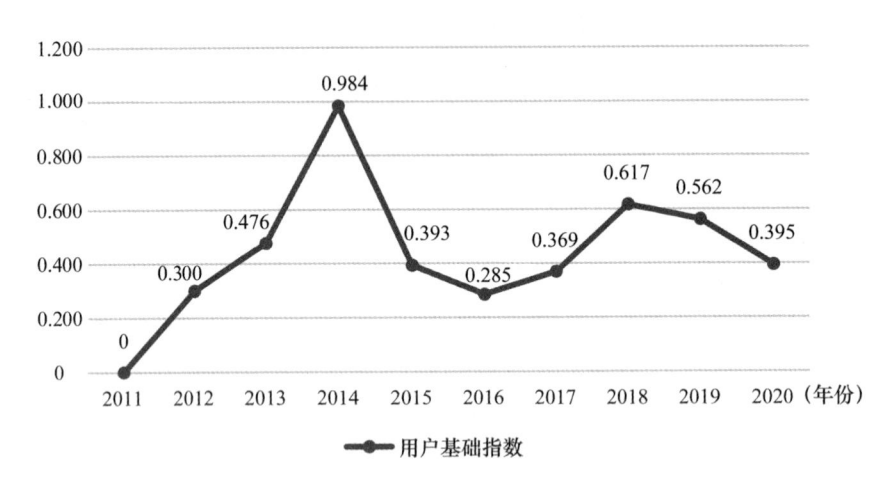

图 6-2 深圳数字经济高质量发展用户基础分指数

资料来源：笔者绘制。

规模的增长率显著高于总体网民规模增长率，且规模差距不断缩小。2013—2015 年，手机网民规模增长的速度相对更快，到 2020 年，手机网民规模占总体网民规模的比重达到 99.4%。另外，深圳市的互联网普及率从 2011 年的 76.8% 上升到 2020 年的 93.2%，深圳已然进入全网覆盖社会。

从应用类型来看，无论是互联网应用还是手机应用，深圳市应用用户规模占全国同类指标的比重都在不断上升。其中，除即时通信、网络购物、网络视频、搜索引擎等基础应用的使用率和规模仍占主导外，网上外卖、网络支付、短视频、网约车等应用正逐渐成为新的互联网应用热点，改变着人们的生活方式。另外，深圳市民正通过手机应用进行更多的精神消费和民生消费，手机网络游戏、网络音乐、网络文学、在线教育通过互联网与现实世界、线上与线下结合的方式，将数字技术应用到更多文化、民生等百姓生活领域。

（二）智慧城市指数

深圳数字经济发展中智慧城市指数呈现波动上升趋势，在 2015—2017 年（从 0.237 上升到 0.617）和 2018—2020 年（从 0.481 上升到 0.803）两个时间段存在快速发展。因为 2015 年以

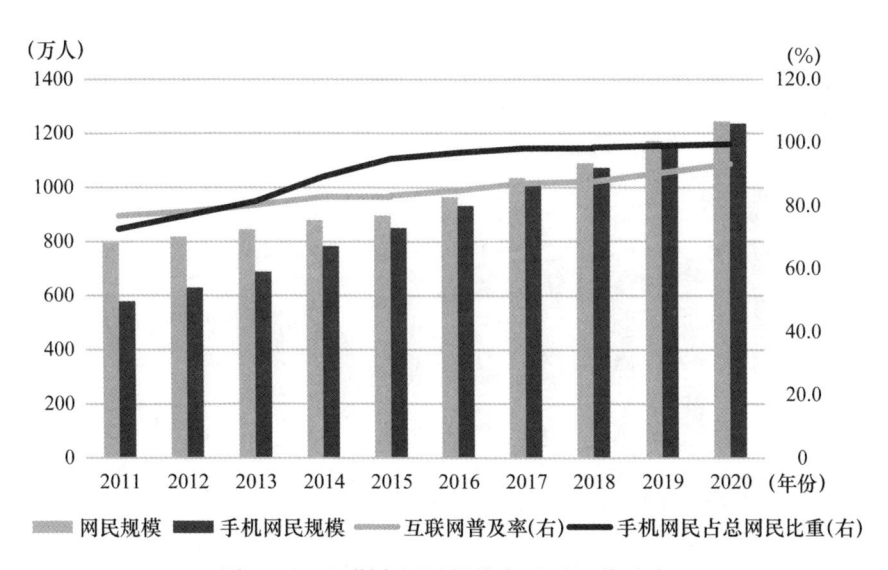

图6-3 深圳市网民规模和互联网普及率

资料来源：《2020年深圳市互联网发展状况研究报告》。

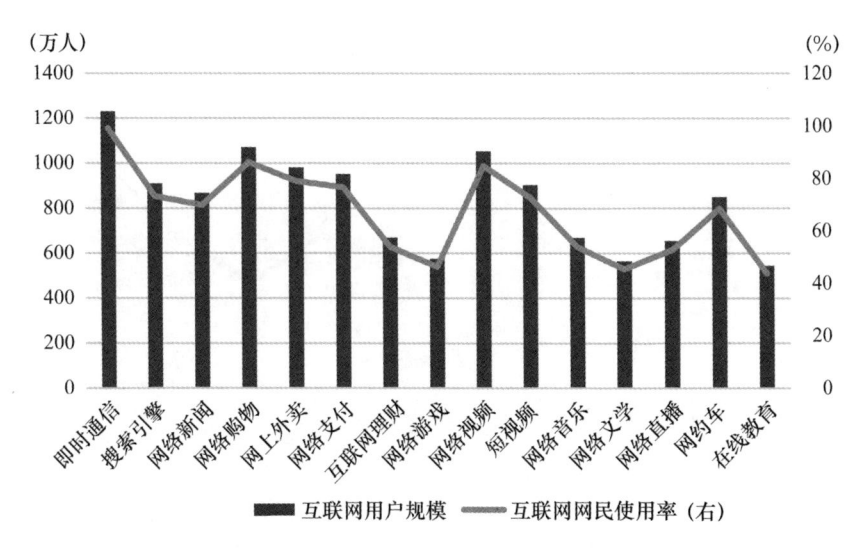

图6-4 2020年深圳市互联网用户规模及应用使用率

资料来源：《2020年深圳市互联网发展状况研究报告》。

来，随着物联网、人工智能、5G等技术的快速发展，更多的建设主体参与，智慧城市发展迅速。

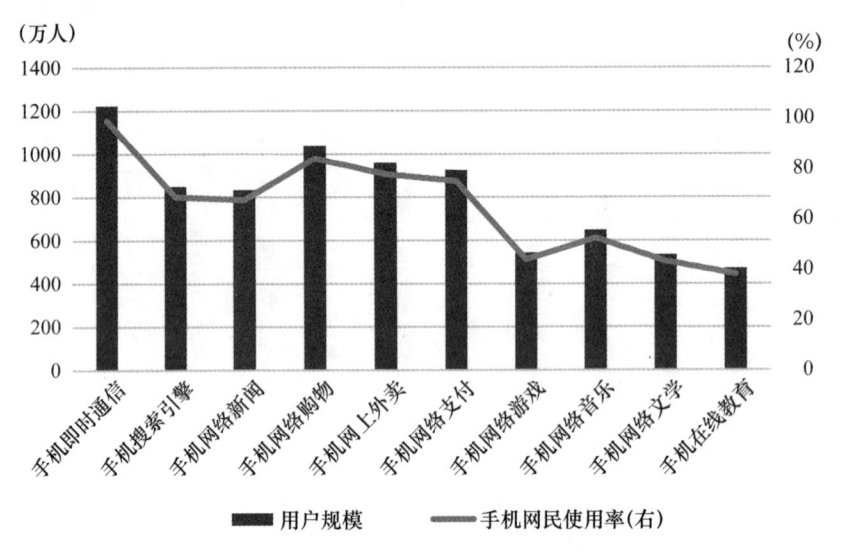

图 6-5 2020 年深圳市手机用户规模及应用使用率

资料来源：《2020 年深圳市互联网发展状况研究报告》。

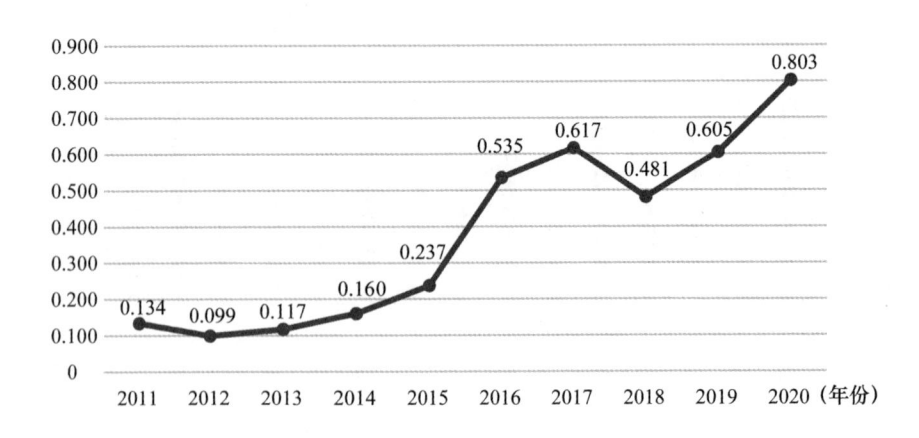

图 6-6 深圳数字经济高质量发展智慧城市分指数

资料来源：笔者绘制。

从国家层面来看，2014年3月发布的《国家新型城镇化规划（2014—2020）》指出，我国智慧城市建设将整合现有国家智能化资源，大力推进智能化落地建设，并争取提升智慧城市建设速度。经过2014年的政策制定与战略导向，智慧城市发展在2015年迎来质的飞跃。国家紧接着在2015年7月正式发行《智慧城市基础设施标准技术报告》，这是ISO第一个智慧城市基础设施领域的国际标准文件。2015年11月，国家标准委联合中央网信办及发改委印发了《关于开展智慧城市标准体系和评价指标体系建设及应用实施的指导意见》。另外，"十三五"规划也特别强调支持绿色城市、智慧城市、森林城市建设和城际基础设施互联互通。综合来看，智慧城市在"十三五"时期迎来爆发性增长。从深圳层面来看，在2022年深圳市政府工作报告中，智慧城市作为深圳发展和建设亮点上升到城市形象和模式引领的典范高度。

从具体的智慧城市的三级指标来看，深圳智慧城市发展总体步伐也走在全国前列。

深圳轨道交通线路长度从2015年的177千米增长到2020年的423千米，年均增长19%；轨道交通客运总量从2011年的4.6亿人增长到2020年的16.3亿人，年均增长15.1%。轨道交通线路长度增长使得区域间界限模糊，加强了区域间的交流与合作，交通的便捷也打造了良好的营商环境，吸引了外来人才在深就业创业。数字技术在轨道交通中的应用和推广也增强了复杂的交通网络体系的安全性，提高了交通系统运营效率。深圳于2004年开通首条地铁线路，经过一期、二期、三期工程的持续建设，2020年，深圳地铁运营里程已位居全国第六，网线建设密度居内地城市第一，成为中国轨道交通最通达之城。[①]

电子信息业固定资产投资完成额从2011年的2.25亿元增长到2016年的4.56亿元，并在2017年达到饱和峰值，进入初始建设完成后的折旧周期，在之后的年份中投资额增长趋势不明显。2020年，深圳已累计建成5G基站超5万个，5G用户超900万户，5G流

---

① 戴晓蓉：《深圳地铁今年底将突破500公里》，《深圳特区报》2022年7月13日第A2版。

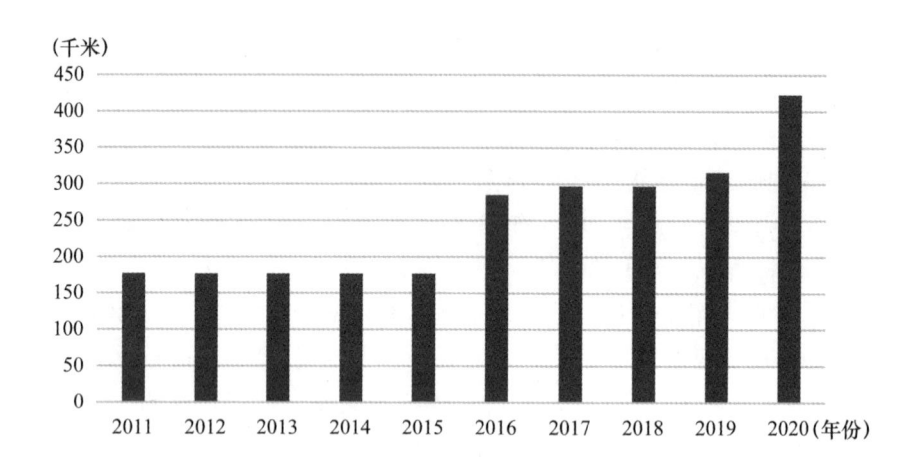

图 6-7 深圳市轨道交通线路长度

资料来源：笔者绘制。

量占比达 30.78%。① 2021 年，深圳获工信部评选的全国移动网络信号质量测评"主要道路、商业场所、公园和地铁"四个"卓越城市"称号。2022 年 6 月，深圳市工业和信息化局发布了《深圳市支持新型信息基础设施建设的若干措施（征求意见稿）》，要求加快深圳市新型信息基础设施建设，助力数字经济高质量发展。

深圳市信息传输、软件和信息技术服务业用电总量从 2011 年的 7.03 亿千瓦小时增长到 2020 年的 24.43 亿千瓦小时，年均增长率为 14.8%。深圳能源消费中，高端制造、信息传输、绿色低碳行业占比持续增长，凸显经济向高质量发展转型。2022 年，深圳市多部门联合发布了《深圳市培育发展软件与信息服务产业集群行动计划（2022—2025 年）》（以下简称《计划》）。《计划》指出，全面激活应用场景，聚力推动工业、服务业、智慧城市和数字政府等重点领域开放应用场景，形成场景供给多元态势。一方面，深化制造业数字化转型，围绕电子信息、汽车、先进装备、家电等重点行业，打造一批自主创新的工业软件应用示范标杆项目，不断提升制造业数字化、网络化、智能化水平。另一方面，加快服务业数字化应用，

---

① 吴德群：《5G 第一城抢占数字经济高地》，《深圳特区报》2022 年 4 月 12 日第 A1 版。

(百万元)

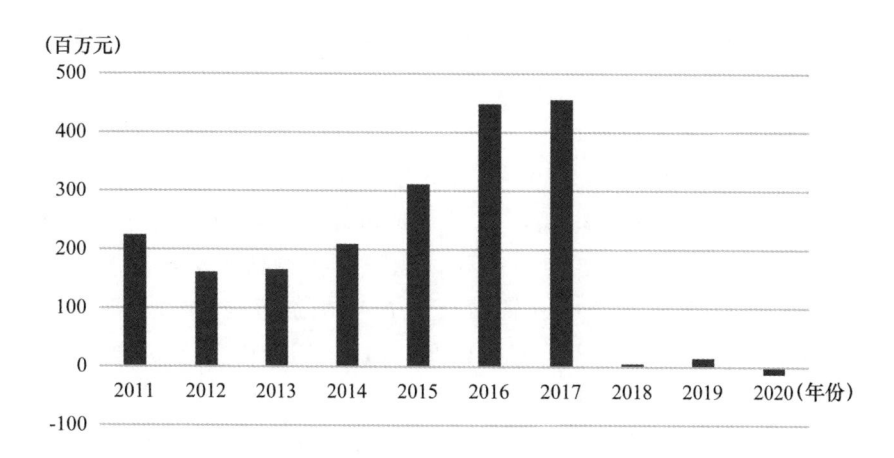

图 6-8 深圳市电子信息业固定资产投资完成投资额
资料来源：笔者绘制。

鼓励企业运用数字技术开展集成创新，发展具有"在线、智能、交互"特征的新业态、新模式。加快智慧城市和数字政府建设，加强政务服务、民生服务、社会治理等领域信息化平台和智能化解决方案研发应用。围绕数字化转型需求，拓展集成商、平台服务商等信息技术服务能力。

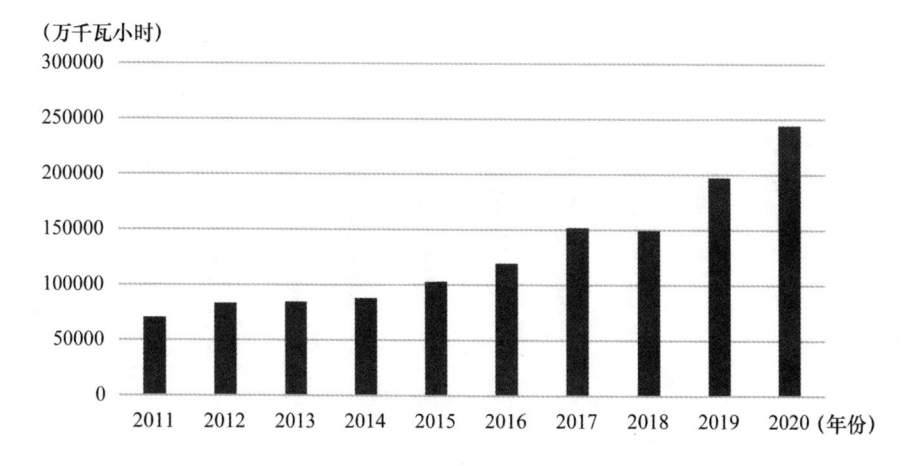

(万千瓦小时)

图 6-9 深圳市信息传输、软件和信息技术服务业用电总量
资料来源：笔者绘制。

深圳市道路照明灯数量从2011年的32.1万盏增长到2020年的52.1万盏，年均增长率达5.52%。尤其在2015年之后，增长趋势渐趋明显。作为智慧城市的入口端，路灯遵循"点—线—面—体"的系统分布贯穿整个城市，以智慧路灯作为智慧城市建设的关键节点，可充分考虑城市整体规划建设需要和资源的合理分配。智慧路灯不仅满足日常城市生产生活需要，也可依托数字技术拓展智慧城市功能，如搭载智慧照明、智慧新能源充电、智慧安防、平安城市、智慧城管、智慧交通、智慧停车、城市Wi-Fi等多功能模块，为人们的生活提供便捷服务。

早在2018年，深圳市就出台《深圳市多功能杆智能化系统技术与工程建设规范》，推动智慧灯杆的规范化发展。2021年3月，深圳发布了《深圳市多功能智能杆基础设施管理办法》，确立了"政府主导、统一规划、统一运营、统一维护，保障安全、开放共享"的管理原则，这也是全国首个智能杆领域的管理办法。到2021年年底，深圳全市已累计建设智慧灯杆近万根（包含已建成和在建的），涵盖高速公路、园区、道路、景区等多个应用场景。

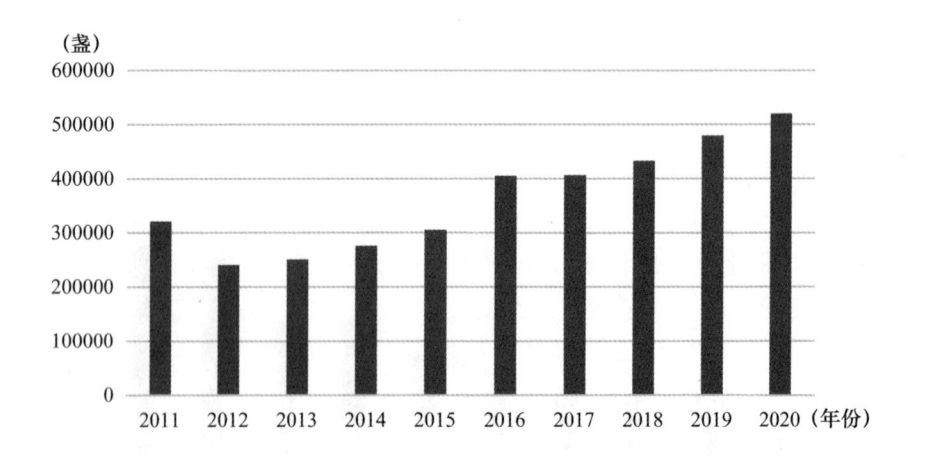

图6-10 深圳市道路照明灯数量

资料来源：笔者绘制。

（三）人才基础指数

深圳数字基础设施建设中人才基础指数在2011—2020年呈直线上升趋势，科研人才力量和城市本身输出人才的能力均逐步提升。深圳正加快成为全球优秀科学家和创新人才的向往之地，在数字化人才发展上推出越来越多的创新性举措。

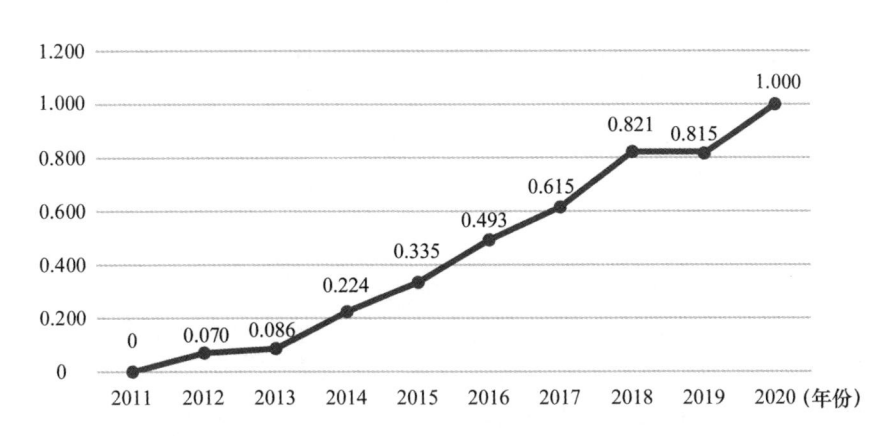

图6-11 深圳数字经济高质量发展人才基础分指数

资料来源：笔者绘制。

在数字经济专项人才认定和引进上，深圳市龙华区制定了数字经济专项人才认定申请条件。文件指出，数字经济专项人才是指从事数字产业化（工业互联网、区块链、人工智能、集成电路）以及产业数字化（新型显示、智能制造装备、消费互联网、时尚创意、数字文化、生命健康）等工作，能促进数字技术与实体经济融合，在数字驱动发展方面具有引领、推动作用的数字战略管理人才、数字技术人才、数字化运营人才。相关政策将数字经济人才认定标准与新出台的高层次人才认定政策挂钩，人才符合数字经济人才认定标准之一，就可申请该区的高层次人才，最高可申请240万元的奖励补贴。

在数字化人才测评上，深圳市人力资源保障局推动腾讯科技开展了首批面向3123名内部职工的自主评价，其中高级工以上占比达87.4%，打下了创建深圳数字经济产业技术技能人才培养、评价、使用、激励融合发展体系的坚实基础。推动企业进行自主评价，旨在进一步深化技能人才评价制度改革，打造深圳企业广泛参与、市场普遍认可的职业技能等级认定品牌，同时充分发挥技能人才自主评价服务数字产业发展、促进就业质量提升的积极作用。[①]未来，深圳市人力资源保障局将推动深圳更多的企业开展职业技能等级认定，在数字产业领域推广腾讯直接认定的经验做法，引导龙头企业瞄准行业发展趋势，采用最前沿技术标准为生态链企业及行业培养技能人才，推动生态链企业认可、使用评价结果，提高职业技能等级认定质量，提升行业整体技能水平。

在数字化人才培养上，为贯彻落实《深圳市数字经济产业创新发展实施方案（2021—2023年）》《深圳市龙华区数字经济三年工作实施方案（2021—2023年）》，把培养数字化人才作为助力数字经济发展的重要抓手，提升数字化干部队伍整体素养，培育推动制造业数字化转型骨干人才，提升管理人员的数字化转型能力，搭建政府与企业数字化转型"零距离"对话平台，使企业充分参与到政府数字化转型的技术研发和应用实践中。龙华区工业和信息化局定期举办龙华区数字经济产业人才培训，并积极培育推动制造业数字化转型骨干人才。另外，深圳市在2021年成立数字人才专委会，旨在充分整合政府、产业、院校等资源，建立泛数字产业的人才数据库。

R&D人员全时当量从2011年的23.99万人/年增长到2020年的49.56万人/年，年均增长8.4%。2020年，深圳市常住人口为1756.01万人，其中拥有大学（指大专及以上）文化程度的人口为506.6万人，约占28.85%。各类专业技术人员为198万人，中级技术职称及以上专业技术人员为57.6万人。这意味着，每100个深圳人中，就有29个拥有大学学历，11个专业技术人员，3个是中级技术职称及以上专业技术人员。[②] 说明深圳市人才储备已达到一定规模，高素质技术人员的积累也有利于推动产业数字化转型。普

[①] 《我市首批数字技能人才自主评价顺利实施》，深圳市人力资源和社会保障局官网，2021年7月2日，http://hrss.sz.gov.cn/xxgk/qtxx/gzdt/content/mpost_8916157.html。

[②] 秦瑶、林冬雯、陆楚一：《深圳各类人才超600万人》，《深圳晚报》2021年11月1日第A3版。

通高等学校教职工数从 2011 年的 6260 人增长到 2020 年的 1.7 万人,年均增长 11.9%。普通高等学校毕业生数从 2011 年的 1.83 万人增长到 2020 年的 2.8 万人,年均增长 4.8%。从图 6-13 中可以看出,师生配比不断优化,高等教育人才的受教育资源越来越充足。如今高等教育越来越注重理论与实践相结合,在数字经济蓬勃发展的背景下,高等教育将会更加重视数字化技术的培养,这将为深圳数字经济的发展提供强有力的技术和人才保障。

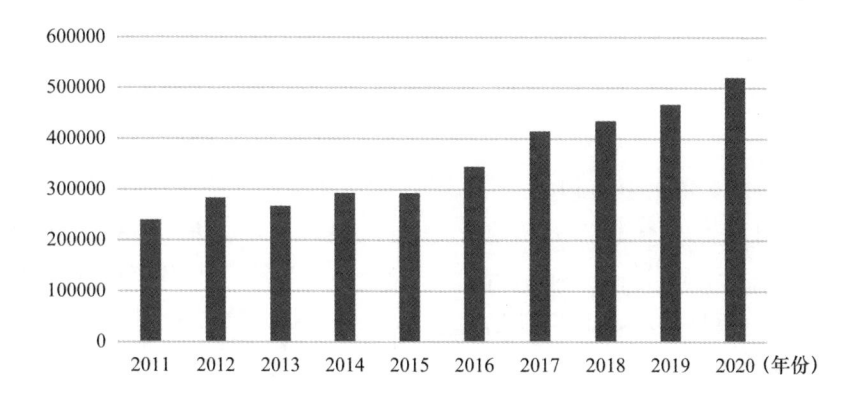

图 6-12　深圳市 R&D 人员全时当量

资料来源:笔者绘制。

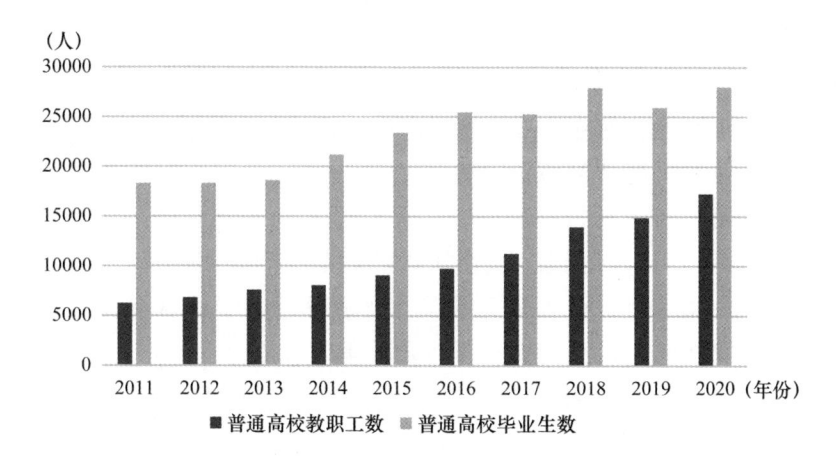

图 6-13　深圳市普通高等学校教职工与毕业生数

资料来源:笔者绘制。

虽然深圳的人才储备已相当雄厚，但是在未来数字经济发展过程中仍然存在诸多问题。目前数据人才市场依旧处于紧缩状态，数据科学家、数据架构师、数据产品经理等各类数据人才总体供给数量较少，数据合规官、数据安全官等岗位人选更是高薪难觅。数据人才较少的原因：一方面在于相关岗位对工作经验和工作年限要求较高，招聘网站上相关岗位对工作年限要求一般在5—7年；另一方面在于这类岗位需要既懂数据技术又了解数据市场，更要熟悉相关法律法规的复合型人才。[①]

（四）数字产业指数

深圳数字产业化建设中数字产业指数在2011—2020年呈稳步上升趋势，这一上升趋势在2015年后更加明显，从2015年的0.226增长到2016年的0.550，之后均以每年10%以上的增长率快速发展。其中，信息传输、软件和信息技术服务业增加值从2011年的510.94亿元增长到2020年的2883.49亿元，年均增长率为21.2%。信息传输、软件和信息技术服务业基础产业和基础设施完成投资额从2011年的4.4千万元增长到2020年的16.4千万元，年均增长率为15.7%。深圳软件收入规模位居全国15个计划单列市和副省级城市之首；新一代信息技术产业增加值从2011年的14.6亿元增长到2020年的48.93亿元，年均增长率为14.4%。

新一代信息技术产业越发成为全球竞争的战略制高点。国务院颁布《关于加快和培育战略性新兴产业的决定》，开启了我国新一代信息技术产业发展的航程，国内众多省区市重视程度空前提高，竞相开展战略布局，努力抢占发展先机。《深圳新一代信息技术产业振兴发展规划（2011—2015年）》中指出，2010年新一代信息技术产业规模约4870亿元，超过全国总规模的1/6。华为、中兴、腾讯、宇龙、海思等大批龙头企业成为行业标杆，承载着深圳信息技术产业的发展使命，有力推动了产业的集聚发展。

2011年，深圳出台《深圳新一代信息技术产业振兴发展规划

[①] 李恩汉、吴伟杰：《数据经纪人，深圳破解数据要素市场化配置难题的切入点》，综合开发研究院，2022年5月16日，http：//www.cdi.com.cn/Article/Detail? Id = 17837。

第六章　深圳数字经济高质量发展指标体系

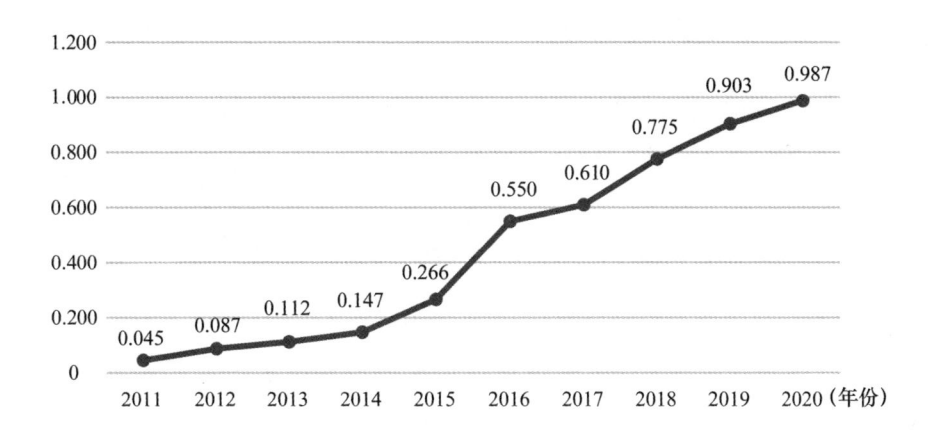

图 6-14　深圳数字经济高质量发展数字产业分指数

资料来源：笔者绘制。

（2011—2015 年）》，明确了技术创新、产业集聚、网络建设、应用推广四大目标，重点发展下一代信息网络工程、移动互联网工程、云计算工程、物联网工程、三网融合公平工程、集成电路工程、新型显示产业链工程、新型元器件与专用设备工程、高端软件和信息服务工程九个重大工程，为 21 世纪第二个十年深圳新一代信息技术产业发展奠定了方向性基础。

目前，深圳产业发展面临的资源和环境约束更趋强化。为突破资源环境要素约束，需要培育和发展新一代信息技术产业，为实现创新发展、转型发展、低碳发展、和谐发展提供有力支撑。2021 年，深圳市工业和信息化局发布了《2022 年新一代信息技术产业扶持计划》，重点支持 5G、超高清视频、新型显示虚拟现实和增强现实四大产业链关键环节和公共服务、高端展会两大产业服务体系。2022 年 6 月，深圳市工业和信息化局、深圳市发展和改革委员会、深圳市科技创新委员会、深圳市政务服务数据管理局发布的《深圳市培育发展软件与信息服务产业集群行动计划（2022—2025 年）》指出，到 2025 年，深圳软件与信息服务产业集群增加值突破 4200 亿元，大数据、云计算、人工智能等若干细分领域成为新增长点；集聚一批在国内外具有行业引领作用的软件与信息服务高层次人才，新增软件从业人员达到 20 万人以上，建设若干特色软件产业学院；打造一批国家级、省级、市级软件名园，新增产业空间不低于 300 万平方米；引进和培育一批具有核心竞争力的软件和信息服务企业，力争国家重点软件企业数量达 50 家以上，年营收超 100 亿元企业新增 5 家以上，年营收 10 亿—100 亿元企业新增 50 家以上。为 21 世纪第三个十年深圳新一代信息技术产业发展指明了方向。

（五）数字服务指数

深圳数字产业化建设中数字服务指数在 2011—2020 年呈直线上升趋势，特别是在 2017—2019 年，数字服务指数年均增长率保持在 50% 以上。其中，邮电业务总量从 2011 年的 356.3 亿元增长到 2020 年的 4470.3 亿元，年均增长率高达 32.5%。快递业务收入从 2011 年的 74.9 亿元增长到 2020 年的 657.2 亿元，年均增长率高达 27.3%。

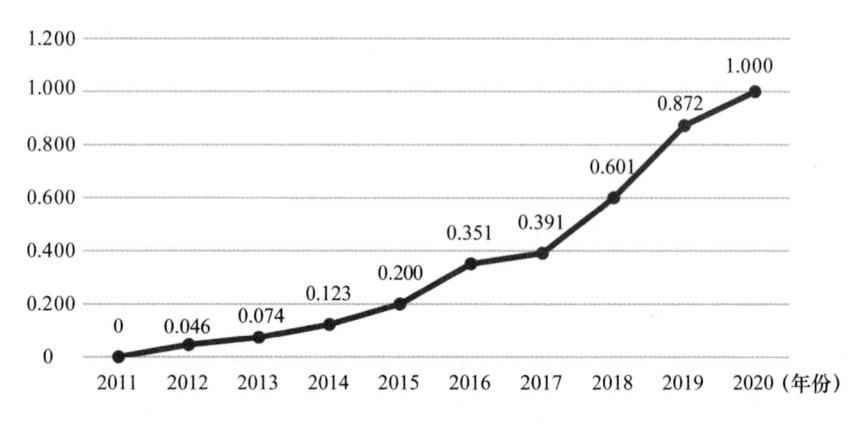

图 6-15　深圳数字经济高质量发展数字服务分指数

资料来源：笔者绘制。

《深圳市国民经济和社会发展第十四个五年规划和二〇三五年远景目标纲要》（以下简称《规划纲要》）于 2021 年发布，建设高效集约的国家物流枢纽体系、创新跨境寄递服务模式、推动快递行业废弃包装物源头减量等涉及邮政快递业行业发展的内容被纳入其中。《规划纲要》明确，要建设高效集约的国家物流枢纽体系，促进行业数字化和绿色发展。

目前，深圳快递业服务制造业已形成业务收入超百万元项目12个，其中超5000万元项目1个，支撑制造业产值达260亿元。[①] 深圳在智能仓储、供应链管理自动化、运输系统智能化等方面已居于全国领先地位。无论是深圳企业还是深圳政府，均坚决落实快递物流业的数字化转型和积极探索数字化技术在物流业中的应用，目前已有丰富的成功实践经验。如深圳德邦与华为开展深度合作，通过云平台搭建，将大数据、AI等创新技术应用在快递全产业链中。顺丰国际通过智能系统打通货物调配、运输、出口报关等流程，高效智能地完成贸易订单。深圳市宝安区率先推出AI快递车，不仅能够智能化快递服务，更是能够通过AI智能识别技术参与到城市治理中。

（六）数字创新指数

深圳数字产业化建设中数字创新指数在2011—2020年呈直线上升趋势，特别是在2016年以后，数字创新指数年均增长率接近30%。

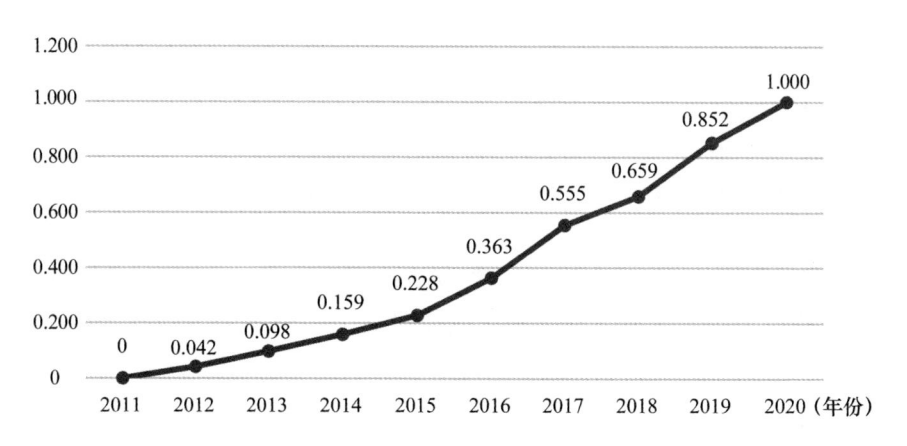

图6-16 深圳数字经济高质量发展数字创新分指数
资料来源：笔者绘制。

[①]《"仓配一体"+"多元运输"+"智慧物流"深圳快递业支撑制造业产值达260亿元》，天津市邮政管理局官网，2022年5月23日，http://tj.spb.gov.cn/gjyzj/c100196/202205/a6f82452e6e64a79991ab62d06b74be6.shtml。

深圳的数字创新得益于制度创新，过去深圳创新往往是全局概念，重点考虑创新体系、要素的完善和集聚。进入新时代，数字创新成为国家发展战略，深圳亦将数字创新提升到制度变革的高度。近十年来深圳共出台超过20个大中型政策方针和发展规划，在全国首创出台的《深圳国家创新型城市总体规划（2008—2015）》强调，到2015年深圳要实现发展方式、体制机制、科技、产业、社会文化等领域的全面创新，率先建成创新体系健全、创新要素集聚、创新效率高、经济社会效益好、辐射引领作用强的国家创新型城市，成为有国际影响力的区域创新中心。随着深圳创新能力的提升和创新要素的不断聚集，深圳创新的角色定位也越发重要，不仅是对区域内和国内，更是立足全球。2019年8月18日，《中共中央国务院关于支持深圳建设中国特色社会主义先行示范区的意见》（以下简称《意见》）正式发布，《意见》强调，到2025年深圳建成现代化国际化创新型城市，到2035年建成具有全球影响力的"创新之都""创业之都""创意之都"，成为我国建设社会主义现代化强国的城市范例。

在党中央战略方向引领和深圳积极探索制度创新的背景下，深圳数字经济发展名列全国前茅，并持续发挥和巩固创新制度供给的角色定位优势，在数字经济发展上取得了十足的成效。

一是数字经济产业规模持续扩大，企业竞争力持续增强。规模以上工业企业科技活动中R&D经费支出由2011年的416.1亿元增长到2020年的1510.8亿元，年均增长率为15.4%，2017年之后的增长趋势更加明显。新产品开发经费支出从2011年的478亿元增长到2020年的1874.3亿元，年均增长率为16.4%。2020年深圳数字经济核心产业增加值为8446.63亿元，占全市生产总值的比重为30.5%，规模、质量领跑全国大中城市。企业竞争力位居全国前列，培育了华为、腾讯、平安科技等一批具有核心竞争力的数字经济生态主导型企业，构建大企业带动中小企业发展、中小企业为大企业注入活力的融通发展格局。通过政策体系完善、平台培育和应用模式创新等，推动制造业数字化转型，促进制造业高质量发展。

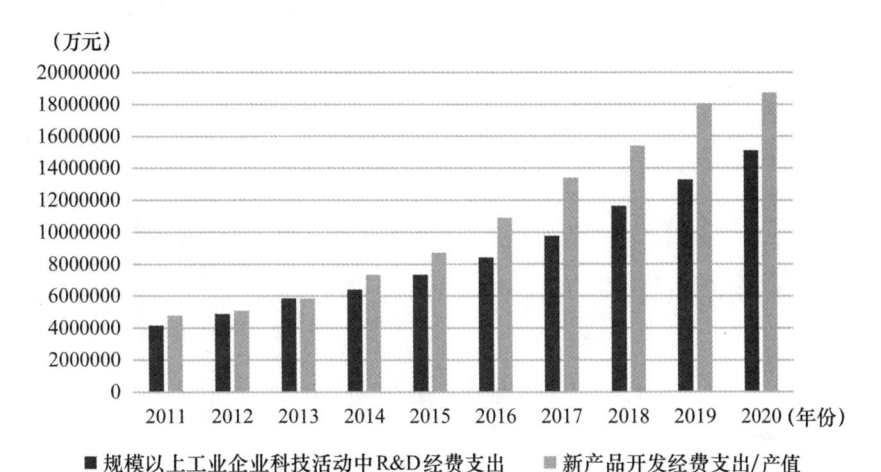

图 6-17　深圳市 R&D 与新产品开发经费支出

资料来源：笔者绘制。

二是数字经济创新能力不断提升。有 R&D 活动的企业数从 2011 年的 841 家增长到 2020 年的 5893 家，年均增长率为 24.2%。2021 年，深圳 PCT 国际专利申请量达 1.74 万件，连续 18 年位居全国城市第一位。[①] 国家级/省级/市级创新载体数量从 2011 年的 553 家增长到 2020 年的 2681 家，年均增长率达到 19.2%。

三是创新主体引领作用明显，高端软件、人工智能、大数据、工业互联网等新兴业态亮点纷呈。在高端软件领域，引进了麒麟软件等国内创新信息技术领军企业，以弥补基础软件的不足。腾讯、平安、华为被选为国家级人工智能开放创新平台。在大数据领域，创建了平安科技、迅雷等重要数据公司，龙岗区被列为全省大数据综合试验区。在云计算领域，深圳是国家首批五个云计算服务创新发展试点示范城市之一，华为和腾讯在 2020 年跻身中国公共云商店前三名。在工业互联网领域，华为、富士康和腾讯于 2020 年被选为工业和信息化部跨行业、跨领域工业互联网平台。[②]

[①]《"数"读深圳这十年：高质量发展蹄疾步稳》,《深圳特区报》2022 年 10 月 14 日第 B14 版。

[②]《深圳出台推进新型信息基础设施建设行动计划》,《中国质量报》2022 年 4 月 18 日第 2 版。

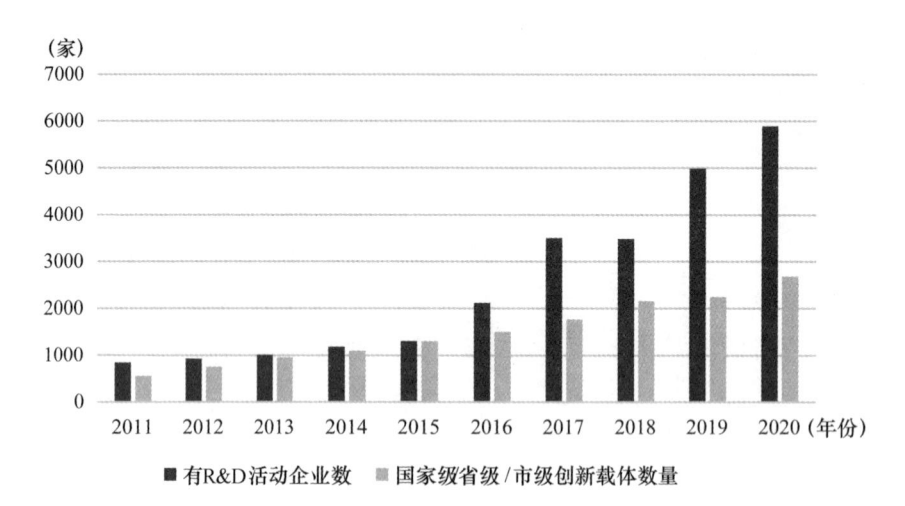

图 6–18 深圳市创新载体统计

资料来源：笔者绘制。

四是数字创意产业不断发展，为数字经济注入新鲜血液。数字创意共性、关键技术原创研发和集成应用不断推广，传统内容生产业态数字化改造不断推进，新型文化消费的数字创意产品不断推陈出新，文化文物资源数字化保护和开发不断加强。数字创意和先进制造业、旅游、教育、体育、电子商务等深度融合效果显著，网络视听、游戏装备及消费终端创新不断发展。积极参与国际数字创意产业分工与协作，构筑互利共赢的数字创意产业合作体系。整合粤港澳大湾区数字创意产业资源，深化与周边城市产业合作。充分发挥中国（深圳）国际文化产业博览交易会等平台的作用，促进数字创意产业投融资合作和项目交易。鼓励龙头企业开展跨区域、跨领域交流合作。

（七）数字产业对外经贸合作指数

深圳产业数字化建设中数字产业对外经贸合作指数在 2011—2020 年呈波动上升趋势，2017—2018 年数字产业对外经贸合作达到顶峰，之后有所下降，增长趋于平缓。

其中信息传输、软件和信息技术服务业利用外资签订协议合同从 2011 年的 54 项增长到 2020 年的 779 项，年均增长率达到

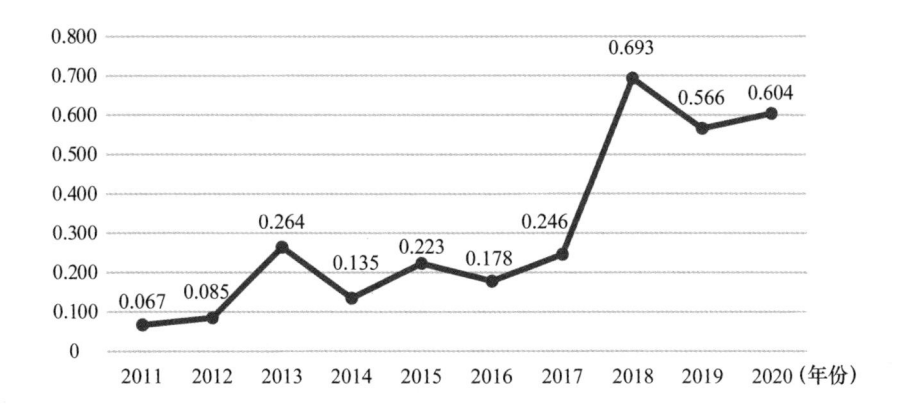

图 6-19　深圳数字经济高质量发展数字产业对外经贸合作分指数
资料来源：笔者绘制。

34.5%。近十年，该指标在 2012 年以来持续增长，且增长速率越发明显，到 2018 年达到峰值后逐年下降，说明深圳数字产业对外依赖有所下降。但信息传输、软件和信息技术服务业实际利用外资额从 2011 年的 2.6 亿美元增长到 2020 年的 10.3 亿美元，年均增长率达到 16.7%，且近十年间持续增长。这说明深圳数字产业的合作广度有所收窄，但合作深度有所增加，中国经济进入高质量发展阶段，利用外资更加注重质量而非数量，且随着深圳数字产业的蓬勃发展，深圳数字经济的自主创新能力将进一步增强，深圳数字经济积极融入内循环将成为未来发展的重要方向。另外，深圳高新技术产品进出口总额从 2011 年的 2241.6 亿美元增长到 2020 年的 2623.4 亿美元，年均增长率约为 2%。虽然目前全球经济遇冷，贸易摩擦不断，但深圳依托庞大的市场和技术、人才要素优势，其数字产业的对外经贸合作发展一直保持稳定推进态势。

深圳数字产业对外经贸合作的不断发展也离不开与时俱进的制度安排。深圳在信息服务外包上已具备参与全球竞争的能力，正逐步向承接国际高端信息服务方向发展，市场前景广阔。2020 年，深圳市工业和信息化局发布了《软件和信息技术服务业、互联网和相关服务业企业稳增长奖励项目实施细则》，在数字产业对外经贸合

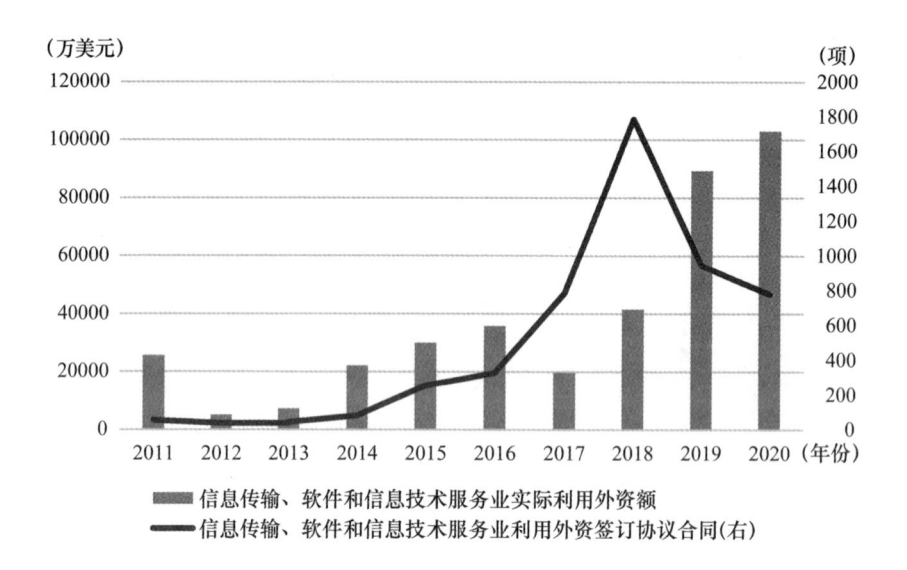

图 6-20　深圳市信息传输、软件和信息技术服务业利用外资统计

资料来源：笔者绘制。

作趋势放缓的背景下，积极保证企业的正常运行。

（八）**数字产业贸易指数**

深圳产业数字化建设中数字产业贸易指数在 2011—2020 年呈波动上升后下降又上升的反弹趋势，在 2017 达到谷底之后陡然上升，并在 2020 年达到新的发展高度。

其中集成电路进口额从 2011 年的 451.1 亿美元增长到 2020 年的 822.9 亿美元，十年间增长了近 2 倍。自动数据处理设备及其部件进出口总额从 2011 年的 418.6 亿美元下降到 2020 年的 396.6 亿美元，其中出口额呈下降趋势，进口额呈上升趋势。说明考虑到成本和技术因素，深圳在数字产业相关贸易上更倾向于进口设备及零部件，深圳主要参与前期设计或后期应用的分工环节。

《中国（广东）自由贸易试验区深圳前海蛇口片区关于促进数字贸易快速发展的若干意见》是国内首个在数字贸易领域精准落实 2019 年发布的《中共中央国务院关于推进贸易高质量发展的指导意见》的相关文件，是国内国际"双循环"理念提出后国内第一个以

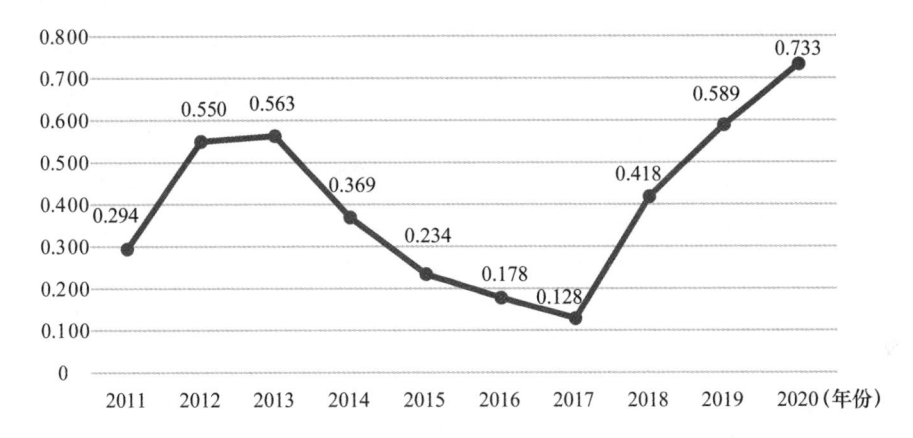

图 6-21　深圳数字经济高质量发展数字产业贸易分指数

资料来源：笔者绘制。

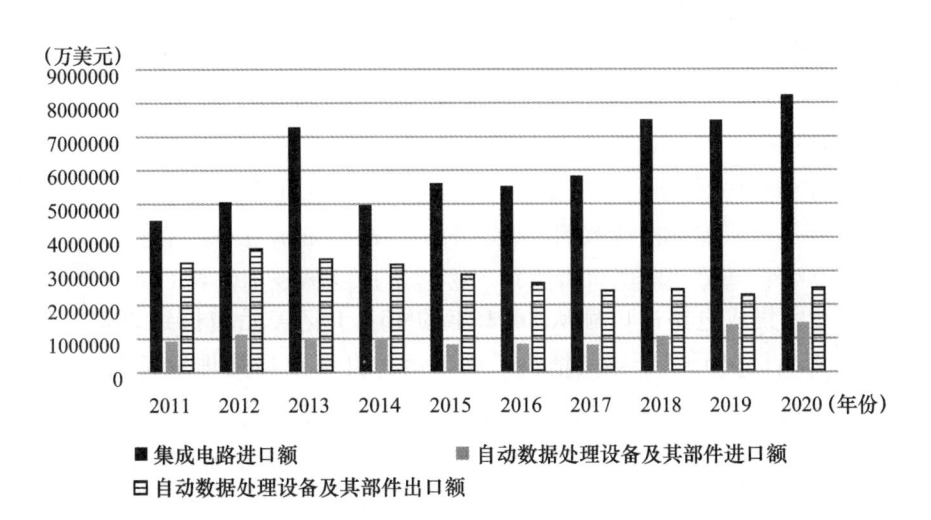

图 6-22　深圳主要数字产品进出口统计

资料来源：笔者绘制。

"数字贸易双循环"建设为核心的相关文件,将在国内率先探索和建立数字贸易相关标准、率先聚焦于外贸新型基础设施建设。《中国（广东）自由贸易试验区深圳前海蛇口片区关于促进数字贸易快速发展的若干意见》中提到前海将着力于统筹布局数字贸易发展新型基础设施建设、全力构建国际贸易全链条数字化生态、加快培育数字贸易产业重要模块、构筑数字贸易支撑服务体系等方面，力争通过3—5年的发展，实现片区内国际贸易产业数字化转型升级，贸易便利化再上新台阶，前海数字贸易生态圈基本形成，实现前海新型国际贸易中心的可持续发展。

在前海率先布局数字贸易的基础上，2022年深圳出台的针对全市范围内的《深圳市数字贸易高质量发展三年行动计划（2022—2024年）》强调，到2024年，深圳市贸易数字化和数字产业化水平显著提升，数字贸易规模进一步扩大，数字贸易创新集聚效应进一步加强，培育一批具有国际竞争力的领军企业，加快建设数字贸易集聚区，构建数字技术创新引领的数字贸易生态圈，数字贸易发展新格局基本成型。

未来，深圳数字贸易规模将进一步扩大。预计到2024年，全市数字贸易进出口总额将达到630亿美元，数字贸易出口额将达到300亿美元。一大批数字内容、云服务、跨境金融、跨境电商等细分领域的平台型贸易数字化领军企业将具有全球市场开拓能力，成为全球创新引领的数字科技公司。同时，数字贸易治理体系将进一步健全。抢抓综合授权改革机遇，加快推进试点示范和政策创新，探索数据要素跨境流动的可行路径。接轨多边贸易规则体系，推动深圳在数字贸易领域建立与国际接轨的高水平数字贸易开放体系。

（九）文化产业数字化指数

深圳产业数字化建设中文化产业数字化指数在2011—2020年呈波动上升趋势，在2012—2014年得到短暂的快速发展，并在2020年达到新的发展高度。其中电子出版类及音像制品类销售额从2011年的2.7亿元增长到2016年的8.3亿元，之后呈逐渐下降趋势。目前的出版物和音像制品正逐渐过渡到移动端，这势必会挤压传统电子出版类及音像制品类销售额。另外，政府文化体育与传媒财政支出从2011年的46.1亿元增长到2020年的100.4亿元，年均增长率达到9%，说明深圳市政府越来越重视市民的文化消费，并通过传媒途径进行宣传。2015 年，深圳出台《深圳文化创新发展 2020（实施方案）》，设立了创新思想理论载体、创新城市形象标识、创新媒体运行机制、创新文化服务方式、创新产业发展模式五大任务，确定深圳文化产业的高质量发展基调。

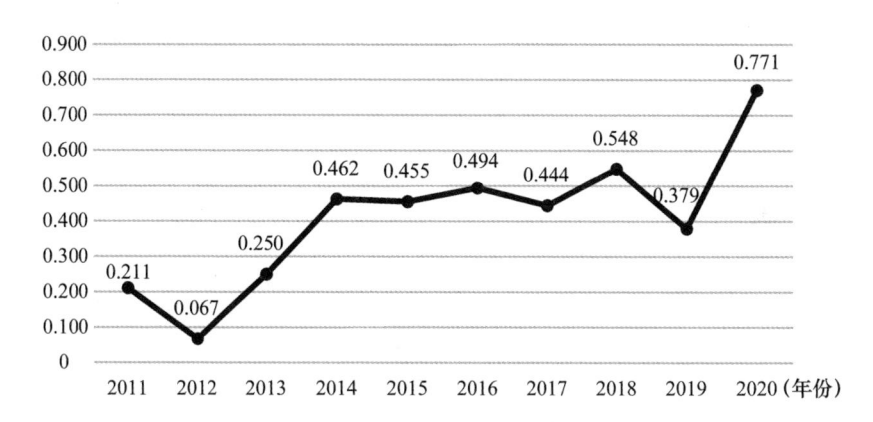

图 6-23　深圳数字经济高质量发展文化产业数字化分指数
资料来源：笔者绘制。

（十）制造业数字化转型指数

深圳产业数字化建设中制造业数字化转型指数在 2011—2020 年呈直线上升趋势，在 2016—2017 年得到短暂的快速发展，并在 2017 年后逐渐趋于平缓。其中专用设备制造业工业总产值从 2011 年的 457.3 亿元增长到 2020 年的 1560.6 亿元，年均增长率达到 14.6%；专用设备制造业全员劳动生产率从 2011 年的 10.9 亿元增长到 2020 年的 24.7 亿元，增长超 2 倍。计算机、通信和其他电子设备制造业工业总产值从 2011 年的 11589.8 亿元增长到 2020 年的 23600.3 亿元，年均增长率达到 8.2%；全员劳动生产率也从 2011 年的 16.3 万元/人增长到 2020 年的 36.4 万元/人，增长超 2 倍。电力、热力的生产和供应业工业总产值从 2011 年的 725.5 亿元增长到 2020 年的 914.8 亿元，年均增长率达到 2.6%；全员劳动生产率也增长了近 3 倍。电气机械及器械制造业工业总产值和劳动生产率也在 2011—2020 年增长超过 2 倍。

在实践方面，针对目前制造业企业中普遍存在的不想转、不敢转、不会转的困境，深圳通过典型示范引领，营造创新发展的良好范围。"车间智能排产"项目入选国家智能制造优秀场景名单。此外，在电子信息、医药、纺织服装等领域拥有完整链条、集聚性强的重点行业中，遴选出工业互联网创新应用、企业数字化转型成效显著且能够复制、推广的应用标杆和优秀案例，为上下游企业数字化转型提供借鉴思路。

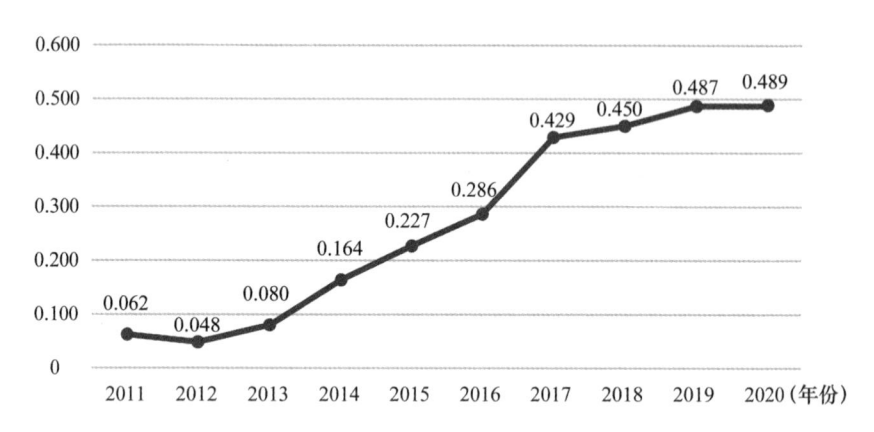

图 6-24　深圳数字经济高质量发展制造业数字化转型分指数

资料来源：笔者绘制。

在制度安排上，深圳在 2021 年 8 月正式印发的《深圳市推进工业互联网创新发展行动计划（2021—2023 年）》指出，到 2023 年，深圳工业互联网基础设施基本完善，高端要素资源充分集聚，行业融合应用成效彰显，服务支撑体系基本成熟，生态体系基本形成，工业互联网发展水平国内领先，成为粤港澳大湾区制造业数字化转型引擎。2022 年 5 月 29 日，深圳市工业和信息化局发布《关于进一步促进深圳工业经济稳增长提质量的若干措施》，其中指出积极实施"灯塔工厂"示范工程，打造一批标杆智能车间、无人工厂，对企业实施的智能制造技术改造项目按技改支持政策予以重点资助。推动国家工业互联网示范基地建设，打造"5G+工业互联网"示范园区。

深圳在制造业数字化转型上仍存在诸多问题。一是在旧设备的数字化改造和新设备的数字化引进水平上仍有待提高，旧设备数据采集传感的精度和准度仍有待提升，物联网数据的利用效率需进一步提升，智能化生产线、数控装备等 OT 系统与研发设计、生产运营、供应链管理等 IT 系统的数据集成水平仍不高，数字化技术应用在推动柔性生产上的能力仍有待提高。二是仍需进一步加强软件对企业数字化转型的支持。制造业所需数字化技术特别是底层技术和关键共性技术的开发能力仍不高，研发设计、生产制造、经营管理、运维服务等工业 SaaS 技术攻关任务较为艰巨。数字化设计、网络化协同、个性化定制、生产性服务的高效整合与应用能力仍需提升。未来，为推进深圳实现制造业数字化转型，深圳在数字化技术在制造设备上的改造和应用、数字化服务对数字化制造的辅助作用的充分发挥、制造业数字化转型典型企业的经验推广等方面仍有较大的发展空间。

第四节　小结

数字化技术已经向社会经济生活全面渗透，并成为经济增长的新动能。如何打造良好的数字基础设施体系，更好地实现数字产业化和产业数字化是新时代深圳实现高质量发展的重要议题。深圳数字经济发展质量不断提升，这不仅得益于深圳的科技创新发展，更得益于深圳在党中央领导下发挥特区制度创新优势和较高的执行效率。深圳数字基础设施建设在全国名列前茅，并为以信息传输、软件和信息技术服务业为主导的数字产业化与以贸易、金融、文化、工业等为主导的产业数字化双轨发展相辅相成奠定良好基础。另外，深圳在智慧城市建设、人才基础积累、数字产业发展、数字服务发展、数字创新上均有出色表现，这说明深圳数字要素集聚效应明显，数字产业营商环境良好，数字创新能力较强，数字经济仍有较大需求空间，为未来深圳实现数字化转型和开创数字产业新发展打造坚实基础。

第七章　深圳数据安全和个人信息保护

深圳数字经济的高质量发展离不开体制机制的保障。数据在流通中创造价值，推动数据资源整合与开放共享是数字经济发展的重要方式。然而一味地强调数据开放流通，将可能导致重要数据的泄露以及对个人隐私的侵犯，从而损害个人、社会乃至国家的利益。深圳推动数字经济高质量发展，在保障个人信息和重要数据安全的基础之上发挥深圳优势，对深港数据跨境、数据产权权属等重要规则进行先行先试，并着眼于衔接国际数据规则，促进深圳企业"走出去"开拓国际市场。

数字经济时代，数据已经成为各国的重要战略资源，成为全球经济增长的重要引擎。2017年，习近平总书记在十九届中央政治局第二次集体学习时强调，"要构建以数据为关键要素的数字经济"，突出了数据在发展数字经济中的重要性。[1]

在大数据背景下，数据作为各类信息的载体拥有潜在的经济价值。数据在不断被使用和流动的情境中，其价值不但没有被消耗，反而通过积累结合和演算分析产生新的价值。[2] 而科技的高速发展如果没有得到有效的法律制度的监管，将可能导致个人信息被泄露和滥用的事件发生，危害到个人人格尊严和基本权利。政府在培育数据交易市场的同时，更需要防范数据安全事件的发生，在数据开

---

[1] 胡永秋、杨光宇:《〈中国网信〉杂志发表〈习近平总书记指引我国数字经济高质量发展纪实〉》，中国网信杂志，2022年7月22日，http://politics.people.com.cn/n1/2022/0722/c1001-32482586.html，2022年8月1日。

[2] 高富平:《数据流通理论——数据资源权利配置的基础》，《中外法学》2019年第6期。

放共享与数据安全之间找到平衡点。

因此,数字经济高质量发展离不开体制机制的保障,深圳推进数字经济高质量发展需要发挥法律规则的调整、指引和规范作用。深圳在改革开放四十余年中敢闯敢试,如今作为社会主义先行示范区,更应发挥先行先试、引领示范的作用,通过完善数据安全管理和个人信息保护机制,推动数据开放、数据交易、跨境传输等发挥数据流通价值手段的实现,促进数字经济的高质量发展。

第一节 数字经济发展中的重要法律议题

数字经济发展需要对个人数据权利予以充分尊重和对数据分级分类保护,确保数据合法有序地流动、共享、交易,并努力实现数据权利与数据流动的平衡。具体而言,规范数据领域活动的规则主要围绕两个议题进行,即"数据隐私"(或个人信息)和"数据安全"问题。

一 数据安全问题

2021年6月10日,我国《数据安全法》经过三轮审议正式通过,于2021年9月1日起实施。由《数据安全法》第3条可知,数据安全中是指通过采取必要措施,确保数据处于有效保护和合法利用的状态,以及具备保障持续安全状态的能力。数据安全与数据处理活动息息相关,为确保数据安全,需要对数据处理活动进行规范。我国《数据安全法》对数据的范围进行了界定,即"数据是指任何以电子或者其他方式对信息的记录"。根据此定义可知,"数据"的范围比"个人信息"更广,应包含携带个人信息的数据和不携带个人信息的数据。

数据安全最迫切需要解决的是数据跨境传输带来的一系列安全风险问题。我国通过现有法律规范已初步建立起了数据跨境流动的安全审查制度。我国法律在数据传输问题上更强调数字主权和国家安全,并未放开跨境数据流动以及并未取消计算设施本地化。2016

年 11 月出台的《网络安全法》、2021 年 6 月出台的《数据安全法》、2021 年 8 月出台《个人信息保护法》以及 2022 年 7 月出台的《数据出境安全评估办法》，共同搭建起了中国数据跨境流动的"本地存储，出境评估"制度。

其中，《网络安全法》第 37 条规定，关键信息基础设施运营者在中国境内运营中收集和产生的个人信息和重要数据应当在境内存储。因业务需要确需向境外提供的，应按照有关办法进行安全评估。《数据安全法》第 31 条规定，关键信息基础设施运营者的数据出境安全管理依照《网络安全法》的相关规定；对于其他数据数据处理者在中国境内运营中收集和产生的个人信息和重要数据的出境安全管理办法，另行制定。《个人信息保护法》在第 38 条中规定，个人信息处理者因业务等需要，确需向中国境外提供个人信息时应符合的条件，包括通过国家网信部门组织的安全评估；以及第 40 条规定，对于关键信息基础设施运营者和处理个人信息达到国家网信部门规定数量的个人信息处理者，规定了个人信息本地化存储的要求，确需向境外提供的，应当通过国家网信部门组织的安全评估。无论是针对包含个人信息的数据，还是非包含个人信息的数据，我国均不允许直接跨境传输。除此之外，自 2016 年颁布《网络安全法》起，法律规定"关键信息基础设施运营者"必须在中国境内收集和存储数据。

此外，2022 年 7 月出台并于 2022 年 9 月 1 日起实施的《数据出境安全评估办法》（以下简称《办法》），进一步细化了适用数据出境安全评估的具体场景，即《办法》第 4 条中数据处理者向境外提供数据的情形：（1）数据处理者向境外提供重要数据；（2）关键信息基础设施运营者和处理 100 万人以上个人信息的数据处理者向境外提供个人信息；（3）自上年 1 月 1 日起累计向境外提供 10 万人个人信息或者 1 万人敏感个人信息的数据处理者向境外提供个人信息；（4）国家网信部门规定的其他需要申报数据出境安全评估的情形。符合上述情形的数据处理者应当通过所在地省级网信部门向国家网信部门申报数据出境安全评估，国家网信部门受理申报后，根据申报情况组织国务院有关部门、省级网信部门、专门机构等进行安全评估（第 10 条）。

虽然从目前的法律法规来看，对于《数据安全法》中的"重要数据"的识别和管理制度暂不明晰，但在"本地存储，出境评估"数据跨境流动制度框架下，一些地方尝试作出制度创新，以促进数据跨境有序流动。2020 年 8 月，商务部印发的《全面深化服务贸易创新发展试点总体方案》提出"探索跨境数据流动分类监管模式，开展数据跨境传输安全管理试点"。根据该方案，北京、上海、海南、雄安新区成为数据跨境传输安全管理试点。[①] 2022 年 2 月，上海临港新片区颁布的《中国（上海）自由贸易试验区临港新片区条例》（2022 年 3 月 1 日正式实施）指出，在临港新片区内探索制定低风险跨境流动数据目录，促进数据跨境安全有序流动。此举事实上是对不同数据进行分类分级，率先开放不易造成严重数据安全问题的低风险跨境数据在区域内自由地流动，并对其进行压力测试，便利数据的安全评估流程。

2022 年 1 月，国家发展和改革委、商务部发布《关于深圳建设中国特色社会主义先行示范区放宽市场准入若干特别措施的意见》（以下简称《意见》），其中提出鼓励深圳开展数据跨境传输（出境）安全管理试点。根据《意见》，深圳将充分利用特别措施，加快构建数据跨境流动规则体系，尤其在大湾区及深港数据跨境上可以发挥重要作用。

二 个人信息保护

个人信息也称作个人数据，[②] 是指可以用来识别或了解某个自然人的客观描述。由于这种客观描述是"可识别"的，[③] 并且是对自然人个体的描述，因此需要对其进行保护以避免自然人个体的权

[①] 《全面深化服务贸易创新发展试点总体方案》附件"全面深化服务贸易创新发展试点任务、具体举措及责任分工"第 76 项。

[②] "个人数据"与"个人信息"产生在不同的法律传统和语境下，但两个概念只是表述方式上的差异，在实践中可以相互替代使用。"个人数据"这一称谓多被欧洲国家认可，而我国以及东亚国家更倾向于用"个人信息"的称谓。

[③] 《中华人民共和国民法典》从"可识别"的角度对个人信息进行定义，即可被直接或间接"识别"出来的信息为个人信息。

利受到侵害。我国从"可识别"角度定义"个人信息",与国际通行做法基本保持一致,如欧盟的《通用数据保护条例》(GDPR)第四条对"个人数据"亦采用了"可识别"的定义方法。而美国则将"个人信息"归入已有的"个人隐私"保护范畴之中,强调个人对个人信息披露的控制权。

个人信息(数据)包含两重属性:一是附着在自然人身上的人格权利;二是附着在数据这一新型生产要素上的财产权利。围绕个人信息(数据)双重属性引申出的是个人数据流动性和个人数据人格权利隐匿性之间的冲突。[①] 一方面,数据在流动中被结合、汇聚,形成多个特定分析目的数据集,体现出分析的价值。只有加快数据流动性与自由度,释放数据生产力,才能实现数据的价值最大化。另一方面,只有充分保护个人数据隐私,才能增强自然人对个人数据使用的信任度,使得自然人更愿意提供个人数据。

为解决数字经济发展中重要的"数据隐私"法律议题,2021年8月,经过三次审议,我国正式出台了《个人信息保护法》,与个人信息保护相关的立法还包括《网络安全法》《电子商务法》《中华人民共和国民法典》《数据安全法》。《个人信息保护法》沿用了《民法典》及《网络安全法》中"识别"的标准,并统一了与个人信息保护相关的规则。

更重要的是,《个人信息保护法》明确了个人信息的收集模式与同意机制等,与《数据安全法》共同确立了我国数据收集、存储、流动的基本规则,为数字经济的安全与发展提供了坚实的基础性法律保障。《个人信息保护法》表明,法律赋予个人多项数据权利。例如,《个人信息保护法》详细规定了信息处理的告知同意规则,即"基于个人同意处理个人信息的,该同意应当由个人在充分知情的前提下自愿、明确作出。法律、行政法规规定处理个人信息应当取得个人单独同意或者书面同意的,从其规定"(第14条)。对个人敏感信息进行了界定并给予严格保护,即"处理敏感个人信

[①] 个人信息(数据)的双重属性已被多篇学术论文讨论过。例如,王利明:《论个人信息权的法律保护——以个人信息权与隐私权的界分为中心》,《现代法学》2013年第4期;龙卫球:《再论企业数据保护的财产权化路径》,《东方法学》2018年第3期。

息应当取得个人的单独同意；法律、行政法规规定处理敏感个人信息应当取得书面同意的，从其规定"（第 29 条）。规定了个人对个人信息处理享有知情权与决定权、查阅复制权、可携带权、更正补充权、删除权、解释说明权等。其中，个人信息可携带权的规定较为笼统，即"个人请求将个人信息转移至其指定的个人信息处理者，符合国家网信部门规定条件的，个人信息处理者应当提供转移的途径"（第 45 条）。虽然个人信息可携带权的行使以"符合国家网信部门规定条件"为前提，但是现阶段并未有相关具体规定，以至于在实操层面该以何种方式、何种数据格式转移个人信息数据并不明确。[①]

与此同时，《个人信息保护法》明确将侵害个人信息权益的案件纳入公益诉讼的范畴，并明确了个人信息侵权违法行为的行政处罚幅度。[②]《个人信息保护法》出台后，个人信息作为企业数据的核心内容，保护个人信息成了企业数据合规的重中之重。在《个人信息保护法》正式生效后的半年内，[③] 个人信息保护公益诉讼频出，尤其以利用手机 App 等违规收集个人信息的问题突出，涉及多个行业，部分案件信息量巨大，受害群体广泛。

《个人信息保护法》加强了我国对信息数据滥用的监管，增强了个人消费者对市场的信心。在法律监管框架下，《个人信息保护法》规范了企业在各类应用场景中收集使用个人数据的手段，从而提高了个人（消费者）对交付手中数据给予企业的信心，进一步释放个人（消费者）信息数据的价值，将促进数字经济的发展。值得一提的是，《数据安全法》和《个人信息保护法》都未解决企业数据产权归属的问题。在现有体制下，企业的"数据产品"或可作为企业"竞争性权益"得到《反不正当竞争法》的保护。然而，这种保护是被动性的，只有当侵犯到企业权益的情况下，才能行使的对

---

① 时东、杨晖：《征信业个人信息可携带权保护》，《中国金融》2022 年第 1 期。
② 详见《个人信息保护法》第七章法律责任。
③ 《个人信息保护法实施半年，各地公益诉讼如何判决？》，新浪财经，2022 年 5 月 31 日，https://finance.sina.com.cn/china/gncj/2022-05-31/doc-imizirau5853077.shtml。

抗性权利,而非赋予企业对"数据产品"的财产权。模糊的数据产权制度将极大地限制数据在企业之间的流通交易,导致大量数据无法进场交易,阻碍了健康有序的数据交易市场的建设。如何实现数据资产化,如何在保护企业对数据的财产权的前提下提高数据的交易流通,如何处理企业数据产权和个人信息保护之间的关系,这些问题都仍待解决。

三 国际数据治理

当今世界,数据治理规则主要分为三种模式:以美国为代表的"美国模式",强调数据跨境自由流动、数据存储设备非本地化、知识产权保护等,以此推动数字产品贸易自由化,以巩固美国公司在贸易领域的比较优势;以欧盟为代表的"欧盟模式",强调隐私保护和平台责任,将个人数据保护上升为宪法性权利,强化对个人数据、消费者隐私和知识产权的保护,但同时也出台了《数字贸易战略》《数字单一市场战略》等文件强化数据在欧盟区域内的自由流动;以中国为代表的"中国模式",强调数字主权和国家安全,要求数据存储设备本地化,对个人信息保护并未上升至宪法性权利,但亦规定了相对严格的个人信息保护规则。[1]

近年来,我国正积极参与数据领域相关的国际高标准贸易协定,并不断提高国际数据治理的话语权。首先,2021年9月,我国正式提出申请加入《全面与进步跨太平洋伙伴关系协定》(CPTPP),并在同年11月正式提出申请加入《数字经济伙伴关系协定》(DEPA)。CPTPP原为《跨太平洋伙伴关系协定》(TPP),最初由亚太经合组织成员发起,美国于2017年退出TPP后,改组为CPTPP,由日本、加拿大、澳大利亚、新西兰、马来西亚、新加坡、越南、文莱、墨西哥、智利以及秘鲁于2018年1月共同签署。CPTPP为综合性自由贸易协定,作为当前最高标准开放程度的CPTPP,其第14章(电子商务章节)构建起高水平的电子商务和数字贸易国际规则,引入了允许跨境传输电子信息、禁止计算设施(数据存储设施)本

---

[1] 赵龙跃、高红伟:《中国与全球数字贸易治理:基于加入DEPA的机遇与挑战》,《太平洋学报》2022年第2期。

地化、禁止强制要求公开源代码等促进数据流动的规则。

DEPA作为全球第一个专门针对数字贸易治理的制度安排，由新加坡、新西兰和智利三国发起签订，并于2021年在三国正式生效。由于DEPA发起国同为CPTPP成员国，DEPA较大限度地延续了CPTPP电子商务章节的多项促进数据流动的规则，如禁止计算设施本地化等，其对于数据开放程度的要求也相对较高。中国申请加入CPTPP以及DEPA彰显了中国推进高水平对外开放的信心和决心。

其次，2022年1月，《区域全面经济伙伴关系协定》（RCEP）正式在中国生效。RCEP为中国各行各业带来了商机，尤其是原产地累积制度，使得区域内贸易产品的关税进一步下降，为中国外贸带了新的增长。RCEP中关于数据跨境流动的规则，没有CPTPP和DEAP的规则那样严格，即RCEP允许单个国家自行确定数据本地化要求，并无禁止计算设施本地化等规则。

最后，虽然中国正积极申请加入国际高标准贸易协定，但是中国国内法律与国际数据贸易规则差别仍然较大，衔接数据领域的贸易协定有一定的难度。尤其是在数据跨境流动规则上，中国法律搭建起的"本地存储，出境评估"制度，无法满足CPTPP和DEPA对于计算设施非本地化的严格要求。这些要求既是中国加入国际高标准贸易协定的挑战，也是中国国内体制机制改革的契机。深圳作为改革开放的桥头堡，在现行国家数据安全与个人信息保护法律规则的大制度框架下，深圳可以做哪些制度改革创新，以抢抓数字经济的机遇，是值得深入探讨的问题。

第二节 深圳数据安全与个人信息保护的地方实践

一 深圳数据立法实践

2020年10月，中共中央办公厅、国务院办公厅印发了《深圳建设中国特色社会主义先行示范区综合改革试点实施方案（2020—2025年）》，明确要求深圳率先完善数据产权制度，探索数据产权保护和利用新机制，建立数据隐私保护制度及政府数据共享开放制度。在此背景下，深圳作为先行示范区，在数据法律制度层面先行先试，于 2021 年 6 月 29 日正式通过《深圳经济特区数据条例》（以下简称《条例》）。该条例涉及个人数据（信息）保护、公共数据管理与应用、数据要素市场培育等多个方面，是国内数据领域第一部综合性地方立法。《深圳经济特区数据条例》与《个人信息保护法》和《数据安全法》保持一致的前提下，细化了数据处理者在处理个人数据（信息）及保障数据安全时应遵循的要求。

具体而言，《条例》有以下重要特征：首先，《条例》率先对个人数据人格权益进行了明确规定。《条例》借鉴了欧盟《通用数据条例》的术语，使用了"个人数据"（而非"个人信息"）这一概念，将个人数据分为"敏感个人数据"和"生物识别数据"，并细化了"生物识别数据"的定义与范围。《条例》赋予了自然人与个人数据相关的合法权益，包括告知同意和撤回同意；补充、更正个人数据；查阅、复制个人数据且不得收费；删除数据；以及提供行使权利和投诉举报的处理机制，[①] 并在《个人信息保护法》的基础上，对个人数据处理、告知及获取同意的过程中的细节进行了补充。此外，《条例》第十条确立了处理个人信息数据应遵循"最小必要"原则，即"限于实现处理目的所必要的最小范围、采取对个人权益影响最小的方式，不得进行与处理目的无关的个人数据处理"，[②] 且"数据处理者不得以自然人不同意处理个人数据为由，拒绝向其提供相关核心功能或者服务"，[③] 进一步防止数据处理者对个人数据的滥用。

其次，《条例》首次明确了企业处理数据产出的"财产权益"，并且对数据交易制度进行了初次探索。《条例》第四条明确规定，"自然人、法人和非法人组织对其合法处理数据形成的数据产品和服务享有法律、行政法规及本条例规定的财产权益"。第六十七条规定，"市场主体合法处理数据形成的数据产品和服务，可以依法

---

① 《深圳经济特区数据条例》第二章。
② 《深圳经济特区数据条例》第十条第二款。
③ 《深圳经济特区数据条例》第十二条。

交易"。针对个人数据的双重属性,《条例》作了区别对待,即对自然人赋予其对个人数据的人格权益与财产权益,而对数据处理者（包括企业）仅赋予了其对数据的财产权益。另外,对于数据处理者,《条例》进一步明确了其数据财产权益的内涵,即"市场主体对合法处理数据形成的数据产品和服务,可以依法自主使用,取得收益,进行处分"。[①] 很明显,《条例》在国家法律框架下,尝试对数据产权制度进行概念构建,如数据财产权益；自主使用、取得收益、进行处分等,细化了数据财产权益的内容,使得法条更具有实践意义。

再次,作为一部综合性地方立法,《条例》对政府数据共享开放进行了先行探索。《条例》第六条规定,"市人民政府应当建立健全数据治理制度和标准体系,统筹推进个人数据保护、公共数据共享开放、数据要素市场培育及数据安全监督管理工作"。《条例》规定了公共数据应当以共享为原则,不共享为例外,将公共数据进行分类分级,分为无条件开放、有条件开放和不予开放三类,并具体界定这三类数据的公开方式。[②] 不仅如此,《条例》明确了负责推进公共数据共享开放的责任部门,即"市政务服务数据管理部门承担市公共数据专业委员会日常工作,并负责统筹全市公共数据管理工作,建立和完善公共数据资源管理体系,推进公共数据共享、开放和利用"（第三十二条）。这使得公共数据共享更具有可操作性。正如《条例》解读所述,深圳需要不断提升政府数据治理能力,推出公共数据共享开放的创新举措,不断优化深圳营商环境和提升民生服务。2022年7月,深圳市政务服务数据管理局官网发布了《深圳市数字政府和智慧城市"十四五"发展规划》,为深圳数字政府和智慧城市建设提供了清晰的规划图,提出了到2025年,率先建成数字政府,建设全面共享的数字社会。

最后,《条例》明确了大数据"杀熟"等违规参与数据要素市场活动的法律责任。为回应社会各界反映强烈的网络平台大数据"杀熟"问题,《条例》对违反市场公平竞争原则、实施侵害他人合

---

① 《深圳经济特区数据条例》第五十八条。
② 《深圳经济特区数据条例》第四十一条和第四十六条。

法权益的市场主体设定了较高惩罚，即"上一年度营业额百分之五以下罚款，最高不超过五千万元"的顶格处罚（第九十五条）。

《条例》的颁布对数据处理者（企业）提出了更为严格的数据合规要求，例如，在投资并购法律尽职调查中，需新增对企业资产的数据合规进行尽职调查，企业数据合规问题的存在与否将影响并购交易方案、估值的进行；企业上市前，可能面临需要进行数据合规整改的步骤，以满足企业上市审核要求；需要增强企业日常运营中对互联网产品研发与数据合规风险控制；企业开展外部合作时，需要对合作方数据合规情况进行调查；开拓境外市场时，在向境外提供数据前需要事先开展数据出境风险自我评估等。随着新法律的出台，企业数据合规的应用场景也将随之拓展。

二 深圳数据安全保障的现状

《条例》的颁布为深圳数据安全提供了体制机制保障。《条例》在国家《数据安全法》的基础上，细化了《数据安全法》中对数据处理者的数据安全责任要求，以及强化了对敏感个人数据和重要数据的安全管理责任。为了维护国家安全，我国对数据出境实施严格的监管和审查，最新出台的《数据出境安全评估办法》要求数据处理者在向境外提供数据前应事先开展数据出境风险自我评估。

深圳拥有众多分布在信息传输业与科学技术服务业的科技型企业，2011年至今，深圳信息传输业企业注册量每年平均增加5330家，并有118家从事信息技术行业的A股上市公司，[1]深圳早已拥有庞大的数据生产要素，不断拉动深圳生产总值的增长。因此，保障数据安全对于深圳数字经济高质量发展非常重要。

在此背景下，2022年3月，工信部印发通知，部署做好工业领域数据安全管理试点工作，明确在辽宁等15个省（自治区、直辖市）及计划单列市开展试点工作，深圳市作为唯一一个计划单列市

---

[1] 潘敬文：《深圳这些科技企业，牛！》，《信息时报》2022年10月14日。

纳入试点范围。① 深圳市工业和信息化局选出了 15 家优质工业企业作为试点单位,重点推进四项试点内容,包括在工业领域落实数据安全管理、开展数据安全防护、推动数据安全评估、推广数据安全产品应用。深圳正积极推动数据安全试点示范项目的落地实施,大力发动企业开展数据安全评估检查,以建立工业领域数据安全管理体系。

在数据跨境传输方面,深圳也迎来了新的突破。2022 年 5 月,全国首批跨境数据交易产品在深圳诞生。在数据跨境交易前,作为数据交易所运营主体的深圳数据交易有限公司对交易数据进行了质量合规审核认证,确保公司所采集的数据均为互联网已面向公众公开的资讯信息,并通过聘请第三方服务机构对交易数据进行合规评估,才得以完成交易。审核认证的内容包括交易数据的境外接收方处理数据的目的、范围、方式等的合法性、正当性、必要性等方面。这一跨境数据交易的达成,还有赖于深圳数据交易有限公司与香港生产力促进局签订的"跨境数据流通试点合作框架协议",不断推进包括金融、电商、互联网、医疗行业在内的跨境数据交易。

三 深圳个人信息保护的现状

在个人信息保护领域,深圳也取得了一定的进展。国家层面《个人信息保护法》以及《条例》,均对数据处理者(企业)处理个人信息数据提出了严格的合规责任要求。为切实落实企业的个人信息保护工作,2021 年 10 月,腾讯、华为等二十多家深圳重点 App 运营企业签署了《深圳市 APP 个人信息保护自律承诺书》,向社会公开作出"不超范围采集信息,不强制索要用户授权,不利用大数据杀熟、不滥用人脸识别数据,不监听个人隐私"等承诺。② 签署承诺书的头部企业将带头落实企业保护个人信息的责任,并发挥行业表率作用,建立个人信息保护合规体系,确保个人用户安心

---

① 《国家试点!深圳发力工业领域数据安全管理》,深圳市工业和信息化局,2022 年 3 月 2 日,http://gxj.sz.gov.cn/gkmlpt/content/9/9599/post_9599328.html#3114。

② 韩文嘉:《保护个人信息安全 20 余家重点 APP 运营企业签署了这份承诺书!》,《深圳特区报》2021 年 10 月 22 日。

下载使用 App 及其提供的服务。货拉拉作为重点 App 运营企业代表参与大会，并表明货拉拉公司内部已成立信息安全委员会，负责对企业业务进行周期性评估，确保企业在收集使用个人信息数据时，符合法律法规及行业规范。① 深圳通过 App 运营企业的行业自律，引导企业自觉遵守个人信息保护法律法规，将有助于增进企业与用户的互信，有益于深圳数字经济的高质量发展。

此外，深圳诞生了广东省首个适用《个人信息保护法》的案例。2022 年 2 月，广东省高级人民法院发布 2021 年度全省法院涉互联网十大案例，王某与深圳市腾讯计算机系统有限公司个人信息保护纠纷案成功入选。该案中，王某使用微信账号登录腾讯公司运营的"微视"App，但在"微视"未告知也未获得王某授权下，以强制授权方式，收集和使用王某微信的个人信息和全部微信好友信息。一审南山区人民法院，判决腾讯公司停止侵权并赔偿维权合理支出 1 万元。其后王某上诉，腾讯公司则在二审期间及时更新其 App 版本，并且让用户可以选择微信账号登录"微视"时不再收集个人信息，其后台数据也未保留用户微信好友关系。由于被告公司主动停止并纠正了侵权行为，深圳市中级人民法院最终判决腾讯公司支付王某参与诉讼合理费用 1 万元。此案虽然赔偿不多，但是通过公开判决，王某案例对 App 运营企业起到了警示、督促其合法正当地使用和处理个人信息的作用。本案厘清了 App 运营企业使用个人信息的界限，规范了平台的行为，对促进数字经济健康有序发展具有积极意义。②

---

① 钟经文：《加强个人信息保护常态化，货拉拉签署〈深圳市 APP 个人信息保护自律承诺书〉》，东方网，2021 年 10 月 23 日，https://caijing.chinadaily.com.cn/a/202110/23/WS6173d057a3107be4979f44e5.html。

② 吴静怡、方晓泽：《广东高院发布 2021 年度全省法院涉互联网十大案例，这些案例入选》，广东省高院，2022 年 4 月 12 日，https：//www.12377.cn/jsal/2022/fc511199_web.html。

第三节 深圳数据安全与个人信息保护的政策建议

深圳作为高新技术企业的集聚地，不仅拥有庞大的数据产业，更拥有完备的制造业产业链，而传统制造业企业在数字化升级改造过程中，同样需要遵循数据流通与数据保护规则。作为社会主义先行示范区，深圳的数据立法、行业自律以及数据保护司法案例，都将对全国数据领域的体制机制建立产生指导。反之，在数据领域中全国还没有解决的重要法律问题，亦可率先在深圳作试点，率先进行数据领域体制机制改革创新，对未来我国数字市场构建及数字经济发展都具有重要的借鉴意义。据此，笔者认为深圳在数据安全和个人数据保护之上，可以发挥深圳临近香港的区位优势以及作为社会主义先行示范区和粤港澳大湾区核心引擎城市的政策优势，率先进行以下四个制度探索。

一 发挥深港合作优势，促进深港数据跨境

深圳和香港作为粤港澳大湾区的重要站点和两种法律体系的代表地，如何衔接两地跨境数据治理规则、保障数据安全高效地跨境流动，是深圳建设粤港澳大湾区大数据中心，实现粤港澳大湾区内部数据互联互通，推动区域数字经济发展的关键。同时深圳作为全国制度创新的高地，推动深港建立跨境数据流通机制，既是在助力香港融入内地数字经济发展浪潮，也为我国对标国际高标准数据规则、加速数字经济全球化提供实践经验。

笔者调研得知，金融机构对于数据跨境有强烈需求。银行在宣传业务和产品过程中，通常会需要获取客户相关的个人信息，银行若进行跨境产品宣传，则会涉及携带客户个人数据过境的问题。现阶段，深港两地未能实现数据自由过境与数据互联互通。两地个人数据处理与信息交流仍然处于相对隔离的状态，这将限制香港银行对大湾区内地企业和个人客户提供便利服务。

目前深港两地在数据和隐私保护规则上仍存在较大差异。香港

早于 1995 年便参考 OECD《隐私保障指引》和欧盟《数据保护指令》制定《个人资料（隐私）条例》，并于 1996 年实施。香港《个人资料（隐私）条例》对个人数据提供法律保障，并设置隐私专员，负责针对任何可能违反《个人资料（私隐）条例》的行为相关的投诉开展调查。但是，香港在数据保护规则方面覆盖不够全面，当前相关法律仅停留在个人数据隐私保护层面，且规则标准相对落后。虽然《个人资料（私隐）条例》第 33 条对跨境数据转移进行了规范，即"禁止资料使用者将个人资料转移到香港以外的地方，除非符合条例列明的例外情况"，但是出于企业对数据合规成本的担忧，第 33 条一直以来都未生效，因此现阶段将个人资料输出香港并无任何限制。香港的《个人资料（私隐）条例》主要侧重于个人资料的收集和使用安全问题，该条例在 2012 年进行修订，重点关注在有关使用个人资料作直接促销的规则，并未对资料外泄、资料保留、数据跨境传输方面作出规范。在 2021 年，《个人资料（私隐）条例》进行了另一次主要的修订，旨在打击侵犯个人资料私隐的"起底"行为，将"起底"行为列为刑事罪行，赋予个人资料私隐专员法定权力发出停止披露通知，要求停止或限制披露涉及"起底"内容。此次修订，仍未关注数据跨境传输的安全问题。虽然《个人资料（私隐）》条例第 33 条尚未生效，但是对于境外传输到香港的个人资料（个人数据），各方仍可通过合同条款约定对数据传输跨境进行限制。香港隐私专员公署于 2014 年 12 月公布了《保障个人资料：跨境资料转移指引》（以下简称《指引》），鼓励资料使用者（数据控制者）通过《指引》建议的方式保护个人信息，履行企业的管理责任。[①] 可见香港特别行政区政府正尝试规范个人数据的跨境传输，为保护个人数据而尝试对个人数据跨境传输作出一定的限制和企业合规要求。

相比较之下，内地对于数据跨境传输的规定要严格很多。内地在 2012 年全国人大《关于加强网络信息保护的决定》后开始推动建立中国个人信息保护规则。此后，《网络安全法》《数据安全法》

[①]《保障个人资料：跨境资料转移指引》，https：//www.pcpd.org.hk/tc_chi/resources_centre/publications/guidance/files/GN_crossborder_c.pdf。

《个人信息保护法》《数据出境安全评估办法》共同搭建起了中国内地数据跨境流动"本地存储，出境评估"制度。中国内地对数据跨境流动需要进行严格的出境评估，这其中也包括对流向中国香港的数据进行出境评估。由此可见，香港的数据跨境传输规则具有更高开放性，推动深港数据跨境需要更加聚焦在确保数据安全的情况下，逐步放开数据由深圳向香港进行跨境传输的规则。

值得一提的是，深圳在 2020 年 7 月第一次公开征求《深圳经济特区数据条例（征求意见稿）》意见时，专设一节"第四节 建立深港澳地区数据融通机制"，提出建立深港澳数据融通委员会（以下简称"委员会"），由深港澳各地区数据安全监管机构负责人和国家数据安全监管机构负责人或代表人组成，负责制定《深港澳数据融通规则》（以下简称《融通规则》）及委员会议事规则。[①] 这一构想并未在最终公布的条例中保留。

如前文所述，在深圳数据交易有限公司与香港生产力促进局签订"跨境数据流通试点合作框架协议"的基础上，深港已成功进行了首批数据跨境交易。笔者建议，可考虑重启这一融通机制的构想，发挥深港合作的优势，让数据自由跨境率先在香港实现。下一步可考虑逐步开放金融数据的跨境传输，尤其开放在金融机构境外母公司与境内子公司之间进行数据传输，以满足深港两地金融机构发展跨境业务的需求，促进深圳数字经济的高质量发展。

二 厘清数据产权权属，推动深圳数据交易发展

为促进深圳数据市场交易的有序进行，笔者建议深圳应加快对数据产权的确权方面的立法，厘清相关交易主体的责任。根据前文的分析，《深圳经济特区数据条例》已率先通过第四条，认可了企业对"其合法处理数据形成的数据产品和服务享有财产权益"。其中，财产权益指的是企业对数据资产自主使用、取得收益、进行处分等。

首先，深圳应该加快对数据的资产化处理，打造可以正确衡量

[①] 《深圳经济特区数据条例（征求意见稿）》，深圳市司法局，2020 年 7 月 15 日，http://sf.sz.gov.cn/hdjlpt/yjzj/answer/5748。

数据生产要素价值的核算体系，使得数据具备可控、可量和可收益的特征。数据具有无体性，不占据物理空间的同时，更难以通过传统的物权法进行确权。[①] 数据在形态上更接近知识产权，然而与知识产权不同的是，数据要素的高流动性让产权归属主体判定更为多元化。因此，只有将数据正确地资产化，根据数据处理者和创造者对数据生产的投入正确地评估其价值，才能促进数据在市场上的交易。

其次，深圳数据产权制度的构建，应区分普通数据与附有可识别个人信息的个人数据，并确保个人数据去标识化后，才对其进行资产化操作。数据的双重属性决定了数据产权的界定，需要在确保个人信息得到充分保护的前提下进行。企业收集的数据包括可识别个人信息的个人数据。只有满足《个人信息保护法》要求收集和获取的个人信息数据，才可以进行资产化操作。只有在确保个人数据的人格权利的基础上，才可以谈个人数据的财产权利的保护。

最后，深圳数据产权制度的构建，应提升数据处理者的数据管理能力，在确保数据安全的前提下进行。数据的流通性决定了数据需要在流通中产生价值。将数据分配给哪些主体，前提是要保证数据安全，尤其是涉及公共安全和国家安全的数据，需要确保其传播、管理、保护、监管、调控掌握在适当的主体手中。

三　衔接国际数据规则，支持深圳企业开拓国际市场

中国已经申请加入《全面与进步跨太平洋伙伴关系协定》（CPTPP）与《数字经济伙伴关系协定》（DEPA），二者均为高标准国际经贸协定，其数据治理规则均强调了数据跨境自由流动。2020年深圳数字经济产业规模持续扩大，企业竞争力位居全国前列，并培育了华为、中兴通讯、腾讯、平安科技等一批具有核心竞争力的数字经济生态主导型企业，在国际市场上也有一定的竞争优势。为支持深圳企业积极地走出去，深圳可率先衔接国际数据规则，助推我国成功申请加入国际数据贸易协定。例如，深圳可从法律差异较

---

① 郑佳宁：《数据信息财产法律属性探究》，《东方法学》2021年第5期。

小的规则领域入手进行衔接，如 DEPA 协定模块 10 小企业合作，第 10.2 条要求"缔约国与其他缔约国合作，通过交换信息和分享最佳实践，利用数字工具和技术帮助中小企业获得资本和信贷，以及帮助中小企业获得政府采购机会及适应数字经济发展"。这一模块体现了政府帮助中小企业技术创新与合作特征，具有非常强的实质意义，符合未来深圳创新经济发展与转型的趋势。深圳可率先借鉴 DEPA 协定规则，制定帮助中小企业适应数字经济发展的体制机制，创造适合科技型中小企业发展的营商环境，助推中小企业稳步发展。

　　DEPA 模块 8 中关于"采用道德规范的'AI 治理框架'"等规则，国内尚未出台专门的法律法规，对接 DEPA 可促进国内在 AI 领域立法，以适应数字贸易发展需求。深圳可率先探索 AI 领域的规则制定，为国内日后出台相关法律法规提供经验借鉴。此外，在差异较大的领域，如 DEPA 模块 4 "数据问题"，深圳可推进构建深港数据跨境流动机制，进一步探索在其他国家地区数据的跨境流动机制，如借鉴上海经验，对不同数据进行分类分级，制定"低风险跨境流动数据目录"，在确保数据安全的范围内，实现在特定区域内低风险跨境数据的自由流动。

第八章　数字经济发展的国内对比

进入中国特色社会主义新时代，深圳充分依托自身推进粤港澳大湾区、中国特色社会主义先行示范区"双区"建设和经济特区的区位优势，持续优化数字经济发展环境和政策法规支持规范体系，深入推进数字化转型和数字基础设施建设，培育出了高质量的、具有核心竞争力的数字经济产业和一批代表性数字经济、高新技术企业，取得了数字经济发展的丰硕成果。

对比广东与部分其他省份、深圳与部分其他城市的数字经济发展状况，是为进一步推动深圳数字经济高质量发展提供借鉴的有效途径。本书选择了12个其他省份和12个其他城市分别与广东和深圳进行数字经济发展上的对比。选择的对比对象（包括广东和深圳），不仅涵盖我国全部7个地理分区，还包含京津冀协同发展、长江三角洲区域一体化发展、粤港澳大湾区建设、长江经济带发展、黄河流域生态保护和高质量发展等一系列国家重大战略的实施区域以及全部6个国家数字经济创新发展试验区，从而有效保证了研究的全面性和准确性。相比于其他研究，这也是具有显著创新性的一点。

通过对比广东与其他省份、深圳与其他城市在数字经济发展的政策规划、产业体系等领域的发展状况，较为深入地总结了相关省际和市际数字经济发展的差异，并形成了相应的对深圳在数字经济发展上的政策建议。

第一节　广东与其他部分省份的对比

在中国的行政体系下，省级行政区作为行政级别最高的地方人民政府，贯彻落实中央要求对管辖地区的经济社会发展进行引导和管理。一省份内各地区的经济、文化和社会建设等往往具有较强的关联性和一定的相似性，在经济发展的各个领域，设市省份的副省级市、地级市等各级别行政区的发展规划均要在一定程度上与所在省份的省域发展规划保持协调一致。因此，对比深圳所在的广东与部分其他省份在数字经济领域的发展状况和发展规划，对进一步对比深圳与其他城市的数字经济发展具有良好的借鉴意义。

2019年10月20日，在国家数字经济创新发展试验区启动会上，广东省、浙江省、河北省（雄安新区）、福建省、重庆市、四川省被授牌为"国家数字经济创新发展试验区"。[1]《国家数字经济创新发展试验区实施方案》对广东作出了"依托粤港澳大湾区国际科技创新中心等主要载体，加强规则对接，重点探索数字经济创新要素高效配置机制，有力支撑粤港澳大湾区建设"的高度定位，[2]体现出粤港澳大湾区建设背景下广东在数字科技创新、数字规则研究和制定、数字创新要素流动配置等方面的重要作用。

为推动包括国家数字经济创新发展试验区建设在内的一系列数字经济发展重点工作，广东依据中央指示精神出台了一系列省级数字经济发展规划，其中较有代表性的有《广东省建设国家数字经济创新发展试验区工作方案》《广东省数字经济促进条例》等。根据《广东省建设国家数字经济创新发展试验区工作方案》，广东将力争实现"通过3年左右的探索实践，国家数字经济创新发展试验区建设取得明显成效，把粤港澳大湾区打造成为全球数字经济发展高地"的总体目标和"数字经济发展规模继续领先全国，到2022年，全省数字经济增加值力争突破6万亿元，占GDP比重超过50%"等一系列具体目标。[3] 这些目标既契合了《国家数字经济创新发展试验区实施方案》对广东作出的重要定位，也与粤港澳大湾区建设

---

[1]《国家数字经济创新发展试验区启动会20日在乌镇举行》，央广网，2019年10月20日，http://news.cnr.cn/dj/20191020/t20191020_524823288.shtml。

[2] 陈靖斌：《数字经济成广东驱动高质量发展新引擎》，《中国经营报》2022年5月9日第B10版。

[3]《广东省建设国家数字经济创新发展试验区工作方案》，广东省人民政府，2020年11月28日，http://www.gd.gov.cn/xxts/content/post_3137642.html。

背景下形成强大的区域科技创新能力、打造"广州—深圳—香港—澳门"科技创新走廊相适应。

表 8-1 广东建设国家数字经济创新发展试验区的重点任务

任务	具体内容
建设数字经济新型基础设施全国标杆	加速形成高速、泛在、融合的基础网络设施;打造协同高效的计算存储设施集群;推动传统基础设施数字化、智能化升级
率先形成数据要素高效配置机制	培育建立数据要素市场;积极推动公共数据资源开发利用;推进政府数据开放共享;打造数据要素流通顺畅的数字大湾区
打造数字经济创新高地	构建高水平创新基础设施体系;加强重点领域核心技术攻关;加快建设人工智能、区块链等新一代通用信息技术生态体系;提升关键基础产业发展水平;促进平台经济规范健康发展
特色引领推动重点领域数字化转型	强化智能制造高端供给;推动制造业数字化转型;打造以智能网联汽车为核心的新一代汽车产业生态;打造国家数字创意产业集群;积极推进智慧金融发展
高质量推动"智慧广东"建设	加快推动"数字政府"改革建设;打造大湾区新型智慧城市群;建设数字乡村智慧农业;突出发展智慧医疗;大力发展智慧教育
打造数字经济开放合作先导示范区	促进创新要素国际高效流动;进一步壮大数字贸易;打造数字丝绸之路核心枢纽

资料来源:《广东省建设国家数字经济创新发展试验区工作方案》,广东省人民政府官方网站,2020 年 11 月 28 日,http://www.gd.gov.cn/xxts/content/post_3137642.html。

另外,《广东省建设国家数字经济创新发展试验区工作方案》也对广东各主要城市在数字经济发展中的定位进行了划分,广州、深圳和珠海三市被列为"人工智能创新发展重点区",将依托和打造广州人工智能与数字经济试验区、深圳高新区深圳湾片区和南山园区、深港科技创新合作区、华为珠海人工智能创新中心等一系列高层次平台推进人工智能领域科技创新和产业完善；汕头、佛山、惠州、东莞、中山五市被列为"推动制造业数字化转型试点"，将依托和打造一系列相关产业平台推动5G应用、工业互联网等产业数字化应用。[①]

《广东省建设国家数字经济创新发展试验区工作方案》作为当前广东打造国家数字经济创新发展试验区的纲领性指导文件，是广东在全面有机结合广东数字经济发展实际的基础上，根据国家和区域发展要求推出的较为完善的发展规划。其充分体现了当前广东在数字经济发展领域的优势、特点和需求，如在产业发展领域，其提出的"打造以智能网联汽车为核心的新一代汽车产业生态"即充分显现了当前广州、深圳等城市在智能网联汽车领域取得的发展成果，智慧金融的发展方向也契合当前粤港澳大湾区建设金融互联互通、深圳建设中国特色社会主义先行示范区进行金融科技创新的需求。同时，依托《广东省数字经济促进条例》等地方性法律法规的出台，广东发展数字经济的制度建设水平正稳步上升，在全国范围内处于较为领先的水平。

为充分对比广东与其他省份在数字经济发展上的异同，体现数字经济发展的"广东特色"，本书选择了其他12个省份与广东进行对比。12个省份划分为三类，分别为京津冀、环渤海地区省份及其邻近省份，长江三角洲地区省份及其邻近省份，长江经济带上游地区省份及粤港澳大湾区邻近省份。选择的12个省份不仅全面覆盖了我国华北、华东、华南地区等全部七大地理分区，更覆盖了京津冀协同发展、长江三角洲区域一体化发展、长江经济带发展、黄河流域生态保护和高质量发展等一系列国家重大战略区域，具有非常显著的代表性。

一 与京津冀、环渤海地区省份及其邻近省份的对比

京津冀协同发展是我国重要的国家战略之一，涵盖首都北京和

[①] 《广东省建设国家数字经济创新发展试验区工作方案》，广东省人民政府，2020年11月28日，http://www.gd.gov.cn/xxts/content/post_3137642.html。

天津、河北两大环渤海沿岸省级行政区，拥有国家级新区——雄安新区。近年来，随着京津冀协同发展不断取得重要成果、影响力持续向外延伸，围绕京津冀协同发展、黄河流域生态保护和高质量发展、环渤海地区相互融合适应、加深彼此合作的发展趋势日益显现。

2016年4月，中共中央、国务院发布《关于全面振兴东北地区等老工业基地的若干意见》，明确提及"支持辽宁西部地区加快发展，打造对接京津冀协同发展战略的先行区。加强与环渤海地区的经济联系，积极推进东北地区与山东半岛经济区互动合作"。[①] 作为对新发展需求的积极响应，两地布局了沈抚改革创新示范区、中国—上合组织地方经贸合作示范区等一系列中央和国家部委批复的重要平台，正积极融入京津冀协同发展大局之中。

作为京津冀、环渤海地区的邻近行政区，陕西是我国西北地区的重要省份，与山东共同在黄河流域生态保护和高质量发展中扮演重要角色，在所在区域内具有较显著的代表性和影响力，与京津冀、环渤海地区省份存在一定的发展关联性。综合考虑，本书选择将广东与山东、河北、陕西、辽宁的数字经济发展情况进行对比。

（一）与山东的对比

作为京津冀和环渤海地区经济总量最高、全国范围内工业门类最齐全的省份，山东的数字经济发展在近年来同样取得了长足进步。2021年7月，山东省发布的《山东省"十四五"数字强省建设规划》指出，山东数字经济总量突破3万亿元，占地区生产总值的比重达到41%，5G网络、国家超级计算济南中心、青岛海洋超算中心等一系列基础设施建设取得重要进展，济南的浪潮集团、青岛的海尔集团和海信集团、潍坊的歌尔股份等一批知名企业在软件业、电子信息制造业、高端虚拟现实产品行业及其他多个数字经济领域的发展居于全国乃至全球前列，并在产业数字化、数字治理、

---

① 《中共中央 国务院关于全面振兴东北地区等老工业基地的若干意见》，《中华人民共和国国务院公报》2016年第13期。

发展环境配套等领域均实现快速发展。①

表 8-2　　"十四五"时期山东数字强省发展目标

目标	主要内容
总体目标	到 2025 年，数字强省建设实现重大突破，以数字化转型整体驱动生产方式、生活方式和治理方式变革取得显著成效，数字经济与实体经济深度融合发展，数字基础设施、数字政府、数字社会建设成效大幅提升，整体工作始终处在全国"第一方阵"
数字基础设施实现走在前列	"双千兆"网络覆盖全省所有城区和乡镇，存算一体、边云协同的算力基础设施体系构建完成，亿级物联感知节点加快部署，交通、水利、能源、市政等融合基础设施建设水平国内领先，构建起泛在连接、高效协同、全域感知、智能融合、安全可信的数字基础设施体系，打造全国信息基础设施先行区和融合基础设施示范区
数字科技创新实现走在前列	突破一批关键数字技术，数字科技基础研究和前沿研究水平大幅提高，取得一批前瞻性、原创性重大成果；高端服务器、高效网络存储方面技术优势不断巩固，实现引领性数字技术攻关；打造一批数字化领域重点实验室、创新中心、技术转移中心，充分发挥科技创新对经济社会数字化转型发展的支撑带动作用
数字经济发展实现走在前列	数字产业化竞争力显著提升，形成具有国际竞争力的数字产业集群；实现第一、第二、第三产业重点行业领域数字化改造全覆盖，高水平建成山东半岛工业互联网示范区，规模以上工业企业智能化改造覆盖面达到 90% 以上，打造具有全球重要影响力的产业数字化创新发展策源地；全省数字经济总量年均增幅达到 11%，数字经济核心产业增加值占地区生产总值的比重力争超过 10%，建成全国数字经济发展示范区

---

① 《山东省人民政府关于印发山东省"十四五"数字强省建设规划的通知》，山东省人民政府官方网站，2021 年 8 月 25 日，http：//www.shandong.gov.cn/art/2021/8/25/art_100619_39013.html? from = singlemessage。

续表

目标	主要内容
数字政府建设实现走在前列	全省统一的"云、网、数、用"体系不断完善,全面建成数字机关,企业和群众找政府办事线上只进一网、线下只进一窗,省级及以下政府部门出具的实体证照证明"免提交",基本建成整体、泛在、高效、透明的数字政府,打造一流数字化营商环境,成为全国公共服务和政府治理示范区
数字社会构建实现走在前列	城乡数字化均衡发展,所有设区市和60%的县(市、区)建成四星级以上新型智慧城市,力争打造3个以上的五星级标杆城市,数字乡村建设取得重大进展,高质量打造乡村振兴齐鲁样板;建成全生命周期数字化惠民服务体系,数字化高品质生活走进千家万户,全民数字素养大幅提升,群众的获得感、幸福感、安全感显著增强
数字生态打造实现走在前列	数字强省建设推进机制不断完善,形成共建共享、科学高效的数字强省建设运营模式;构建起科学完备的数字化发展政策法规体系,推出一批引领全国的标准规范,安全保障和风险防范能力显著增强;数据资源供给水平位居全国前列,数据要素市场化配置改革取得重大进展;开放包容、富有活力的数字化发展环境不断优化,成为大数据赋能创新创业示范省

资料来源:《山东省人民政府关于印发山东省"十四五"数字强省建设规划的通知》,山东省人民政府官方网站,2021年8月25日,http://www.shandong.gov.cn/art/2021/8/25/art_100619_39013.html?from=singlemessage。

山东在数字经济和数字治理发展上,结合自身实际进行了富有意义的创新。山东作为我国重要的农业大省,近年来集中力量高质量打造乡村振兴齐鲁样板,不断推动数字乡村建设和数字农业发展。2021年4月,中国共产党山东省委网络安全和信息化委员会办公室(山东省互联网信息办公室)官方微信公众号"网信山东"发布文章《关于对山东省数字乡村试点名单的公示》,公布山东省数字乡村试点名单，21个县（市、区）和36个乡镇（街道）入围，涵盖山东全部16个省辖副省级市和地级市；① 2022年5月，全国首个预制菜产业互联网平台"快肴网"在潍坊高新技术产业开发区上线发布。② 山东未来在农业农村领域的数字建设具有广阔空间，这值得包括广东在内的全国各地区借鉴参考。此外，山东还充分结合地区发展实际，出台《山东省大数据发展促进条例》，从法律法规层面为本地区数字经济发展保驾护航。

与广东相比，尽管山东的浪潮集团、歌尔股份等企业在数字经济细分行业拥有非常重要的市场地位，但数字经济"多点开花"式的发展体系尚未完全形成，一些利润高的技术密集型数字经济行业发展进程相对比较缓慢，传统农业和工业制造业的数字化程度有待提升；另外，在数字技术科研上，山东的高校相关学科发展水平、高水平特别是"双一流"院校数量、相关领域高水平科技创新平台建设等领域与广东存在差距。这些差异的存在，一定程度上也为未来扩大两地间数字经济领域合作创造了条件。

（二）与河北的对比

尽管河北省（雄安新区）是6个国家数字经济创新发展试验区之一，但当前河北数字经济发展水平不仅与其他国家数字经济创新发展试验区存在差距，在全国范围内也处于相对较为劣势的位置。2020年，河北数字经济产业增加值占地区生产总值的比重达到33.4%。虽然这一比值相对而言比较可观，但仅为1.2万亿元以上的增加值数额充分反映了河北目前数字经济发展的水平较低。③ 此外根据河北省人民政府印发的《河北省数字经济发展规划（2020—

---

① 《关于对山东省数字乡村试点名单的公示》，中国共产党山东省委网络安全和信息化委员会办公室（山东省互联网信息办公室）官方微信公众号"网信山东"，2021年4月23日，https://mp.weixin.qq.com/s/ZETSpsdlFVAGEfJa6UFWGA。

② 邱磊：《全国首个预制菜产业互联网平台"快肴网"正式上线》，《走向世界》2022年第22期。

③ 米彦泽：《高质量发展数字经济，河北如何发力》，《河北日报》2022年7月15日第5版。

2025年)》，2018年河北"数字经济核心产业增加值711亿元，GDP的2.18%。特别是电子信息产业发展滞后"，① 充分说明了当前河北数字经济发展质量较低和核心竞争力较差。

为尽快扭转数字经济领域发展的不利局面，河北制定了详细的数字经济发展规划，并出台了与广东类似的地方性法规《河北省数字经济促进条例》。在河北的发展规划中，雄安新区被放在了突出位置。作为具有重大战略意义的新时代国家级新区，雄安新区的设立将为河北带来包含数字经济在内各领域各行业的新的强劲发展动力。在被确立为国家数字经济创新发展试验区后，雄安新区的数字经济发展更具活力，将为京津冀协同发展下河北数字经济高质量发展创造有利条件。

表8-3　　　　　　2020—2025年河北数字经济发展目标

目标	主要内容
总体目标（2022年，下同）	到2022年，大数据创新应用体系基本形成，制造业数字化转型取得突破性进展，农业、服务业数字化水平显著提升，信息化公共服务能力明显提高，建成一批包容性强、适应性广、政策环境优的数字场景应用市场，基本形成以大数据产业、制造业数字化、服务业数字化、电子信息产业为支撑的数字经济发展格局
数据资源体系基本完善	数据中心的布局和建设进一步优化，张家口成为我国规模最大、设施先进的数据产业基地。各领域数据资源有效汇聚，跨层级、跨部门的数据资源共享机制全面形成，建设大数据交易中心，数据确权、定价、交易等机制初步建立，大数据产业成为驱动经济社会发展新动能

---

① 《河北省人民政府关于印发河北省数字经济发展规划（2020—2025年）的通知》，河北省人民政府官方网站，2020年4月19日，http://www.hebei.gov.cn/hebei/14462058/14462085/14471257/14471254/15009913/index.html。

续表

目标	主要内容
产业数字化转型成效显著	两化融合指数达到88，工业互联网平台达到130家，形成在全国具有较强竞争力的工业互联网网络基础和产业体系，钢铁、石化、汽车制造等行业的重点企业基本完成数字化改造，打造一批县域特色产业集群数字化升级典范。智慧农业、智慧物流、智慧交通、电子商务等发展水平步入全国先进行列，网络零售额突破3700亿元
电子信息产业支撑力增强	电子信息产业主营业务收入突破3000亿元，其中软件与信息技术服务业实现跨越式发展，在大数据、软件及服务、半导体器件、新型显示等领域形成局部优势；培育一批有影响力的龙头企业和产业集群，高新技术企业达到1400家，对全省各行业数字化转型支撑作用显著提升
重点区域带动作用显著	雄安新区完成数字经济创新发展试验区建设任务，成为全国数字经济发展新标杆；新型智慧城市建设全面升级，涌现一批五星级试点城市；"智慧冬奥"完美展现，数字技术带动冰雪产业快速发展；石家庄正定、张家口怀来等数字经济产业园初具规模，成为全省数字经济发展的新高地
数字基础设施达到国内先进水平	基本建成高速宽带、无缝覆盖、智能适配的新一代信息网络，互联网普及率达到70%、宽带接入用户普及率达到99%、5G基站数量达到7万个。智能传感设施"云—边—端"模式基本覆盖交通、电力、城市建设等领域
总体目标（2025年）	全省数字技术融合创新及信息产业支撑能力显著增强，电子信息产业主营业务收入突破5000亿元；产业数字化进入全面扩张期，两化融合指数达到94，全员劳动生产率达到11万元/人年以上，共享经济、平台经济等新模式、新业态蓬勃发展，具有较强创新力、竞争力的龙头企业大量涌现。基本建成全国的数字产业化发展新兴区、制造业数字化转型示范区、服务业融合发展先行区。雄安新区成为我国信息智能产业创新中心和数字经济创新发展引领区

资料来源：《河北省人民政府关于印发河北省数字经济发展规划（2020—2025年）的通知》，河北省人民政府官方网站，2020年4月19日，http：//www.hebei.gov.cn/hebei/14462058/14462085/14471257/14471254/15009913/index.html。

2022年7月举行的第五届数字中国建设峰会数字经济分论坛上，雄安新区管理委员会相关负责人介绍了雄安新区打造国家数字经济创新发展试验区的实施情况，指出雄安新区已实现了政务系统在"雄安云"上的统一、5G网络全域连续覆盖等一系列数字经济发展和数字城市建设的重要进展。[①] 作为推动京津冀协同发展的重要引擎，雄安新区集聚和整合先进发展资源的潜力非常显著，未来将成为河北乃至整个京津冀地区数字经济发展的核心动力之一。

尽管与广东等数字经济相对发达的省份相比，河北目前的数字经济发展情况处于多领域乃至全面落后的尴尬局面，但在京津冀协同发展大背景下，雄安新区建设国家数字经济创新发展试验区进程加快，河北自身在数字经济产业、数字基础设施等领域的持续发力，河北数字经济的发展质量势必将提升到更高水平，其对区域经济发展的推动作用也将逐步显现。

（三）与陕西的对比

一段时间内，中国西部地区受限于地理位置、产业基础等一系列因素，经济发展水平落后于东部地区。进入21世纪后，通过实施西部大开发战略，并依托"一带一路"倡议等发展机遇，西部地区的经济发展和社会建设取得令人瞩目的显著进步，数字经济等新业态迅速发展。陕西作为我国西北地区总体发展水平较高的省份之一，也持续发力数字经济，提出了"打造西部数字经济产业发展高地"的目标。[②]

为推动数字经济的高质量发展，陕西省发布《陕西省"十四五"数字经济发展规划》和《陕西省加快推进数字经济产业发展实施方案（2021—2025年）》等政策文件，为未来数年陕西数字经济发展方向、目标和重点任务进行了详细规划，明确了下一步陕西数字经济发展的发力点、落脚点，体现出了一定的地方发展特色。

[①] 《6大国家数字经济创新发展试验区共议数字化转型新路径》，人民网，2022年7月24日，http://fj.people.com.cn/n2/2022/0724/c181466-40051341.html。

[②] 郭倩：《激发新动能 多地发力数字经济》，《经济参考报》，2022年6月23日第6版。

表8-4　"十四五"时期陕西数字经济产业发展重点任务

重点任务	主要内容
加强数字技术创新应用	加强关键数字技术研究。依托秦创原创新驱动平台和高校、科研院所创新资源，运用完善"揭榜挂帅"科研攻关机制，集中攻克新型大带宽信号处理、大容量存储器设计、高端数控系统、三维设计、机械加工工艺仿真分析软件等一批关键核心数字技术，前瞻布局第六代移动通信（6G）、太赫兹通信、类脑计算、神经芯片等前沿技术 加快数字技术赋能应用。深入推进大数据、人工智能、物联网等数字技术在文旅、农业、物流、电商、金融、康养等领域的融合应用，开发一批数字技术应用行业解决方案。积极开展智慧文旅、智慧农业、智慧物流、智慧养老等数字技术创新应用试点，分领域分区域打造一批行业应用样板
壮大数字产品制造业	深入实施重点产业链"链长制"，推动半导体及集成电路、新型显示、智能终端、太阳能光伏、物联网、智能传感器、增材制造、光子、民用无人机、智能网联汽车等数字产品制造业加快发展，不断提升产业链配套水平。到2025年，将陕西打造成为全国重要的数字产品制造业基地
做强数字技术应用业	大数据与云计算。以产业数字化转型、新型智慧城市建设为主战场，挖掘和培育大数据应用场景，推进大数据在经济发展、社会治理、民生服务等领域融合应用。强化云计算示范应用，大力推动政务云、行业云发展。建设细分领域云服务平台，开发定制化云服务产品。培育一批大数据、云计算及网络安全龙头企业，重点推进大数据、网络安全等数字经济核心产业园区建设 人工智能。加大人工智能（AI）芯片、硬件产品研发，促进"5G+云+AI"深度融合。推进人工智能领域创新平台建设，积极谋划一批"AI+"赋能合作项目，支持"AI+"装备制造、教育等应用项目推广。加快建设西安国家新一代人工智能创新发展试验区。到2025年，打造30个人工智能典型行业示范应用 软件和信息技术服务。依托龙头企业，重点发展面向人工智能的操作系统、开发工具及开源软件开发平台等基础软件。大力发展航空航天、轨道交通、能源、医疗、教育、金融等领域的基础工业软件、通用软件、行业软件和嵌入式应用软件。支持信息咨询设计、软件开发与测试、信息系统集成、运行维护、信息技术培训等企业发展壮大。支持西安市建设"中国软件名城"

续表

重点任务	主要内容
做强数字技术应用业	北斗及卫星互联网。推动卫星互联网多领域应用和产业化集聚,加快北斗服务在国土资源利用、交通运输、现代农业等领域的规模化应用。推进国家北斗导航位置服务数据中心陕西分中心、铜川国家卫星互联网工程应用示范基地等项目建设,支撑北斗及卫星互联网产业快速发展。到2025年,构建20个典型北斗卫星应用场景
培育数据要素驱动业	平台经济。按照政府引导、市场运作的方式,支持煤炭、地质、汽车、医药、化工等领域优势企业与互联网企业深度合作,打造协同制造平台、电商平台、物流平台;大力发展线上线下结合、跨界业务融合新模式,在医疗、养老、教育、健康等领域建设生活服务平台。健全平台经济政策体系,弥补规则空白和漏洞,强化平台企业数据安全责任 信息消费。鼓励企业发展面向高端定制化应用场景的智能家居"产品+服务"模式,推广新型数字家庭产品,支持普及面向中低收入人群的经济适用移动智能终端、智能可穿戴设备等信息终端。围绕出版传媒、知识服务、影视娱乐、动漫游戏等领域,大力发展数字内容衍生产品的生产与增值服务,拓展数字创意新服务、新业态
推动制造业数字化转型	推进行业级、区域级、企业级工业互联网平台建设及应用,打造工业互联网体系和产业生态。有序推进企业开展两化融合管理体系贯标和数据管理能力成熟度、智能制造能力成熟度等评估工作,推动制造业数字化、网络化、智能化发展。健全云服务体系,丰富云化产品和解决方案
培育数据要素市场	建立数据确权、价值评估、交易流通、数据传输和安全保护等基础制度和标准规范,健全数据产权交易和行业自律机制,探索建立数据产权保护和利用制度。推动陕西数据产品超市平台建设,构建规范化数据产品交易渠道。推进政府数据开放共享平台建设,支持大型工业企业、互联网平台企业等行业龙头企业与公共数据运营机构合作,开展数据汇聚与融合应用试点,创新数据合作新模式

资料来源:《陕西省人民政府办公厅关于印发加快推进数字经济产业发展实施方案(2021—2025年)的通知》,陕西省人民政府官方网站,2022年5月10日,http://www.shaanxi.gov.cn/zfxxgk/fdzdgknr/zcwj/szfbgtwj/szbf/202205/t20220510_2220431.html。

尽管与广东相比，陕西的数字经济整体发展水平处于劣势，但仍体现出了一些发展特点。首先，陕西以西安交通大学、西北工业大学、西北农林科技大学等为代表的高校，整体层次略高于广东，且以理科、工科专业见长，奠定了陕西数字技术创新的坚实基础；其次，陕西航空航天行业更为发达，大型军用民用飞机制造、航天产业等有广泛的数字技术应用和成果转化空间；最后，根据《陕西省"十四五"数字经济发展规划》，陕西在"网上丝绸之路""中欧班列长安号+跨境电商"等数字丝绸之路领域发展迅速，[1]陕西对数字经济与"一带一路"倡议的融合值得借鉴参考。

（四）与辽宁的对比

全面振兴东北地区等老工业基地是一项重要的国家战略。在东北地区经济发展日益乏力的当下，推动东北地区数字产业发展和传统工业数字化转型，将是为其创造新的高质量可持续的经济增长点的有效途径。辽宁作为东北地区老工业基地的重要组成部分，依托国家战略和重点平台，正不断完善自身数字经济发展条件，引领省域数字经济发展迈上新高度。

2020年以来，辽宁相继发布《辽宁省数字经济发展规划纲要》《数字辽宁发展规划（1.0版）》等相关政策文件，对辽宁数字经济发展情况、未来方向和规划安排进行了详细的阐述。2021年11月，辽宁省人民政府印发《数字辽宁发展规划（2.0版）》，指出在数字经济领域，辽宁已与北京、上海构成国内集成电路装备三大重点地区。此外，辽宁还充分发挥沈抚改革创新示范区平台优势，在示范区布局云计算、物联网等6个不同方向的数字经济产业园，[2]为辽宁优化数字经济产业结构创造了有利的区位条件。

---

[1] 《陕西省人民政府办公厅关于印发"十四五"数字经济发展规划的通知》，陕西省人民政府官方网站，2022年5月10日，http：//www.shaanxi.gov.cn/zfxxgk/fdzdgknr/zcwj/szfbgtwj/szbf/202205/t20220510_2220428.html。

[2] 高磊、董翰博：《建设制度创新高地 打造数字辽宁样板》，《辽宁日报》2022年5月25日第7版。

表 8-5　　　　　　　　　　　　数字辽宁发展目标

目标	主要内容
总体目标（2025 年，下同）	到 2025 年，数字辽宁发展水平实现跨越式提升。大数据、云计算、"互联网＋"、人工智能成为创新驱动发展的重要支撑；数字技术与经济社会各领域融合的广度、深度显著增强；共享经济、平台经济等新模式、新业态蓬勃发展，具有较强创新力、竞争力的龙头企业大量涌现；数字政府、数字社会加快建设，数字化公共服务能力、数字化治理水平显著提升。全省数字经济核心产业增加值占地区生产总值的比重超过全国平均水平，数字经济增加值年均增速10%左右
新型基础设施更加坚实	基本建成高速、安全、泛在的新一代信息基础设施。双千兆宽带网络实现城乡覆盖，物联网实现深度覆盖；建成开通互联网域名根镜像服务器节点、国家新型互联网交换中心；构建布局合理、云边协同、算网融合、绿色节能的算力基础设施；全面建成覆盖全省各行业的低成本、低时延、高可靠、广覆盖的工业互联网基础设施
数字技术创新支撑有力	在人工智能、区块链、高性能计算、未来网络等领域突破一批关键技术，在电子元器件、高端软件、网络安全等领域自主研发一批核心产品，加快建设数字科技创新载体
数字经济能级显著提升	数字产业化快速发展，新一代信息技术产业规模进一步壮大，规模以上电子信息制造业主营业务收入、软件和信息服务业主营业务收入年均增长9%左右。产业数字化转型成效显著，"辽宁制造"加速向"辽宁智造"转变，建设一批智能工厂、数字化车间、数字孪生项目；农业生产经营数字化取得明显成效，商贸、物流、文旅、金融等数字化、智能化蓬勃发展
数字政府转型取得突破	数字技术在政务领域普及应用，运行高效、协同共治的数字政府基本建成，包容审慎的监管体系基本构建，科学决策和社会治理能力显著提升。政务云体系建设完成，云平台整合率达到95%；"互联网＋政务服务"水平大幅提高，"一网通办"实际网办率达到 90%；建立多元共治的协同监管机制，"一网统管"部门覆盖率达到80%；省级统筹、整体联动、部门协调、数据共享的一体化政务服务体系全面构建，"一网协同"部门覆盖率达到90%

续表

目标	主要内容
数字社会建设现代高效	数字技术全面融入社会生活，公共服务和社会运行方式加速创新，社保、教育、医疗、养老、文化、救助、动员等领域数字化建设取得明显成效，形成高效便捷的数字化公共服务体系。数字乡村建设迈上新台阶，新型智慧城市建设走在全国前列，公民数字素养显著提升，数字生活智慧畅享、和睦共治
数据资源体系基本形成	政务和经济社会各领域数据资源有效汇集，数据标准规范基本健全。数据成为驱动经济社会发展的重要战略资源，各领域形成一批大数据创新示范应用。跨层级、跨地域、跨系统、跨部门的数据共享交换体系全面建成，政务数据资源开放体系基本建成。数据要素定价、交易、结算、交付、安全保障机制初步建立
总体目标（2035年）	数字经济全面进入繁荣成熟期，综合发展水平居全国前列；建成整体、高效、透明的数字政府；数据要素价值充分释放，基本实现数字治理体系和治理能力现代化。高水平建成网络强省，跻身创新型省份前列，高质量建成数字辽宁、智造强省，为基本实现共同富裕和社会主义现代化、实现新时代全面振兴全方位振兴提供强大支撑

资料来源：《辽宁省人民政府办公厅关于印发数字辽宁发展规划（2.0版）的通知》，辽宁省人民政府官方网站，2021年10月25日，http://www.ln.gov.cn/zwgkx/lnsrmzfgb/2021/qk/d20q_153560/gwywj/202112/t20211230_4483098.html。

辽宁的数字经济总体发展质量和规模与数字经济更为发达的省份仍有差距，不过辽宁在集成电路装备领域的快速发展，有其具有地方特色的发展经验，这值得包括广东在内的诸多省份在未来数字经济相关产业发展过程中加以学习和借鉴。在国家全面振兴东北地区等老工业基地的战略推动下，辽宁及东北地区其他省份在未来的数字经济发展空间将十分广阔。

二 与长江三角洲及长江经济带中游地区省份的对比

长江三角洲区域一体化发展是与京津冀协同发展、粤港澳大湾区建设等并重的重大国家区域战略，同时是《长江经济带发展规划纲要》中"一轴、两翼、三极、多点"格局"三极"（即长江三角洲城市群、长江中游城市群和成渝城市群）之一，包含直辖市上海和江苏、浙江、安徽三省，是我国经济发展水平和质量较高的区域之一。2021年5月，中共中央、国务院印发《关于支持浙江高质量发展建设共同富裕示范区的意见》，赋予浙江建设共同富裕示范区的重要历史使命，也标志着长江三角洲地区在国家战略中地位的进一步巩固。在数字经济领域，通过整合发挥自身区位和产业基础优势，长江三角洲地区数字经济发展水平持续提升，在全国居于领先地位。

长江中游城市群包括湖北、湖南、江西三省的大部分城市，是长江经济带的重要组成部分。依托长江经济带发展机遇，湖北、湖南、江西三省与长江三角洲地区合作水平稳步提升，其中湖北依托武汉在《长江经济带发展规划纲要》"一轴"（即以长江黄金水道为依托，发挥上海、武汉、重庆的核心作用，以沿江主要城镇为节点，构建沿江绿色发展轴）中的重要功能，近年来取得了一系列重要发展成果。综合考虑，本书选择将广东与江苏、浙江、安徽、湖北的数字经济发展情况进行对比。

（一）与江苏的对比

江苏是我国长江三角洲地区和整个华东地区经济总量最高的省份，在我国的经济格局中具有显著重要地位。在数字经济发展上，江苏在全国范围内处在较高水平，这与其营商环境、产业基础、科技创新能力有直接联系。根据《江苏省"十四五"数字经济发展规划》的相关阐述，2020年，江苏全省数字经济规模高达4万亿元，超级计算机、网络通信、半导体行业成果丰硕，一系列全国先进制造业集群、国家级数字产业领域创新发展试验区和先导区持续布局，数字经济整体发展实力强劲。

为建立健全数字经济发展的制度保障体系，江苏近年来出台了

《江苏省"十四五"数字经济发展规划》《关于全面提升江苏数字经济发展水平的指导意见》等政策文件和《江苏省数字经济促进条例》等地方性法规。其中,《江苏省"十四五"数字经济发展规划》将"十四五"时期江苏数字经济发展的总体目标定位为"到2025年,数字经济强省建设取得显著成效,数字经济核心产业增加值占地区生产总值的比重超过10%,数字经济成为江苏高质量发展的重要支撑",并提出"数字技术创新支撑有力""数字产业能级显著提升""产业数字化转型深入推进"等6个具体目标;[①]《关于全面提升江苏数字经济发展水平的指导意见》则在《江苏省"十四五"数字经济发展规划》基础上进一步对江苏在数字经济发展领域的重点工作进行了完善。目前,江苏已形成了兼具国内先进水准和地方实际特色的数字经济发展方案。

表8-6　　全面提升江苏数字经济发展水平的重点任务

目标	主要内容
聚焦能力提升,建立数字技术创新体系	加快建设数字经济创新平台;加强基础研究和关键技术攻关;加速数字科技创新成果转化;加快培育数字经济创新人才
推动能级跃升,建立数字经济产业体系	夯实数字经济基础产业;壮大数字经济新兴产业;加快培育数字经济未来产业
加强融合赋能,建立数字化应用体系	加快制造业数字化转型;推动服务业数字化发展;促进农业数字化提升
坚持改革引领,健全数字化治理体系	提升政府治理数字化水平;推动经济治理数字化;推动社会治理数字化;推动城市治理数字化;推动乡村治理数字化
释放核心价值,健全数据要素市场体系	推动公共数据开发利用;推进公共数据共享开放;培育数据要素市场;强化数据安全防护

[①] 《省政府办公厅关于印发江苏省"十四五"数字经济发展规划的通知》,江苏省人民政府官方网站,2021年11月1日,http://www.jiangsu.gov.cn/art/2021/11/1/art_64797_10093379.html。

续表

目标	主要内容
营造良好氛围，建强数字经济生态体系	打造数字经济企业梯队；提升数字经济载体能级；营造良好发展氛围；推动数字经济开放合作
夯实发展根基，建强数字基础设施体系	建设布局科学、协同高效的存算基础设施；打造高速泛在、融合智能的网络基础设施；加快传统基础设施数字化、智能化升级

资料来源：《江苏印发〈关于全面提升江苏数字经济发展水平的指导意见〉》，中共江苏省委新闻网，2022年4月8日，http://www.zgjssw.gov.cn/fabuting/shengweiwenjian/202204/t20220408_7495283.shtml。

相较于江苏，广东最显著的数字经济发展优势在于已形成了一批以数字经济为主业的国内国际知名企业，数字产业化水平相对更高。不过，考虑到江苏拥有良好的工业基础，且其产业数字化发展动能强劲，未来仍将在相关领域对广东形成有力竞争。推动两地在数字经济领域特别是产业数字化发展上实现良性竞争和有机合作，是值得两地深入探讨的重要议题。

（二）与浙江的对比

浙江是长江三角洲地区唯一入选国家数字经济创新发展试验区的省级行政区，作为肩负高质量发展建设共同富裕示范区重要历史使命的省份，浙江近年来充分发挥自身在数字经济领域的发展优势，依托杭州、宁波等城市，深入布局数字产业化和产业数字化发展，不断建立健全支持本省数字经济发展的保障制度和法律法规体系，使浙江的数字经济发展质量和水平不断跃升，在国家数字经济发展格局中占据了核心地位。

2017年年末，浙江省委经济工作会议提出了"把数字经济作为'一号工程'来抓，深化数字浙江建设"的数字经济发展目标。[1] 围绕数字经济建设，浙江不断完善数字经济发展的政策法规体系，出台《浙江省数字经济发展"十四五"规划》《浙江省数字经济促进

---

[1] 潘如龙、周宇晗：《数字经济引领浙江高质量发展》，《浙江日报》2019年7月25日第8版。

条例》《浙江省互联网发展报告 2021》等发展规划、地方性法规、研究报告等系列文件。2022 年 5 月，浙江省人民政府发布《关于打造数字经济"一号工程"升级版的实施意见（征求意见稿）》，就数字经济"一号工程"升级版公开征求社会意见，标志着浙江数字经济"一号工程"即将迈入发展新阶段。

表 8 - 7　　"十四五"时期浙江数字经济发展目标

目标	主要内容
总体目标（2025 年，下同）	到 2025 年，数字经济发展水平稳居全国前列、达到世界先进水平，数字经济增加值占地区生产总值的比重达到 60% 左右，高水平建设国家数字经济创新发展试验区，加快建成"三区三中心"，成为展示"重要窗口"的重大标志性成果
建成全国数字产业化发展引领区	数字经济核心产业增加值占地区生产总值的比重达到 15%，形成数字安防、集成电路、高端软件等具有全球竞争力的标志性产业链和数字产业集群
建成全国产业数字化转型示范区	建成多元数据融合应用的"产业大脑"，实现百亿元以上产业集群"产业大脑"应用和工业互联网平台全覆盖，产业数字化水平领跑全国
建成全国数字经济体制机制创新先导区	多元协同、高效善治的数字化治理体系初步形成，公共数据开放、政企数据融合共享、数据资源创新应用水平全国领先，构建高效协同的数字经济系统，形成一批数字化改革创新成果
建成具有全球影响力的数字科技创新中心	聚焦"互联网 +"科创高地建设，形成较为完备的数字科技创新体系，人工智能、未来网络、智能感知等领域自主创新取得重大突破，数字经济领域有效发明专利达到 8 万件
建成具有全球影响力的新兴金融中心	打造以杭州国际金融科技中心为龙头的数智金融先行省、以钱塘江金融港湾为核心的国内一流的财富管理高地、以区域金融改革创新为基础的四大金融发展特色带

续表

目标	主要内容
建成全球数字贸易中心	推进传统贸易数字化和数字经济国际化，加快在线交易、数字支付和智慧供应链等平台集聚，推动贸易规则、标准、纠纷调处等制度创新，优化数字贸易生态，数字贸易进出口总额达到1万亿元
总体目标（2035年）	到2035年，全面进入繁荣成熟的数字经济时代，综合发展水平稳居世界前列。数字产业竞争力全球领先，数字赋能产业发展全面变革，数据要素价值充分释放，全面形成以数字经济为核心的现代化经济体系，高水平建成网络强省和数字浙江，成为全球数字技术创新、产业创新、制度创新、理念创新重要策源地，为基本实现共同富裕和高水平现代化提供强大支撑

资料来源：浙江省人民政府办公厅：《浙江省人民政府办公厅关于印发浙江省数字经济发展"十四五"规划的通知》，《浙江省人民政府公报》2022年第Z9期。

根据《浙江省互联网发展报告2021》，2021年浙江数字经济核心产业增加值和规模以上数字经济核心产业营业收入分别达到8348.27亿元和29780.8亿元，增速分别为13.3%和25.4%。[①] 其中，除以服务业见长的杭州外，宁波等第二产业较发达的城市同样有亮眼的数字经济发展表现。根据宁波市统计局、国家统计局宁波调查队2022年2月发布的《2021年宁波市国民经济和社会发展统计公报》，2021年宁波市数字经济核心产业增加值的增长率达到17.5%，其中，仅1—8月即实现营收2674.3亿元。[②] 同时，浙江的其他城市也在数字经济领域持续发力，在充分发挥自身产业优势和把握发展机遇的基础上，不断探索兼具长远性和可行性的发展

[①] 王聿昊、张璇：《浙江数字经济核心产业增加值突破8000亿元》，《中国信息报》2022年6月9日第5版。

[②] 《2021年宁波市国民经济和社会发展统计公报》，《宁波日报》2022年2月23日第10版。

目标。

在数字经济发展上,浙江各级党委政府予以高度重视,大力实施数字经济"一号工程",与高质量发展建设共同富裕示范区的历史使命有机结合,走出了一条具有浙江特色的数字经济高质量发展之路。对广东和其他省份来说,浙江数字经济发展的战略定位和先进经验值得深入研究总结,并结合自身发展情况参考借鉴。

(三) 与安徽的对比

安徽充分发挥各城市特别是省会合肥在科技创新、战略定位、经济发展上的区位优势,推动本省数字经济发展持续进步。经过一段时间的快速发展,安徽已成为驱动长江三角洲地区数字经济发展的重要引擎之一。《中华人民共和国国民经济和社会发展第十四个五年规划和2035年远景目标纲要》提出"建设北京怀柔、上海张江、大湾区、安徽合肥综合性国家科学中心",[1] 这给予了安徽以合肥为中心,整合中国科学技术大学等一系列高水平高校和科研院所、国家级科技创新平台等创新资源进一步加快数字经济发展的有利条件。

2018年10月,安徽省人民政府出台《支持数字经济发展若干政策》;进入2022年后,安徽持续推动《"数字安徽"建设总体方案》《加快发展数字经济行动方案(2022—2024年)》相关讨论研究和审议工作。另外,城市层面的相关政策体系也正在不断完善。2022年3月,合肥市人民政府印发《"十四五"数字合肥发展规划》,提出到2025年,合肥将实现数字经济核心产业增加值占地区生产总值的比重达14%,建成2.5万个5G基站,并设定了产业领域工业互联网平台、大数据企业等平台数量的发展目标。[2] 安徽正逐渐形成较为完备的、多层次的数字经济发展政策支持和规范体系。

---

[1] 《中华人民共和国国民经济和社会发展第十四个五年规划和2035年远景目标纲要》,《人民日报》2021年3月13日第1版。

[2] 李润媛、刘小容:《"数字化浪潮"席卷而来 合肥跑出发展"加速度"》,《合肥晚报》2022年7月28日第A2版。

表 8-8　　安徽支持数字经济发展若干政策

政策	主要内容
支持数字技术创新	支持建设工业互联网创新中心；培育"互联网+制造"示范；促进人工智能技术创新；加快数字技术标准研究
加强市场主体培育	培育和引进骨干企业；支持企业做大做强；催生"双创"新主体
大力培育数字经济平台	推动"皖企登云"；促进大中小企业融通发展；完善企业信息化公共服务平台
打造数字经济产业生态	建设数字经济特色园区；构建数字技术应用生态；培育信息化解决方案供应商；培育数字经济创新共享服务联合体
大力发展"数字+"社会服务	推广智慧学校、智慧医疗、智慧养老；发展智慧旅游、智慧交通；推进电子商务、智慧物流发展；推进智慧社区建设
加快发展"互联网+政务服务"	推进"互联网+政务服务"建设；建立全省统一的政务云平台；深化商事制度改革
完善信息基础设施	支持应用基础设施建设；推进企业内外网建设
加强人才智力保障	积极引进高层次人才；大力培养数字经济创新人才；鼓励校企合作培养技能人才；加强重大贡献荣誉激励
加强财税支持和要素保障	强化资金支持；落实税收优惠政策；加大金融支持力度；优先安排建设用地；给予用电支持
统筹组织实施	加强组织领导；保障政策落实；加大宣传力度

资料来源：《安徽省人民政府关于印发支持数字经济发展若干政策的通知》，安徽省人民政府官方网站，2020 年 10 月 23 日，https://www.ah.gov.cn/public/1681/7926201.html。

与广东等数字经济较发达省份相比，安徽在数字经济尖端科技研发和成果转化、数字经济产业品牌建设、数字经济发展省域平均水平上仍有显著差距，但作为长江三角洲地区的重要腹地，安徽与处在数字经济发展更高水平的上海、江苏、浙江的经济关联度较高，在推动区域内省际合作领域具有明显优势。国内知名新能源智能网联汽车品牌蔚来汽车选择将其全球总部和中国总部分别设在上海与合肥，即可以在一定程度上证明这一点，这种依托国家战略和经济联系的跨区域合作框架建设值得广东等省份借鉴参考。

（四）与湖北的对比

湖北是我国华中地区的重要省份，省会武汉是《长江经济带发展规划纲要》明确的沿江绿色发展轴核心城市、长江中游城市群中心城市，省域经济发展实力雄厚，高等教育和科研创新能力、基础设施建设、历史文化保护等领域成果丰硕。发展数字经济、注入新的产业发展活力，对湖北推动高质量发展、构建新发展格局、提升区域影响力和带动能力具有积极影响。

根据相关研究援引《经济参考报》的报道，2021年湖北数字经济规模达2.1万亿元，占地区生产总值的比重达到42%，相较于2017年的数字经济规模1.2万亿元、占地区生产总值33.8%有了大幅度的提升。[①] 在遭遇新冠肺炎疫情严重影响的情况下，湖北数字经济发展取得如此进步殊为不易。2021年11月，《湖北省数字经济发展"十四五"规划》出台，对"十四五"时期湖北数字经济发展的基础形势、目标要求、主要任务等进行了详细部署。

表8-9　　　　　"十四五"时期湖北数字经济发展目标

目标	主要内容
总体目标	到2025年，全省数据要素资源体系基本建成，数据开放和流通机制逐步完善，形成数据资产化管理、市场化运营和融合应用的运营生态。数字经济核心产业增加值超过6000亿元，占全省生产总值的比重超过10%，培育3—5家数字经济全球知名企业，出现一批全国知名的数字经济领军企业，数字经济成为推动湖北省经济社会高质量发展的主引擎，建成"四区两中心"

---

① 侯文坤、夏国燕：《湖北数字经济占GDP比重超四成　新基建成经济社会新动能》，《大众投资指南》2022年第12期。

续表

目标	主要内容
建成全国数字产业化引领区	初步建成"光芯屏端网"世界级产业集群,产值规模达到1.3万亿元,涌现一批世界级的数字经济企业与数字产品品牌,人工智能、卫星导航、智能网联汽车、区块链等新兴产业蓬勃发展,基本形成前沿创新、应用融合、新兴领域拓展等数字产业发展路径,新兴前沿数字产业集聚发展
建成全国产业数字化先导区	工业互联网标识解析国家顶级节点(武汉)服务能力显著提升,工业互联网发展生态全国领先,培育50家企业级工业互联网平台,新增180个省级智能制造试点示范,制造业智能化改造取得显著成效,实现规上企业、重点产业数字化改造全覆盖,以数字化转型形成"智造大省"新优势。全省主要农作物耕种收智能机械化水平显著提高,打造一批全国领先的智慧农业示范基地。线上线下融合新业态新模式广泛应用
建成中部数字化治理样板区	通过数字赋能强化公共服务供给功能,数字技术在公共服务和社会治理领域全面融合,形成一批智慧城市和数字乡村样板,政务服务整体效能和政府数字化治理能力显著提升,共建共治共享的社会治理格局初步形成
建成数字生态活力区	全国一流的新型基础设施体系基本建成,支撑数字经济发展的底座更加夯实。各市州主城区5G网络覆盖率达100%,行政村5G网络通达比例达到80%。一体化大数据中心体系建设日益完善,云计算、存储服务能力全国一流。蜂窝物联网终端连接数达到3000万个。5G、全光传输网络、北斗卫星导航、位置服务和卫星通信网实现一体化协同发展,在产业发展和民生服务场景中得到广泛应用。数据要素资源体系基本建成,数据开放和流通机制逐步完善,形成数据资产化管理、市场化运营和融合应用的良好生态。以数字金融为支撑的区域金融中心基本形成,金融综合竞争力不断提升,形成创新活跃、生态健康、服务完备的现代金融服务高地和资本高地

续表

目标	主要内容
建成全国数字商贸物流中心	充分发挥区位和交通优势，物流枢纽作用进一步凸显，培育3—5家头部智慧物流企业。全省电子商务交易额按卖方口径突破1.3万亿元，电子商务网上零售额和实物商品网上零售额年均增速达到11%以上，跨境电子商务实现突破式发展。建成数字领域国际顶级创新要素的重要汇聚地、国家数字服务的重要出口基地，全省服务贸易额达到129亿美元左右
建成具有全国影响力的数字科技创新中心	在新一代信息技术等领域攻克一批关键核心技术，在光通信、新型显示、人工智能等领域建成一批重点实验室、产业创新中心、技术创新中心、制造业创新中心等引领全省数字化转型的创新平台，科技成果转化效率显著提高

资料来源：《省人民政府关于印发湖北省数字经济发展"十四五"规划的通知》，湖北省人民政府官方网站，2021年11月19日，http://www.hubei.gov.cn/zfwj/ezf/202111/t20211119_3870661.shtml。

湖北所在的华中地区和长江中游城市群在推动跨区域经济合作特别是跨区域数字经济合作领域具有得天独厚的优势，其向东连接长江三角洲地区，向南连接粤港澳大湾区，向东连接成渝地区双城经济圈，而上述地区分别拥有浙江、广东、四川和重庆四大国家数字经济创新发展试验区。因此，尽管与广东等数字经济发达省份相比，湖北等中部地区省份数字经济发展水平有待提升，但其推动数字经济跨区域合作的优势很大，可考虑充分释放相关领域的发展潜力。

三 与长江经济带上游及粤港澳大湾区邻近省份的对比

随着粤港澳大湾区建设的快速推进，一系列更大范围的跨区域合作正在布局。一方面，邻近广东的福建、广西、海南等省份借助经济相通、地理相连、文化相近的区位优势，积极加深与广东和港澳地区合作，广泛融入粤港澳大湾区建设之中；另一方面，广东也借助粤港澳大湾区建设的有利条件，积极拓宽合作发展范围，其中与长江经济带上游地区的经济合作已取得重要进展。

综合考虑地理、经济、区域战略等因素，长江经济带上游地区应为以长江经济带成渝城市群为中心的直辖市重庆和四川、云南、贵州三省。2021年10月，中共中央、国务院印发《成渝地区双城经济圈建设规划纲要》，进一步丰富了推动相关地区发展的国家战略属性。目前，广东已经与相关省份审议通过、签订了《粤桂黔滇高铁经济带合作联席会议章程（草案）》《广州市南沙区人民政府成都市温江区人民政府战略合作协议》等系列文件，区域合作前景十分广阔。

在数字经济发展定位上的相通性也将赋予广东与其东西两翼地区省份更充分的合作机会。四川、重庆、福建与广东均为国家数字经济创新发展试验区，以粤港澳大湾区为中心，各地之间可以建立紧密的数字经济联动发展关系。综合考虑，本书选择将广东与四川、福建、贵州、海南的数字经济发展情况进行对比。

（一）与四川的对比

随着互联网和智能移动设备的日益普及，成都等四川城市的自媒体等互联网经济领域的快速发展正在为更多人所熟知。实际上，自媒体等互联网经济领域的兴起只是四川近年来数字经济快速发展的一个方面。作为国家数字经济创新发展试验区，四川不断发展电子信息制造、互联网与软件服务、大数据和云计算等数字产业，在数字经济发展上集聚了良好的发展资源，在整个长江经济带上游地区数字经济发展领域占据了不可或缺的重要地位。

2021年11月，四川省人民政府印发《四川省"十四五"数字经济发展规划》，四川在数字经济发展上的阶段性目标更加清晰。此外，为推动国家数字经济创新发展试验区建设，2021年1月，四川省人民政府出台《国家数字经济创新发展试验区（四川）建设工作方案》，对相关工作进行了周密部署。而在地方性数字经济法律法规建设上，《四川省数据条例》也正处在紧锣密鼓地推动之中。

表 8-10　"十四五"时期四川数字经济发展目标

目标	主要内容
总体目标	到2025年，全省数字经济总量超3万亿元、占生产总值的比重达到43%，建成具有全国影响力的数字经济科技创新中心和数字化转型赋能引领区，高水平建成国家数字经济创新发展试验区，初步建成全国数字经济发展新高地
发力方向	以创新发展为核心，建设具有全国影响力的数字科创中心，培育数字经济新动能
	充分发挥数据要素的基础性作用，加速优化新基建，增强数字经济承载力
	以数字产业化为牵引，大力突破关键数字核心技术，做大做强优势产业
	以产业数字化为重点，构建现代产业体系，塑造数字经济新优势
	以数字政府为先导，打造一流营商环境，开创数字治理新局面
	以数字社会为载体，拓展数字应用场景，推进社会数字化转型
	以优化布局为抓手，加强区域协同，助推数字经济融入新格局

资料来源：陈碧红：《提质引强补链建圈　加速发展核心产业》，《四川日报》2021年11月24日第1版。

相比于广东，除在数字经济发展整体水平上相对处于劣势外，四川面临的另一个重要问题是数字经济省域发展的"第二梯队"与"第一梯队"成都的差距过大。事实上，我国中西部地区的许多省份都存在省会经济明显强于其他城市的情况。这虽然可以使省会在各个经济领域积聚力量、实现快速发展并扩大省域经济影响力，但也容易造成发展不平衡问题。广东虽然同时拥有多个经济总体水平和数字经济发展水平均比较高的城市，但同样存在发展不平衡问题，两地在未来发展和合作过程中可以侧重于对相关问题的探讨。

（二）与福建的对比

福建作为华东地区沿海省份和国家数字经济创新发展试验区，近年来在我国数字经济发展领域的重要性越发凸显。数字中国建设峰会是福建在推动数字建设领域的代表性工作，根据数字中国建设峰会官方网站的介绍，作为两个国内信息化领域盛会之一，数字中国建设峰会经中央批准于2018年起在福建省会福州举办，由国家互联网信息办公室、国家福州和改革委员会、工业和信息化部、福建省人民政府作为固定主办单位，以政策发布、经验交流、成果展示等形式促进相关领域的交流合作。① 到 2022 年 7 月，数字中国建设峰会已成功举办 5 届，福建在促进数字经济区域合作和资源引进领域的作用日益明显。

2021 年，福建的数字经济增加值达 2.3 万亿元，较 2020 年增长 15% 左右，在地区生产总值中的占比达到 47%。② 丰硕发展成果的背后，是福建对数字经济发展环境的不断优化。福建相继出台《福建省"十四五"数字福建专项规划》《福建省做大做强做优数字经济行动计划（2022—2025 年）》等规划计划和《福建省大数据发展条例》等地方性法规，其中《福建省做大做强做优数字经济行动计划（2022—2025 年）》在《福建省"十四五"数字福建专项规划》基础上对相关时间段内福建做大做强做优数字经济的目标和重点任务进行完善，具有重要的现实指导意义。

表 8-11　2022—2025 年福建做大做强做优数字经济的主要目标

目标	主要内容
主要目标	到 2025 年，全省数字经济增加值超过 4 万亿元，数字经济核心产业增加值占生产总值的比重比 2020 年提高 3 个百分点，数字经济创新发展水平明显提升，形成一批具有国内外竞争力的数字产业集群，重点行业数字化、网络化、智能化转型取得明显成效，数字经济新业态新模式健康发展，数据要素实现有序流通和深度开发利用，新型基础设施支撑引领作用进一步凸显，开放、健康、安全的数字生态加快形成，数字营商环境不断优化，数字经济发展质量效益达到国内先进水平

资料来源：《福建省数字福建建设领导小组办公室关于印发〈福建省做大做强做优数字经济行动计划（2022—2025 年）〉的通知》，福建省发展和改革委员会官方网站，2022 年 4 月 8 日，http://fgw.fujian.gov.cn/ztzl/szfjzt/zcfg_35780/202204/t20220408_5881618.htm。

① 《数字中国建设峰会概况》，数字中国建设峰会官网，2022 年 6 月 29 日，http://www.szzg.gov.cn/2022/fhgk/202206/t20220629_5941412.htm。
② 游笑春、林侃：《创新驱动新变革 数字引领新格局》，《福建日报》2022 年 7 月 22 日第 1 版。

由于在地理位置上毗邻且在经济和文化上有很强的相通性，未来广东与福建在数字经济领域有广阔的合作空间。相比之下，广东在数字经济尖端技术、数字经济产业和品牌建设等领域优势巨大，福建则在促进数字经济高层次跨区域合作上具有丰富经验，这为两地加强在数字经济领域联动发展、互相借鉴先进经验提供了便利。

（三）与贵州的对比

贵州等西南地区省份在我国经济发展中长期处于相对比较劣势的地位，但随着国家战略的持续调整优化，西南地区不仅在推进"一带一路"倡议、扩大对外开放上占据越发重要的位置，也在数字经济等新兴业态上取得了良好发展。根据贵州省大数据发展管理局消息，由中国信息通信研究院发布的《中国数字经济发展白皮书（2022）》显示，贵州2021年数字经济增加值占地区生产总值的比重达到35.2%，增长率为20.6%，连续七年增速保持全国第一。[1]贵州在数字经济领域不断取得突破，对促进本地区高质量发展起到了非常积极的推动作用。

在大数据和云计算领域的重要进展和系列成果是近年来贵州数字经济快速发展的缩影。2017年7月，贵州省人民政府与苹果公司签订《贵州省人民政府苹果公司iCloud战略合作框架协议》，自此，苹果公司在中国大陆的iCloud云服务开始交由云上贵州大数据产业发展有限公司提供。与苹果这样的电子信息制造和软件巨头达成如此重要的战略合作，足见贵州省委、省政府对发展数字经济的重视和贵州相关企业在行业内的强劲实力。2021年12月，贵州省大数据发展管理局发布《贵州省"十四五"数字经济发展规划》，对"十四五"时期贵州数字经济发展作出进一步的详细规划。

---

[1] 向定杰：《贵州：数字经济连续七年高增长》，《经济参考报》2022年7月14日第5版。

表 8-12　"十四五"时期贵州数字经济发展目标

目标	主要内容
总体目标	实施数字经济万亿元倍增计划，数字经济成为驱动经济发展的主引擎，建成全国大数据电子信息产业集聚区，打造全国数据融合创新示范高地、数据算力服务高地、数据治理高地。到2025年，大数据电子信息产业总产值突破3500亿元；全省数字经济增加值实现倍增，在生产总值中的占比达到50%左右；三次产业规模以上企业基本实现大数据深度融合改造全覆盖
构筑特色引领的数字经济新优势	数字产业化与产业数字化深入推进，主导产业集群加快形成，特色产业生态加速发展，大数据与实体经济深度融合。到2025年，大数据与工业、农业、服务业融合发展指数分别达到47、45、46，建成全国大数据电子信息产业集聚区，打造全国数据融合创新示范高地
树立全国领先的数字化治理标杆	打造全国数据治理高地，数字社会、数字政府高效智能，政府管理和社会治理模式持续创新，新型信息技术在城市管理、社区治理、交通、安防、环保等领域的应用全面深化，数字政府治理体系和治理能力现代化水平显著提升。到2025年，实现服务事项100%网上可办、政务事项100%省内通办、高频事项100%跨省通办
打造国家数据生产要素流通核心枢纽	数据资源开发利用广度和深度加快拓展，数据资源经济价值和社会价值持续释放，数据要素市场培育取得显著成效。到2025年，建立健全全国领先的数据要素市场化运行机制，形成300个以上数据资源开发利用典型场景
建成集约高效的数字基础设施	网络基础设施持续优化，传统基础设施数字化转型成效显著，基本建成智能泛在、集约高效、适度超前、绿色可靠的新型数字基础设施，建设全国算力网国家枢纽节点，打造全国数据算力服务高地。到2025年，全省5G基站达16万个，光缆总长度超过180万千米，互联网出省带宽达到4.5万G

资料来源：《省大数据发展领导小组办公室关于印发贵州省"十四五"数字经济发展规划的通知》，贵州省大数据发展管理局官方网站，2021年12月30日，http://dsj.guizhou.gov.cn/zfxxgk/fdxxgk/ghjh_5619961/202112/t20211230_72171400.html。

贵州在数字经济特别是大数据和云计算领域的迅速发展，为其和广东等省份展开高层次数字经济发展合作奠定了牢固基础。未来，依托粤桂黔滇高铁经济带合作等合作框架，广东在推动与贵州等省份合作过程中，既可以发挥自身在数字经济领域整体发展水平显著更高的优势，也可以充分借鉴贵州在大数据和云计算领域的先进经验，创新发展局面，集聚优质资源。

（四）与海南的对比

进入中国特色社会主义建设新时代，海南被赋予了建设海南自由贸易港的重要角色。推进海南自由贸易港建设，提升海南省域经济发展质量、改善营商环境和产业发展环境、促进生态环境保护等势在必行。数字经济作为高质量和绿色可持续的经济业态，符合建设海南自由贸易港在经济、产业、营商环境、生态保护等领域的现实要求，将成为未来推动海南经济高质量发展的重要动力。

2020年7月，推进海南全面深化改革开放领导小组办公室印发《智慧海南总体方案（2020—2025年）》。作为海南省建设自由贸易试验区和中国特色自由贸易港在智慧建设、数字建设等领域的主要规划，《智慧海南总体方案（2020—2025年）》对海南在相关层面的发展目标、战略定位等进行了贴合实际和发展需求的全面部署。

表 8-13　2020—2025 年智慧海南发展目标（战略定位）

战略定位	主要内容
总体定位	围绕海南在国家战略总体布局中的"三区一中心"发展定位，发挥海南改革开放试验田先行先试的政策优势，全面引入新理念、新模式、新机制、新应用，充分运用先进技术和前沿科技，以打造"数字孪生第一省"为主要手段，以国际信息通信开放试验区、精细智能社会治理样板区、国际旅游消费智能体验岛、开放型数字经济创新高地为四大战略定位和发展方向，引领支撑海南自由贸易试验区和自由贸易港实现高标准建设、高质量发展

续表

战略定位	主要内容
建设国际信息通信开放试验区	进一步提升海南全光网服务能力，前沿部署国际互联网数据专用通道、海缆登陆站、国际通信出入口局，探索部署互联网交换中心等国际通信服务设施。结合海南发展实际需要，适度超前布局5G、工业互联网、物联网、泛智能化市政设施等新型基础设施，构建云边协同一体化计算设施，提升海南"陆海空天"一体化综合服务能级。依托离岛优势，率先建成国际信息通信开放试验区，满足自由贸易、国际旅游等需求
打造精细智能社会治理样板区	构建全局视野、精准映射、虚实交互、模拟仿真、智能干预的数字孪生治理体系，覆盖陆地和海域，实现全岛人流物流资金流、社会生产、市场经营、生态环境、交通运输、海事活动、海关监管等全要素数字化和虚拟化，运行状态实时可视可控，"规建管"一体化高效协同，全面提升社会管理和生态治理水平，打造虚实融合、数据驱动、科学决策、精细智能的社会治理样板区
创建国际旅游消费智能体验岛	强化基于大数据的旅游综合服务市场监管，综合运用多元化信息技术，拓展以智慧旅游为核心的融合服务消费新场景、新体验，前沿探索发展国际化远程医疗、远程教育、智慧康养等高端服务业，全面对接和服务国内国际两个市场，塑造海南智能化、多元化、个性化高端旅游服务品牌。同步提升全岛数字政府服务能力和民生公共服务质量水平，打造国际旅游消费智能体验岛
构筑开放型数字经济创新高地	聚焦推动新型工业、热带农业等优势产业数字化、智能化转型升级，培育壮大智慧物流、国际航运、国际金融、智慧会展等外向型高端服务业，做优做强互联网、大数据、区块链、人工智能、信息安全、电子竞技等数字新产业，推动离岸创业创新和数据跨境服务，打造法治化、国际化、便利化营商环境，建成立足南海、辐射"21世纪海上丝绸之路"沿线国家的开放型数字经济创新高地

资料来源：《智慧海南总体方案（2020—2025年）》，海南自由贸易港官方网站，2020年8月14日，http：//www.hnftp.gov.cn/zcfg/zcwj/bwzc/202008/t20200814_3023794.html。

海南与广东未来在粤港澳大湾区、深圳中国特色社会主义先行示范区、海南自由贸易港建设中有巨大合作空间，考虑到广东在数字经济发展上具有全方位的优势，未来海南应积极融入粤港澳大湾区建设和其他与广东的合作中去，广东也可以充分利用海南建设自由贸易港的区位优势，推进数字经济领域合理有序的产业合作和产业转移，为转型升级创造更大空间。

第二节　深圳与部分其他城市的对比

作为承担粤港澳大湾区和中国特色社会主义先行示范区"双区"建设重要历史使命的改革开放前沿城市，深圳的经济发展在相当程度上是我国经济"晴雨表"，对地区乃至全国的经济格局具有深远影响。在数字经济发展上，依据中央和地方系列文件确立的粤港澳大湾区"广州—深圳—香港—澳门"科技创新走廊、中国特色社会主义先行示范区"具有全球影响力的创新创业创意之都"、广东省国家数字经济创新发展试验区"人工智能创新发展重点区"等定位，对深圳推动数字经济及相关领域发展提出了明确的要求，也为深圳数字经济发展注入了活力。

经过一段时间以来的快速发展，深圳的数字经济发展水平已位居全国前列，特别在数字行业企业培育上取得了卓越成绩。2021年，深圳数字经济核心产业的增加值超过 9000 亿元，占地区生产总值的比重为 30.6%。[①] 一批深圳培育的数字经济领域企业，例如互联网行业、软件行业的腾讯，电子信息制造行业、通信行业的华为和中兴通讯，智能网联汽车行业的比亚迪，智能无人机行业的大疆等，均已成长为全国乃至全球知名的大型企业。

根据《深圳市人民政府关于加快智慧城市和数字政府建设的若干意见》的规划，深圳当前数字经济的重点发展方向主要是培育数

---

① 吴德群:《深圳数字经济风头正盛》,《深圳特区报》2022 年 6 月 13 日第 A3 版。

字要素市场、加快发展数字产业等。① 此外，深圳还在数字经济、元宇宙等领域进行了一系列具有重要意义的政策创新，使深圳数字经济发展环境得到优化。深圳的数字经济发展已越发体现出对地区乃至全国的引领作用。2022年7月，深圳进一步出台《深圳市数字政府和智慧城市"十四五"发展规划》，深圳数字经济发展的政策支持体系更加细化和丰富。

表8-14 深圳培育数字经济发展"新动能"的目标和内容

目标	主要内容
加快培育数据要素市场	搭建市场化交易平台，建立健全数据产权交易和行业自律机制，提升交易监管水平。支持政府与行业优势企业建立大数据联合创新企业、公民和社会组织利用开放数据，开发个性化服务、精准化治理等典型应用，提升社会数据资源价值。开展数字货币研究与移动支付等创新应用，稳妥推进数字货币子商务、行政收费等场景进行试点测试
推动数字经济产业创新发展	统筹布局，建立健全数字经济产业政策体系，打造一批集聚电子信息产业高端研发和制造企业的支撑型产业园区。以5G技术为引领，进一步拓展应用场景，围绕无人驾驶、车联网、增强现实/虚拟现实（AR/VR）、医疗、交通、金融等领域，加快建设一批智慧应用示范标杆项目和示范街区。加强政府部门对智慧化、数字化技术的首购首用，以数字政府建设和应用为牵引，带动新技术、新模式规模化应用，定期推出优质应用场景示范项目。开展全国鲲鹏产业示范区建设，建设中国鲲鹏产业源头创新中心，支持在政务、金融、国资国企等重点领域率先开展应用示范
加快企业"上云用数赋智"	打造系统化多层次的工业互联网平台体系，拓展"智能+"，培育数字应用新业态、新模式。鼓励企业"上云"，支持企业以数字化转型加快组织变革和业务创新，培育数据驱动型企业。推动互联网、大数据、人工智能等平台型企业创新发展，加快培育创新型领军企业。协同推进供应链要素数据化和数据要素供应链化，支持打造"研发+生产+供应链"的数字化产业链，支持产业以数字供应链打造生态圈

① 《深圳市人民政府关于加快智慧城市和数字政府建设的若干意见》，《深圳市人民政府公报》2021年第3期。

续表

目标	主要内容
实施"云上城市"行动	完善"互联网+"消费生态体系,鼓励建设智慧商店、智慧街区、智慧商圈。促进线上线下互动、商旅文体协同,打造线上办公、线上会展、线上教育、线上问诊、线上购物等"云上城市"新模式

资料来源:深圳市人民政府:《深圳市人民政府关于加快智慧城市和数字政府建设的若干意见》,《深圳市人民政府公报》2021年第3期。

考虑到深圳当前肩负的重要发展任务,深圳需要进一步发挥数字经济发展的潜力,为高质量发展提供可持续的发展动能。因此,应当对深圳与其他城市的数字经济发展状况进行比较,取长补短,从而为深圳数字经济高质量发展提供有效借鉴。为通过充分对比反映出当前深圳在数字经济领域的不足和潜力所在,与前文省域对比类似,本书选择了其他12个城市与深圳进行对比。12个城市同样划分为三类,分别为其他"数字经济一线"城市,其他粤港澳大湾区城市。其他经济较发达城市,在选择标准上与前文省域对比有一定相似性,但更加突出深圳作为数字经济发展较发达城市、粤港澳大湾区经济总量最高城市与相关城市的对比。

一 与其他"数字经济一线"城市的对比

作为我国内地综合发展水平最高的四个城市,北京、上海、广州、深圳被公众习惯性地称为"一线城市"。"一线城市"的突出特征是经济总量和人均水平显著高于全国其他城市,经济高质量发展的整体势头强劲,包括数字经济在内的各类型产业的发展水平均处在全国乃至世界前列。四大"一线城市"在数字经济发展上各具特色、各有差异,采取了不尽相同的数字经济发展模式。对比深圳与北京、上海、广州的数字经济发展状况,不仅可以为我国整合数字经济发展资源提供借鉴,也可以为深圳进一步规划未来数字经济发展方向带来参考。

杭州尽管在总体发展水平上无法与四大"一线城市"相提并论,但其依靠以阿里巴巴为代表的互联网企业的产业区位优势,在我国数字经济体系中扮演着较为重要的角色。赛迪顾问数字经济产业研究中心发布的《2021中国数字经济城市发展白皮书》中，就将杭州与北京、上海、广州、深圳同时作为"数字经济一线"，[①]因此深圳与杭州的数字经济对比同样值得关注。综合考虑，本书选择将深圳与北京、上海、广州、杭州的数字经济发展情况进行对比。

（一）与北京的对比

北京是我国华北地区乃至整个北方地区数字经济发展水平最高的城市。放眼全国，上海、广州、深圳、杭州的数字经济发展都具有地区特色和差异化优势，由于北京具有首都功能及其科技创新中心等战略定位，北京发展数字经济的思维广度明显超出深圳等其他数字经济发达城市。

北京发展数字经济的整体实力十分雄厚。近年来，随着电子商务、移动设备、互联网自媒体等数字经济新兴业态兴起，北京依托在科技创新和企业发展领域具有的显著优势，加快对各领域数字经济产业的培育，不仅促使高科技产业和传统制造业加快向产业数字化转型，京东、小米、字节跳动等与数字经济密切相关的新企业也迅速涌现，并在国内国际市场占据了重要地位。

《北京市关于加快建设全球数字经济标杆城市的实施方案》提出"打造中国数字经济发展'北京样板'、全球数字经济发展'北京标杆'，加快建设全球数字经济标杆城市"的宏大战略目标，[②]这一战略定位明显高于深圳"智慧城市和数字政府"等其他各城市的数字经济发展目标。这种战略层面的差异体现了北京作为我国首都和科技创新中心在引领各地区数字经济发展过程中扮演的重要角色。根据《北京市关于加快建设全球数字经济标杆城市的实施方案》，北京将打造"六个高地"，起到引领全球数字经济发展的重要作用。"六大高地"的目标和主要内容全面涵盖了城市数字治理、国际数据要素配置、数字产业、数字技术创新、数字治理中国方案、数字经济对外开放等数字经济发展的核心议题（见表8-15）。

---

① 《2021中国数字经济城市发展白皮书》，《数字经济》2021年第Z2期。
② 《中共北京市委办公厅 北京市人民政府办公厅印发〈北京市关于加快建设全球数字经济标杆城市的实施方案〉的通知》，《北京市人民政府公报》2021年第31期。

表8-15　北京加快建设全球数字经济标杆城市打造的"六大高地"

目标	主要内容
城市数字智能转型示范高地	建成一批示范引领性强的数据原生基础设施，数字化场景得到充分应用
国际数据要素配置枢纽高地	建设全球领先的超大规模数据平台，实现数据资产化，集聚三成以上全球市值前一百名的数字经济标杆企业
新兴数字产业孵化引领高地	培育新一代数字化出行、新型数字化健康服务、智能制造、数据支撑的研发和知识生产、数字金融、数字能源服务等新兴产业集群
全球数字技术创新策源高地	聚焦突破高端芯片、基础软硬件、开发平台、基本算法、量子科技、脑机科学等"卡脖子"和前沿核心技术，推出一批世界一流的首创技术、首制产品
数字治理中国方案服务高地	建成超大城市数字化治理体系，城市治理能力现代化水平显著提升
数字经济对外合作开放高地	对外数字贸易、跨境数据流动、数字领域基础共性标准制定取得突破性进展

资料来源：《中共北京市委办公厅 北京市人民政府办公厅印发〈北京市关于加快建设全球数字经济标杆城市的实施方案〉的通知》，《北京市人民政府公报》2021年第31期。

相比而言，深圳的数字经济布局虽然在广度和深度上不及北京的数字经济发展策略，特别是未广泛涉及数字治理中国方案供给和数字经济对外开放等内容，但也体现了深圳特色、特区特色，并且遵循了两地在发展定位、数字经济发展实际情况、区位优势上的不同。例如，在推进数字经济产业发展和打造工业互联网平台体系、深化企业数字技术应用上，深圳的发展方案体现了深圳对自身在互联网技术、5G应用、人工智能、新能源智能汽车、数字化供应链产业链领域发展基础和发展优势的充分考量及应用，充分迎合了当前深圳推进粤港澳大湾区、中国特色社会主义先行示范区"双区"建设，以及依托深圳高新区、深港科技创新合作区等平台推动广东国家数字经济创新发展试验区建设的现实要求。

在数字经济发展规模上，北京与深圳总体上是较为相近的，而数字经济核心产业在深圳经济结构中的重要性则更为显著。2021年，北京数字经济增加值的规模达到1.6万亿元，在北京地区生产总值的占比为40.4%，而数字经济核心产业的增加值和占地区生产总值的比重则分别为8918.1亿元和22.1%，此外数字化效率提升业增加值达到7333.8亿元，数字经济服务业也取得长足进步；[①] 相比之下，根据《深圳市人民政府关于加快智慧城市和数字政府建设的若干意见》，深圳的数字经济核心产业的增加值和占地区生产总值的比重两项数据略高于北京，分别为超过9000亿元和30.6%，[②] 体现了自身在数字经济产业发展、基础设施建设等领域具有的强劲势头，为下一步深圳继续在数字经济建设上有所突破奠定了坚实基础。

北京与深圳在数字经济发展上的显著差异主要表现在对数字经济发展的功能定位和数字经济对本地区发展的实际作用上。北京发展数字经济的目标更为宏大，不仅重视体现北京的发展实际，也非常注重在数字经济发展过程中对形成数字经济发展中国标杆、中国样板的经验积累，这也与北京作为首都的政治功能和科技创新中心的定位相符合；而深圳在数字经济发展上则强调数字产业的持续优化和智慧城市、数字治理等应用场景，一定程度上体现了当前数字经济产业对深圳经济发展的强劲推力和深圳在数字化城市治理领域取得的显著成效。

（二）与上海的对比

推进城市数字化转型是当前上海发展数字经济、数字生活、数字治理的总体指导思想（见表8-16）。上海市人大代表、上海海事大学副校长严伟表示，当前上海数字经济占地区生产总值的比重超

[①] 陈雪柠：《北京打造中国数字经济发展样板》，《北京日报》2022年4月17日第1版。

[②] 《深圳市人民政府关于加快智慧城市和数字政府建设的若干意见》，《深圳市人民政府公报》2021年第3期。

过50%，一系列数字经济产业载体平台加快建设，并在城市数字化、工业互联网、智能网联汽车等领域出台了具体发展规划。①

表8-16 上海推动"经济、生活、治理"全面数字化转型目标

目标	主要内容
推动经济数字化转型，提高经济发展质量。加快推动数字产业化、产业数字化，放大数字经济的辐射带动作用，做优做强城市核心功能，助力"五型经济"发展	加快建设集成电路、人工智能等世界级数字产业集群，以数据流动牵引资金、人才、技术、知识等要素的全球化配置，建立跨地域科技资源的协作网络，疏通基础研究、应用研究和产业化双向链接快车道。加快生产制造、科技研发、金融服务、商贸流通、航运物流、专业服务、农业等领域的数字化转型，推动产业互联网和消费互联网贯通发展，推进智慧口岸建设，大力发展数字贸易，助力提升产业链供应链的安全性、稳定性。引领在线新经济蓬勃发展，全力打响新生代互联网经济品牌，大力发展新应用、创造新业态、探索新模式、培育新职业，做大新兴消费市场，以互惠互利为价值导向，形成数字经济的竞争新优势
推动生活数字化转型，提高城市生活品质	满足市民对美好生活的向往，打造智能便捷的数字化公共服务体系，加强政府、企业、社会等各类信息系统的业务协同、数据联动。结合新技术和新制度的供给，以数字化推动公共卫生、健康、教育、养老、就业、社保等基本民生保障更均衡、更精准、更充分，打造智慧医院、数字校园、社区生活服务等一批数字化示范场景。发挥社会和市场活力，推进商业、文娱、体育、出行、旅游等质量民生服务数字化新模式、新业态健康发展，加快城市公共设施的数字化转型，构建数字商圈平台、社区智慧物流网络、新能源设施终端等生活"新基建"。加快新闻出版、广播影视等行业融入数字化进程，不断丰富数字文创、数字内容等相关服务供给。着力解决"数字鸿沟"问题，倡导各类公共服务"数字无障碍"，面向老年人和残障人士推进相关服务的适应性改造，创造无处不在、优质普惠的数字生活新图景

① 陈颖婷：《打造数字经济的上海样板》，《上海法治报》2022年1月24日第A5版。

续表

目标	主要内容
推动治理数字化转型，提高现代化治理效能	把牢人民城市的生命体征，打造科学化、精细化、智能化的超大城市"数治"新范式。以"云网端边安"一体化数据资源服务平台为载体，形成"一网通办""一网统管"互为表里、相辅相成、融合创新的发展格局。拓展"一网通办"建设，围绕企业群众实际需求，深化"高效办成一件事"，实现"一件事"基本覆盖高频事项，构建全方位、全覆盖服务体系。深化"一网统管"建设，聚焦公共安全、应急管理、规划建设、城市网格化管理、交通管理、市场监管、生态环境等重点领域，实现态势全面感知、风险监测预警、趋势智能研判、资源统筹调度、行动人机协同。以党建为引领，加强数字赋能多元化社会治理，推进基层治理、法治建设、群团组织等领域数字化转型

资料来源：《权威发布！关于全面推进上海城市数字化转型的意见公布》，上海市人民政府新闻办微信平台"上海发布"，2021年1月4日。

将"转型"定义为数字经济发展的整体方向，与上海的经济发展历史和产业结构存在密切联系。一方面，上海长期以来在全球金融行业、商贸流通行业、供应链行业中占有举足轻重的地位，且上海的汽车工业相当发达，而随着数字技术的发展，相关行业的数字技术创新不断加快，数字化应用场景正在快速普及，互联网金融、智能网联汽车等新型业态发展势头迅猛，因此在这些领域加快数字化转型，是上海持续推动经济高质量发展的必然要求；另一方面，近年来涌现的拼多多、哔哩哔哩等互联网企业也展现了上海在互联网等数字产业领域具有的充分发展潜力，为了给数字经济领域的企业和产业提供更好的发展空间，上海也势必要推进整个经济结构向数字化转型。

在数字经济发展上，上海与深圳存在广泛竞争，两地在相关行业的一些企业均具有非常可观的市场竞争力。在细分行业领域，以新能源智能网联汽车为例，上海作为知名智能网联汽车品牌特斯拉的中国工厂所在地，同时拥有上海大众、上汽荣威等近年来已推出一系列新能源汽车、智能网联汽车的合资汽车品牌、自主汽车品牌，整体的新能源智能网联汽车领域的产品力和科技创新能力非常强，且依托上海在全国汽车销售市场具有的广泛营销网络，上海新能源智能网联汽车的市场份额相当大；而深圳近年来大力扶持比亚迪等本土自主品牌新能源智能网联汽车的发展，在该领域已经具备与上海汽车工业抗衡的实力，在这种良性竞争下，两地可以充分发挥自身在数字经济发展上的特色优势，助力我国数字经济发展的技术积累。

在引领行业发展领域，上海与深圳也正在角力。伴随着数字技术、人工智能不断革新兴起的"元宇宙"概念，已成为两地的另一大竞争阵地。在2022年6月16日举行的上海全球投资促进大会上，上海针对数字经济、元宇宙等行业发布了一系列投资促进方案，提出到2025年元宇宙产业规模超过3500亿元的发展目标；[1] 而在此之前，深圳便抢先在元宇宙行业技术标准上实现了引领性的创新，深圳市信息服务业区块链协会组织起草的《基于区块链技术的元宇宙身份认证体系》《基于区块链技术的元宇宙支付清算体系》两项涉及元宇宙领域的团体标准在2022年4月发布，这两项标准作为国内首批元宇宙技术标准，由深圳市信息服务业区块链协会组织起草，[2] 不仅标志着深圳在国内元宇宙技术标准的制定上走在了前列，也预示着我国元宇宙行业及相关行业未来将向着更加规范的方向发展。上海、深圳在元宇宙领域的创新竞争，应该得到正向引导和良好运用，从而为我国元宇宙产业及数字经济发展创造有利条件。

（三）与广州的对比

广州在数字经济发展上与深圳存在广泛的竞争和联动：一方面，广州和深圳无论在经济总体发展水平还是数字经济发展水平上，都非常接近，而且在智能网联汽车、互联网服务等产业领域，两地企

---

[1] 王伟：《上海2025年元宇宙产业规模将突破3500亿元》，《中国电子报》2022年6月21日第2版。

[2]《深圳市发布国内首批元宇宙技术标准》，新浪财经，2022年4月23日，http://finance.sina.com.cn/blockchain/roll/2022-04-24/doc-imcwiwst3590096.shtml，2022年4月23日。

业的产品和服务都存在显著竞争；另一方面，同为粤港澳大湾区极点城市、"广州—深圳—香港—澳门"科技创新走廊的重要组成部分和《广东省建设国家数字经济创新发展试验区工作方案》确立的"人工智能创新发展重点区"，[①] 在共同推进粤港澳大湾区建设过程中，广州与深圳在数字经济发展的各个领域均有广阔的合作空间。

广州在数字经济发展上，与当前广州重点发展先进制造业、生产性服务业的趋势相适应。目前，广州数字经济建设已取得了一系列重要进展，在数字经济产业领域已培育出多个代表性企业，在数字治理体系、基础设施建设领域不断获得新成果。

表8-17　广州加快打造数字经济创新引领型城市的重点工作领域

目标	重点工作领域
聚焦国家定位，建设数字经济创新要素安全高效流通试验区	加快探索数据安全高效治理新模式；探索建立穗港澳数字经济创新要素高效流通体系；全力打造适宜数字经济发展的营商环境；加速公共数据整合应用和数字经济应用场景释放
聚焦未来技术，加快数字经济关键核心应用科技攻关	加快新一代信息技术、人工智能与生物医药的交叉融合；加快新型显示产业关键核心应用技术的集中攻关；加快数字创意产业关键核心应用技术的研发创新
聚焦重点载体，形成数字产业集聚发展"一核多点"的协同发展格局	全力打造广州人工智能与数字经济试验区；联动发挥各区域型数字经济集聚区支撑作用
聚焦设施完善，推进新型数字基础建设和高效共享	大力布局推动"新基建"项目建设；加快布局建设国家重大科技基础设施；建立数字基础设施安全高效共享机制
聚焦产业支撑，加速重点领域数字化转型	优化工业互联网发展环境；加速数字技术与制造业融合发展；支持新兴数字化服务发展模式；打造全国区域智慧轨道交通产业标杆示范

---

① 《广东省建设国家数字经济创新发展试验区工作方案》，广东省人民政府官方网站，2020年11月28日，http：//www.gd.gov.cn/xxts/content/post_3137642.html。

续表

目标	重点工作领域
聚焦国际开放，推动技术研发与成果转化交流合作	加强数字经济领域国际交流合作；支持"高精尖缺"创新成果转化
聚焦关键要素，建立健全数字经济发展重点保障体系	引导数字经济企业和人才分类集聚发展；优先保障数字经济重点载体平台建设项目用地；加大对数字经济企业融资支持和金融创新力度；强化政策落地和责任落实

资料来源：《广州市人民政府关于印发广州市加快打造数字经济创新引领型城市若干措施的通知》，《广州市人民政府公报》2020年第13期。

广州数字经济发展迅速的一个重要例证是广州在数字经济发展政策法规体系建设上的创新性。作为国内首部城市数字经济地方性法规，《广州市数字经济促进条例》于2022年6月1日起正式施行，《广州市数字经济促进条例》聚焦于广州的数字产业化发展，主要包含三方面的内容，即关键数字技术研发、数字经济规则标准体系建设和数字产业高级化现代化。[①]《广州市数字经济促进条例》标志着广州的数字经济发展在法律法规完善创新方面走在了前列，并为其他城市的数字经济体系建设提供了宝贵经验。结合深圳在元宇宙领域进行首创性立法的举措来看，在粤港澳大湾区建设的整体背景下，深圳与广州在数字经济立法和行业规则标准体系建设上具有广泛的合作空间，一旦形成发展合力，将对地区经济发展产生重要推力。

（四）与杭州的对比

杭州之所以能够成为在数字经济领域与北京、上海、广州、深圳并驾齐驱的城市，很大程度上得益于杭州在互联网产业发展上的强势地位。除代表性的本地企业阿里巴巴外，部分外地重要互联网企业也在杭州设立业务主体，杭州互联网产业总体实力相当强劲。

[①]《〈广州市数字经济促进条例〉6月1日起实施》，《金融科技时代》2022年第6期。

由于杭州的阿里巴巴集团与深圳的腾讯集团在中国互联网行业均具有举足轻重的市场地位，两地也在其他数字经济领域的发展上各有特点并存在竞争关系，因而杭州和深圳两地的互联网经济乃至数字经济之间的对比也备受关注。总体而言，两地在数字经济发展上各有特点和长短，具体体现在如下几个方面。

第一，在核心数字经济产业的总体规模上，深圳居于明显领先地位。前文提到，2021年，深圳数字经济核心产业的增加值超过9000亿元，占地区生产总值的比重达到30.6%，同年杭州数字经济核心产业增加值占地区生产总值的比重达到27.1%，接近深圳水平，但在增加值数额上远落后于深圳，为4905亿元。[①]

第二，在数字经济服务业领域，杭州优势显著。依托阿里巴巴集团等互联网企业，杭州在电子商务、移动支付、互联网娱乐等数字经济服务业领域的发展非常迅速，部分领域居于国内同行业的"领头羊"位置；尽管深圳同样拥有腾讯等数字经济领域服务业企业，但该细分行业的整体规模无法与杭州相提并论。2020年，数字服务业在营企业注册资本方面，杭州达到8558.79亿元，远高于深圳的2948.37亿元。[②]

第三，在其他数字经济行业领军企业的发展上，深圳占优。在领军产业和企业的丰富程度上，深圳不仅在互非实体的数字产业化领域取得良好发展，更在智能移动设备制造、智能网联汽车制造实体业态创新和产业数字化领域相比杭州更有建树。因此，在其他数字经济行业领军企业上，深圳有更深厚的发展基础。

作为浙江建设国家数字经济创新发展试验区过程中对地区数字经济有重要影响的省会和经济最发达城市，杭州在数字经济的发展规划上同样进行了详细部署，结合浙江、杭州数字经济发展的主要成就和实际需求，出台了针对性的发展策略，这给全国各地区促进数字经济发展提供了非常优质的参考。

[①] 《浙江省第十四次党代会以来经济社会发展成就之数字经济篇》，浙江省统计局官方网站，2022年5月5日，http://tjj.zj.gov.cn/art/2022/5/5/art_1229129214_4920157.html。

[②] 叶堂林等：《京津冀发展报告（2022）》，社会科学文献出版社2022年版。

表8-18　　"十四五"时期杭州数字经济发展目标

目标	主要内容
总体目标	到2025年，数字经济进入跨越式发展新阶段，以数字化改革引领创新发展，数字经济系统建设不断完善，数字经济新型生产关系初步构建，数字经济生产力大幅提升。全市规模以上数字经济核心产业企业营业收入达到2万亿元，增加值达到7000亿元并力争向万亿元迈进，增加值占地区生产总值的比重达到30%；数字经济总量占地区生产总值的比重高于全省10个百分点以上，增速领跑全国。数字经济"五地"建设取得突破性进展，数据要素市场改革有序推进，"全国数字经济第一城"地位进一步彰显，着力打造全球数字经济发展样板城市，高水平形成"重要窗口"鲜明标志
加快建设全国数字经济理念和技术策源地	人工智能、区块链等数字技术取得重大突破，创新能力进一步增强，之江实验室、西湖大学等成为国际一流的科创平台，形成一批引领性创新成果。到2025年，全社会研究与试验发展（R&D）经费投入相当于地区生产总值的比重达到4.0%，数字经济核心产业有效发明专利达到5.2万件
加快建设全国数字经济企业和人才集聚地	优势资源集聚效应进一步凸显，产业梯度培育成效显著。到2025年，培育数字经济国家高新技术企业达到6000家，"隐形冠军""小巨人""单项冠军"企业达到200家以上；引进数字经济领域领军人才60名以上，组建创新创业人才团队50个以上
加快建设全国数字产业化发展引领地	关键基础产业自主可控能力显著提升，优势新兴产业能级增强，未来产业逐步壮大，融合型新产品新业态新模式蓬勃发展，形成若干个千亿元级、万亿元级产业集群。到2025年，电子信息产品制造产业营业收入达到7000亿元，软件与信息服务产业营业收入达到1.5万亿元
加快建设全国产业数字化变革示范地	两化融合发展水平保持全国领先，装备数控化率和工业设备联网率提升15个百分点以上，规模以上工业企业数字化改造实现全覆盖。全球数字贸易中心基本建成。到2025年，网络零售额达到1.2万亿元，跨境电商出口额达到960亿元，数字贸易额达到1940亿元

续表

目标	主要内容
加快建设全国城市数字治理方案输出地	整体智治体系全面形成，智慧化便捷公共服务普遍共享，数字治理制度规范体系成熟定型，城乡治理体系和治理能力达到全国领先水平。数据要素市场稳步构建，特色行业数据资源创新应用加快推进，数字红利不断释放。到2025年，依申请政务服务办件"一网通办"率超90%，公共数据集开放个数达到1600个

资料来源：《杭州市人民政府办公厅关于印发杭州市数字经济发展"十四五"规划的通知》，中共杭州市委 杭州市人民政府，2021年12月14日，http：//www.hangzhou.gov.cn/art/2021/12/24/art_1229063387_1807810.html。

从未来发展趋势上看，尽管深圳与杭州的数字经济产业企业特别是互联网企业之间仍在互联网服务各大领域存在激烈竞争并将持续，但在长时间的竞争过程中，两地的相关企业也逐步形成了一些特有优势，并付诸于服务质量的升级，为消费者提供了更多元化的消费体验，同时也为两地企业在竞争中谋求互利合作创造了条件。

二 与其他粤港澳大湾区城市的对比

在推进粤港澳大湾区建设的国家战略推动下，深圳与广州等粤港澳大湾区城市在社会经济发展上的合作空间得到了进一步的扩充，面对这种宝贵的发展机遇，迅速研究和了解相关城市在数字经济等领域的发展状况，成为深圳未来推进与其他粤港澳大湾区城市在相关领域全方位合作的必然要求和关键推力。前文已进行了深圳与广州在数字经济发展上的对比，在此选择将佛山、东莞、惠州、珠海四个粤港澳大湾区城市的数字经济发展状况与深圳进行对比。

之所以选择佛山、东莞、惠州和珠海作为对比对象，与四个城市在数字经济领域发展上具有显著优势有关。根据相关研究，2019年，在粤港澳大湾区内地城市中，深圳、东莞、惠州、广州的数字经济占地区生产总值的比重高于全国平均水平，而珠海则与全国平均水平持平。[①] 虽然佛山的这一数据并没有前述城市亮眼，但考虑到佛山的经济总量位居广东省第三，制造业实力雄厚，且近年来佛山在数字经济发展上不断取得重要进展，因此将佛山也作为对比对象之一。

(一) 与佛山的对比

佛山作为粤港澳大湾区极点城市之一，其经济总量在粤港澳大湾区内地城市中仅次于深圳和广州。在产业结构和代表性企业上，佛山的数字经济服务业发展相对薄弱，但制造业的发展水平比较高，拥有美的、联塑、格兰仕等一批知名制造业企业，在机器人制造等领域也涌现新的发展活力。这种经济和产业背景在很大程度上决定了当前佛山数字经济发展的主要方向，即推进产业数字化，推动和支持传统制造业的数字化、智能化转型。

一定程度上，佛山对待数字经济发展更专注于产业数字化，其相关举措比较有代表性。受限于经济体量和资源禀赋，国内大多数城市的产业结构都需要向特定的一个或少数几个领域侧重。在数字经济发展上，要推动产业数字化，需要这个城市在科技创新能力、市场规模、经济活力等多个层面均具备良好的资源条件；但当前相当一部分国内城市尚且不具备这样的发展环境，包括佛山在内的众多经济较发达城市，其第二产业在经济结构中的占比仍然非常突出。对这些城市而言，推动机器人制造、工业互联网建设等产业数字化举措，是发展数字经济最高效也是获益最多的策略。

近年来，佛山高度重视推动制造业数字化智能化转型。佛山近两年的政府工作报告中，均重点提及了数字经济特别是产业数字化的内容，强调要推动实体经济和数字经济深度融合发展，推动企业依托数字技术和智能制造装备，实现制造业数字化智能化转型下的全流程改造升级。[②] 同时，佛山还积极推动制造业数字化智能化的政策支持体系落实完善，2021年7月25日，佛山市人民政府印发

[①] 朱金周、方亦茗、岑聪：《粤港澳大湾区数字经济发展特点及对策建议》，《信息通信技术与政策》2021年第2期。

[②] 肖威、张艳婷：《数字经济背景下制造业数字化转型升级路径研究——以佛山市为例》，《广东轻工职业技术学院学报》2022年第2期。

《佛山市推进制造业数字化智能化转型发展若干措施》，对推动制造业数字化、网络化、智能化转型升级的目标方向和具体举措进行了规制，产生了积极的引导作用（见表8-19）。

表8-19 佛山推进制造业数字化智能化转型发展的重点工作领域

目标	重点工作领域
加快制造业企业数字化智能化转型	建设数字化智能化示范工厂；建设数字化智能化示范车间；打造工业互联网标杆示范项目；打造数字化智能化改造标杆示范项目；鼓励中小企业"上云用云"；支持制造业数字化智能化改造
加大制造业数字化智能化转型金融财政支持力度	开展银行贷款贴息；开展融资风险补偿；开展基金股权投资
加快产业集群数字化智能化转型	推动产业链协同数字化转型；引导中小企业抱团数字化转型
增强数字化智能化供给能力	促进佛山市工业互联网产业生态供给资源池企业发展；建立佛山市数字化智能制造装备及机器人产业生态供给资源池；培育佛山市机器人制造和系统集成骨干企业；加快工业互联网标识解析建设及应用；加快工业互联网App开发应用；培育和引进跨行业、跨领域工业互联网平台；培育和引进特定行业、特定区域工业互联网平台；建设制造业数字化智能化转型示范园区
优化数字化智能化公共服务	开展制造业数字化智能化转型公共服务；开展数字化智能制造产业监测及诊断服务；提升工业互联网安全保障能力；加快数字化基础设施建设；加强企业家培训；加大人才引进和培育力度

资料来源：《佛山市人民政府关于印发佛山市推进制造业数字化智能化转型发展若干措施的通知》，佛山市人民政府官方网站，2021年8月11日，http://www.foshan.gov.cn/gkmlpt/content/4/4915/post_4915945.html#37。

相比于深圳在数字经济领域以互联网和数字服务业、高新数字技术设备制造、移动通信等业态为主要发展方向，佛山明显更侧重于以数字技术应用为手段，在其占据优势的制造业领域集聚和优化配置发展资源、更新和改进传统生产方法，形成制造业高质量发展的推力。这种立足于佛山发展实际的数字经济发展策略，势必会为佛山未来的经济发展创造新的活力。

（二）与东莞的对比

2021年，东莞地区生产总值首次突破1万亿元，成为继广州、深圳、佛山后第四个地区生产总值破万亿元的广东省城市和粤港澳大湾区内地城市，经济总量位居全国城市前列。东莞的经济腾飞与其雄厚的制造业基础密不可分，也得益于近年来东莞在数字经济发展领域的不断突破创新。在产业结构上，东莞与佛山比较相似，均以第二产业为主；但在数字经济发展上，东莞则总体上领先于佛山。通过大力发展电子信息制造等数字经济产业，东莞数字经济核心产业近年来发展迅速，在东莞经济结构中的重要性不断凸显，其占地区生产总值的比重已超过18%，[1] 逐步接近国内数字经济发达城市的水平。

东莞作为制造业大市，其产业领域非常丰富。广东省人民政府印发的《广东省制造业高质量发展"十四五"规划》提及的东莞产业，既包含汽车、现代轻工纺织、现代农业与食品等被赋予现代化发展动力的传统产业，也涵盖了新一代电子信息、软件与信息服务、半导体及集成电路等与数字经济相关的高新技术产业领域，[2] 体现了东莞在数字经济发展上的强劲动能。在发展过程中，东莞不仅充分运用数字技术对传统制造业进行升级改造，通过产业数字化技术手段，全面提升传统制造业企业的管理、生产和信息效率，还充分利用了自身的发展历史和发展经验，在电子信息和智能设备制造行业占据了重要的市场地位，从而有效提升了自身的数字经济发展质量。在智能手机等数字化移动设备尚未普及时，东莞便充分吸收和运用改革开放红利，培育出了步步高等知名电子设备生产企业，打出了东莞品牌。依托在相关领域雄厚的发展基础，东莞进一步拓展了在电子信息制造领域的发展空间。目前，东莞已成为华为

---

[1] 伍江：《赋能东莞数字经济发展》，《东莞日报》2022年3月28日第A2版。
[2] 《广东省人民政府关于印发广东省制造业高质量发展"十四五"规划的通知》，《广东省人民政府公报》2021年第23期。

智能设备的重要生产科研基地和OPPO、vivo等知名国产智能设备品牌的总部所在地，在数字经济领域的市场地位和研发生产能力非常可观。

为实现地区数字经济进一步高质量发展，东莞市委市政府高度重视东莞数字经济发展状况，持续建立健全东莞数字经济发展的政策支持和保障体系。2022年1月14日，东莞市人民政府印发《东莞市人民政府关于推动数字经济高质量发展的政策措施》，提出"到2025年年底，全市数字经济核心产业规模突破1.3万亿元，数字经济核心产业增加值占地区生产总值的比重达23%，实现规上企业数字化转型升级全覆盖，全力打造数字经济高质量发展试验区，建设制造业数字化转型示范城市"的发展目标，[①]并就实现此目标建立了完善的政策举措体系（见表8-20、表8-21）。

表8-20　东莞推动数字经济高质量发展的重点工作领域

目标	重点工作领域
加快推动产业数字化	支持龙头企业实施制造业数字化转型试点示范；提升"专精特新"等重点企业数字化应用能力；推动中小型制造企业数字化普及应用；合力降低优势制造业数字化改造成本；持续加快现代服务业数字化升级步伐
加快推动数字产业化	领跑发展新一代电子信息等关键优势产业；加快布局半导体及集成电路、基础电子元器件等核心先导产业；做大做强软件和信息技术服务业等融合发展产业；培育发展大数据、人工智能等前沿新兴产业
夯实数字经济发展基础	优先保障数字经济重点平台载体建设空间；加快建设新型数字基础设施；加快集聚高层次专业化数字人才；加快提高数字技术自主研发能力；鼓励引导产业基金加大数字经济领域投资；营造良好的数字经济发展环境

资料来源：《东莞市人民政府关于推动数字经济高质量发展的政策措施》，《东莞市人民政府公报》2022年第1期。

---

① 《东莞市人民政府关于推动数字经济高质量发展的政策措施》，《东莞市人民政府公报》2022年第1期。

表 8-21　东莞制造业重点产业集群数字化转型路线

转型领域	转型目标	重点内容
新一代电子信息产业集群	龙头牵引，聚焦产业链上下游一体化融合发展模式，促进集群企业间的数据互通和业务互联，到2025年，实现网络化的协同设计、协同生产和协同服务	巩固提升国家级智能移动终端产业集群优势，支持龙头企业牵头建设工业软件攻关基地，开展新型工业软件研发与应用示范，推动电子信息产业数字化高端化发展；支持骨干企业针对研发设计、生产管理、质量检测、供应链管理等环节实施数字化改造，引领制造业数字化转型升级；支持电子信息产业链企业数字化升级，提高与终端厂商研发协调水平和产品交付能力，促进产业链上下游数据业务一体化融合
高端装备产业集群	标杆示范，提升企业应用人工智能、5G、先进传感等信息技术的能力，到2025年，实现全要素全环节的动态感知、互联互通、数据集成和智能管控	发挥国家级高端装备产业集群发展优势，支持行业龙头企业研制具有自感知、自决策、自执行功能的高端数控机床、工业机器人、检测装配、物流仓储等数字化智能制造装备，并实现在重点行业的规模化应用；支持系统解决方案供应商联合装备制造商、软件开发商，推进高端装备与核心软件（设计及工艺仿真软件、工业控制软件等）、工业互联网的集成应用，实现数字化成套装备（生产线）首台（套）突破；针对高端装备制造业中的关键工序自动化、数字化改造需求，在产业链中推广应用数字化技术、系统集成技术
食品饮料产业集群	质量与安全先行，推动工业可视化、机器视觉在缺陷检测、产品组装定位引导、机器人巡检等场景创新应用，到2025年，实现行业供应链优化和全流程溯源	支持行业龙头企业联合制造业数字化转型服务商通过生产过程的数据采集分析，提升食品品质检测能力，实现供应链优化和全流程溯源，提升产品品质和安全性；支持中小企业通过数字化管理，提升生产的流程化、标准化，通过优化制造流程，降低能源消耗和运营成本，实现精益管理；加快自动化、智能化、数字化生产设备在食品饮料行业的应用推广；支持行业企业冷链物流、智能物流建设，探索建设集仓储、运输、销售、配送于一体的食品数字化管控仓储及物流配送体系

续表

转型领域	转型目标	重点内容
纺织服装鞋帽产业集群	以客户需求为中心，发展需求分析、敏捷开发、柔性生产、精准交付等系统，增强用户在产品开发生产全周期中的参与度，到2025年，实现供需高效匹配和精准对接	支持行业龙头企业打造以自动化和智能化生产、在线工艺和质量监控、自动输送包装、智能仓储、智能管理为主要特征的智能化车间；依托数据中控打通设计端、生产端及销售端，提升供应链的柔性生产能力和快速反应水平，实现产品的设计、生产、销售全链路的数字化管理；支持中小纺织服装企业开展数字化升级改造，推动RFID技术、自动化缝制单元、模板自动缝制系统、智能吊挂系统、柔性整烫系统、自动立体仓储和物流配送系统等信息化技术在纺织生产、研发、管理、仓储、物流等各环节广泛应用
家具产业集群	个性化定制转型，利用数字技术贯通家具产业设计、制造、营销前中后端，从制造业务向价值链两端高附加值环节延伸，到2025年，实现从"生产＋销售"向"产品＋服务"转变	鼓励龙头企业联合数字化转型服务商，打造数字化转型系统集成解决方案，提升家具行业研发、设计、生产等环节协同水平；支持企业对生产线进行改造，大力发展精益化、智能化、协同化、柔性化的生产加工模式，试点小批量、订单式生产经营模式，推动企业向个性化定制、模块化家具等新型生产模式转型；推广应用虚拟仿真、3D设计等先进家具设计技术，强化针对细分人群、使用场景的功能性、个性化产品设计，加强与智能家居系统配套联动的家具产品智能化设计；引导企业加强终端渠道信息化系统建设，精准掌握终端零售情况，对市场进行高效反馈

资料来源：《东莞市人民政府关于推动数字经济高质量发展的政策措施》，《东莞市人民政府公报》2022年第1期。

但相比于深圳等国内数字经济发达城市，东莞在数字和互联网服务业上的发展基础相对比较薄弱，相关领域的发展规划也有待进一步完善。未来，在粤港澳大湾区合作框架下，深圳与东莞可以在充分考量双方在数字经济发展中各自的优势和短板的基础上实现有效的资源整合，创造发展合力。

（三）与惠州的对比

惠州作为粤港澳大湾区内地城市中重要一员，在数字经济发展上，与经济总量更大的佛山、东莞有相通之处。借助改革开放的政策优势和毗邻深圳、香港的区位优势，惠州培育出了TCL、德赛电池、雷士照明等一批知名制造业企业。在数字技术、人工智能技术不断革新的当下，惠州也采取了侧重于产业数字化的数字经济发展策略，大力培育电子信息产业，在数字经济建设领域取得了一定成就。

目前，惠州电子信息产业已形成了五大优势产业链，即数据和信息技术服务产业链、超高清视频产业链、5G智能终端产业链、智能网联汽车产业链和新能源电池产业链。特别在4K超高清电视生产领域，2020年，惠州共计生产4K超高清电视1750万台，产量高达全国总量的1/3，而同年惠州电子信息产值达到3900亿元，在广东省位列第三。[①] 作为一个2021年地区生产总值仅接近5000亿元的城市，惠州在数字经济领域取得这样的成绩实属不易。

类似于其他粤港澳大湾区城市，惠州市委市政府同样注重惠州市数字经济发展的战略规划和政策保障体系，为本地区数字经济高质量发展特别是制造业数字化转型升级提供良好条件。2021年7月11日，惠州市人民政府印发《惠州市促进数字经济产业发展若干措施》，形成了一套行之有效的数字经济产业发展促进政策体系。

需要注意的是，《惠州市促进数字经济产业发展若干措施》特别强调了对数字经济产业重点项目的引进工作。[②] 这在一定程度上体现了惠州在数字经济发展领域，相比于其他数字经济规模和总体经济规模较大的城市，仍需要更多地借助外力，也为惠州未来继续提升数字经济发展的质量和规模创造了有利条件。此外，相比于深圳等数字经济发达城市，惠州是数字和互联网服务于发展也较为有限。

---

① 谢宝树、吴国志：《惠州加速打造具有世界级竞争力电子信息产业基地》，《惠州日报》2021年9月29日第1版。
② 《惠州市人民政府关于印发惠州市促进数字经济产业发展若干措施的通知》，惠州市人民政府官方网站，2021年7月11日，http://www.huizhou.gov.cn/zfxxgkml/hzs-rmzf/gzwj/qt/content/post_4357554.html。

表 8-22　惠州促进数字经济发展的重点工作领域

目标	重点工作领域
引进数字经济产业重点项目	支持新一代电子信息制造业企业引进和培育；支持新一代信息技术服务业企业引进和培育；培育半导体及集成电路新兴产业；优化项目服务机制
加速产业数字化转型	鼓励企业开展数字化技术改造；支持企业上云上平台；加快工业互联网发展
支持数字经济产业企业研发创新	打造数字经济产业创新平台
发展数字经济新业态	提升数字化治理能力；建设数字经济应用示范新场景；发展信息消费新模式；创新数字金融服务
强化数字经济产业载体建设	完善数字经济基础设施；支持数字经济产业园建设
优化数字经济产业人才服务	注重人才引进和培育

资料来源：《惠州市人民政府关于印发惠州市促进数字经济产业发展若干措施的通知》，惠州市人民政府官方网站，2021 年 7 月 11 日，http://www.huizhou.gov.cn/zfxxgkml/hzsrmzf/gzwj/qt/content/post_4357554.html。

（四）与珠海的对比

珠海与深圳同为首批经济特区城市，虽然受限于城市体量，在经济总量上无法与深圳相提并论，但珠海同样走出了具有自身特色的高质量经济发展道路。珠海的人均地区生产总值位居全国领先水平，在数字经济的发展上，作为广东省建设国家数字经济创新发展试验区的"人工智能创新发展重点区"之一，珠海充分合理运用自身资源禀赋、整合产业优势，取得了较好的发展成效。

由于在区位条件和发展历史上非常相似，珠海与佛山、东莞、惠州一道，将数字经济发展的重点领域聚焦于制造业依托数字技术的转型升级。珠海目前拥有格力等一批知名制造业品牌，在制造业转型升级领域有很大潜力，且依托数字技术产业链体系和数字科学技术创新平台，可以形成良好的发展合力。2022 年 1 月 27 日，珠海高新技术产业开发区管理委员会官方微信公众号"珠海高新区"发布珠海高新区党工委政研室文章《珠海高新区：以"大集群、大载体、大生态、大场景"构筑数字经济高地》,指出珠海高新区将数字经济发展战略定位为四个"大",即"大集群、大载体、大生态、大场景",建设了华为珠海新一代信息技术应用联合创新中心等数字经济科技创新平台,并逐步形成集成电路"设计—制造—封装测试"全产业链体系。[1] 在《珠海市推进制造业数字化转型工作方案(2021—2025年)》等政策方案推动下,珠海在数字经济上将具有更加广阔的发展空间。

表8-23　珠海推进制造业数字化转型的重点工作领域

措施目标	重点工作领域
加快数字化基础设施建设	加快5G网络规划建设;支持工业园区、产业聚集区数字化改造;支持重点领域企业内部网改造升级
推动制造业数字化转型	打造特色产业数字化转型集群;打造龙头骨干企业数字化转型应用标杆示范;支持中小型制造企业数字化转型
强化关键技术支撑	支持工业软件研发及应用推广;发展智能硬件及装备;培育制造业数字化转型服务商
强化安全保障	建设数字化安全体系

资料来源:《关于印发〈珠海市推进制造业数字化转型工作方案(2021—2025)〉的通知》,珠海市人民政府官方网站,2021年10月21日,http://www.zhuhai.gov.cn/gxj/gkmlpt/content/3/3011/mpost_3011575.html#6204。

不过相比于深圳,由于在经济规模、技术积累、市场体量、发展基础等领域均存在明显差距,珠海的数字经济整体发展处于较为弱势的地位。虽然佛山、东莞、惠州的数字经济发展各具特色,但仍不能与深圳等数字经济发达城市同日而语。在粤港澳大湾区框架下,这种发展状况的差异为相关城市加强与深圳数字经济合作提供了动力和空间,深圳也应积极寻求这样的合作机会。

---

[1] 《珠海高新区:以"大集群、大载体、大生态、大场景"构筑数字经济高地》,珠海高新技术产业开发区管理委员会官方微信公众号"珠海高新区",2022年1月27日。

随着我国对经济体制的持续改革完善，不同城市被赋予的发展角色不断变更。在中国特色社会主义建设新时代，深圳被赋予了推进粤港澳大湾区、中国特色社会主义先行示范区"双区"建设的重要历史使命，而履行好这样的使命，也需要深圳继续充当好其他城市定位。

三　与其他经济较发达城市的对比

在进行深圳与其他城市数字经济发展对比过程中，需要充分考虑深圳的政策定位和发展角色。深圳除作为数字经济一线城市和粤港澳大湾区城市外，同时也是计划单列市、副省级城市，尽管并非直辖市，但在经济发展领域具有一定程度的类似于直辖市的定位和政策空间。除北京、上海以外，我国还拥有两大直辖市，即重庆和天津。两地数字经济发展均取得了重要进展，重庆还入选了国家数字经济创新发展试验区。因此，无论从功能定位还是数字经济发展实际情况角度来看，对比深圳和重庆、天津两地的数字经济发展状况都富有意义。

从省域经济发展定位来看，深圳并非经济第一大省广东的省会，却是省内经济总量最高的城市。无独有偶，苏州、青岛也分别在经济第二大省江苏和经济第三大省山东的省域经济格局中扮演相同角色。此外，深圳和青岛分别是南方计划单列市和北方计划单列市中经济总量最高者。三地在区域经济发展中的定位和实际状况的相似性使得它们互相之间的比较是合理的。综合考虑，本书选择将深圳与重庆、天津、苏州、青岛的数字经济发展情况进行对比。

（一）与重庆的对比

重庆是我国6个国家数字经济创新发展试验区中唯一非省的直辖市，也是直辖市中唯一的国家数字经济创新发展试验区，且在长江经济带、成渝地区双城经济圈等国家区域战略中具有核心地位。在我国数字经济发展格局中，重庆是西南地区的重要一环，在推动地区数字经济产业完善和技术创新上具有重要推动作用。

随着我国深入推进"一带一路"倡议和相关国内国际合作，重庆在产业承接、国际贸易、跨境物流等行业进步明显。在传统制造业、相关生产性服务业和数字治理领域，一批先进数字技术得到广泛应用，重庆的行业信息化、智能化建设进展迅速，新能源智能网联汽车产业、数字化政务服务等领域迸发出新的发展活力；在电子信息制造等数字经济领域，重庆在全球笔记本电脑生产领域的地位得到巩固，搭载相关产品的"渝新欧"中欧班列运营发展模式持续创新，一批数字经济产业园区布局建设。2021年12月，重庆市人民政府发布《重庆市数字经济"十四五"发展规划（2021—2025年）》，对"十三五"时期重庆在数字经济发展上取得的成果和存在的不足进行了深刻总结，并制定了"十四五"时期重庆的数字经济发展策略。

表8-24　　　　"十四五"时期重庆数字经济发展目标

目标	主要内容
总体目标（2025年，下同）	到2022年，集聚"100+500+5000"（100家创新能力强、发展后劲足、带动效应显著的数字经济龙头企业，500家前沿领域高成长创新企业，5000家"专特精尖"中小微企业和创新团队）数字经济领域市场主体，打造千亿级数字经济核心产业集群，创建10个国家级数字经济应用示范高地，高水平建成国家数字经济创新发展试验区。到2025年，大数据智能化走在全国前列，全市数字经济总量超过1万亿元，建成国内领先、具有全球影响力的数字经济创新发展高地，数字经济成为支撑深圳"智造重镇""智慧名城"建设的主力军
新型基础设施建设取得长足进步	信息基础设施全面升级，传统基础设施数字化、网络化和智能化水平大幅提升，建成全国一体化算力网络国家枢纽节点
数字产业化取得大幅提升	"芯屏器核网"产业链条不断延伸、产业集群效应显著增强，新兴数字产业加快布局，数字技术创新和数字产业生态体系基本建成
产业数字化取得重大进展	大数据、人工智能、区块链等数字技术与农业、工业、服务业深度融合，重点行业的数字化、网络化、智能化水平显著提升

续表

目标	主要内容
数字化治理效能达到更高水平	数字政府、数字社会建设持续深化，治理体系和治理能力现代化建设取得阶段性成果，政府管理、城市治理、民生服务等领域数字化服务效能显著提升，数据资源开发利用水平全国领先
数字经济开放水平显著提高	深化中新（重庆）国际互联网数据专用通道建设，创新探索南向、北向、西向国际互联网数据专用通道建设，重大开放平台建设取得突破，开放型发展水平显著提高
总体目标（2035年）	数字经济综合发展水平稳居全国前列；数字经济核心产业成为全市支柱产业，数字技术创新体系更加健全，建成创新人才高度聚集、优势创新要素不断汇聚的现代化数字产业体系；数字技术与农业、工业、服务业深度融合，新型工业化、信息化、城镇化、农业现代化基本实现；数字技术赋能数字政府、数字社会建设持续深化，智慧城市和数字乡村建设取得决定性进展，基本实现治理体系和治理能力现代化；数字基础设施互联互通基本实现，深度融入全球开放型经济体系，建成全球性数字经济开放高地

资料来源：《重庆市人民政府关于印发重庆市数字经济"十四五"发展规划（2021—2025年）的通知》，重庆市人民政府官方网站，2021年12月8日，http://www.cq.gov.cn/zwgk/zfxxgkml/szfwj/qtgw/202112/t20211208_10107836.html。

重庆与深圳在数字经济发展上各具特色，在一些领域存在竞争关系的同时，也具有广阔的合作发展空间。例如，在面向"一带一路"沿线开放、推动数字贸易等国际数字经济合作上，重庆作为内陆重要口岸城市，拥有较为丰富的、具有地方特色的发展经验，这对于深圳、重庆两地未来开展数字贸易等领域的合作是非常有利的。

（二）与天津的对比

随着经济发展模式的不断更新，天津已成为我国北方地区数字经济发展格局中的重要一环。天津的数字经济在其经济结构中占据非常显著的地位。2020年，在新冠肺炎疫情影响之下，天津数字经济仍保持了较好的发展活力，整体规模占地区生产总值的比重达到48%，软件业完成收入2286.7亿元，增长率达17.1%，发展势头好于天津大部分其他产业。①

2019年1月1日，《天津市促进大数据发展应用条例》正式施行。2021年8月，天津市人民政府印发《天津市加快数字化发展三年行动方案（2021—2023年）》，制定了到2023年天津在数字经济、数字社会、数字政府等领域的发展目标，在2019年6月出台的《天津市促进数字经济发展行动方案（2019—2023年）》基础上进一步丰富了天津支持数字经济发展的政策法规体系。伴随着支持体系和发展环境的不断优化，天津发展数字经济的动力得以持续增强。

表8-25　　　　2019—2023年天津数字经济发展目标

目标	主要内容
总体目标	到2023年，初步形成智能科技创新能力突出、融合应用成效显现、数字经济占地区生产总值的比重全国领先的发展新格局，数据成为关键生产要素，数字化转型成为实现天津高质量发展的主导力量，力争把滨海新区打造成为国家数字经济示范区
智能化基础设施达到国内先进水平	实现中心城区光纤网络全覆盖，第五代移动通信（5G）正式商用。建成大数据存储与超算中心相结合的新一代信息基础设施，全面实现铁路、公路、航运、电力、建筑等城市基础设施智能化
智能型先导和支柱产业规模达到国内先进水平	实现数据资源集聚共享和流通交易，人工智能、云计算、大数据、超级计算等新一代信息技术产业规模达到1万亿元，培育形成一批影响力大、竞争力强的龙头企业和辐射带动作用强劲的产业基地。智能型特色产业规模领先全国，形成完整的安全可靠产业链条

---

① 张娟娟：《天津数字经济发展模式及路径探索》，《天津经济》2022年第3期。

续表

目标	主要内容
产业数字化转型成为全国示范	企业普遍开展装备、产线和工厂的数字化改造，制造业重点领域企业数字化研发设计工具普及率超过80%，关键工序数控化率超过55%，全员劳动生产率显著提高。初步建成低时延、高可靠、广覆盖的工业互联网网络基础设施，打造在国内有影响力的工业互联网平台。电商、物流、交通、金融等行业加快向数字化、网络化、智能化发展，跨境电子商务进口销售额突破50亿元
数字化公共服务供给能力显著增强	建设完成医疗卫生、教育文化、环境保护、社会保障等公共服务领域城乡覆盖的集成化数字服务体系。建成电子政务公共平台，实现政务活动全流程网络化办理，实现市、区、乡镇（街道）、村（社区）四级网络互联互通。打造智慧港口、营建智慧园区，促进"港城""产城"深度融合
数字经济开放发展优势基本形成	京津冀数字经济协同发展格局走深走实。天津数字经济"引进来"和"走出去"水平显著提升，大数据、人工智能、数字内容、网络安全等特色产业加速向共建"一带一路"合作国家拓展
数字经济现代市场体系初步建成	市场化发展机制与模式日益成熟，市场化采信机制日渐完善，标准、知识产权等服务数字经济发展的能力显著增强，数字经济人才培养体系不断完善

资料来源：《关于印发〈天津市促进数字经济发展行动方案（2019——2023年）〉的通知》，天津网信网，2019年6月3日，http://www.tjcac.gov.cn/xxh/dzzw/202007/t20200722_3087573.html。

综上所述，深圳的数字经济发展总体上领先于天津，而天津在促进京津冀协同发展中积累的数字经济合作发展经验值得深圳在推进粤港澳大湾区建设过程中借鉴参考。未来两地可就区域数字经济发展合作等议题展开研究讨论。

(三) 与苏州的对比

苏州是长江三角洲地区的工业和服务业重镇，经济总量位居全国第六、江苏第一。在数字经济领域，近年来，苏州以数字经济、实体经济深度融合为发力方向，深入推进"数字产业化"和"产业数字化"发展。其中，在"产业数字化"领域，截至2021年年底，苏州共推动6000家以上工业企业实施"智改数转"项目，项目总数超8000个；而同期在"数字产业化"领域，苏州已拥有了约5000家规模以上工业互联网企业和23个省级工业互联网发展示范平台。[①] 苏州在数字经济领域的发展水平得到显著提升，在全国范围内居于前列。

在优化支持体系和发展环境方面，苏州同样付出了诸多努力。为支持和引导数字经济发展，苏州出台了《苏州市推进数字经济和数字化发展三年行动计划（2021—2023年）》《苏州市推进数字经济时代产业创新集群发展的指导意见》《苏州市数字经济"十四五"发展规划》等一系列文件，对未来一段时间内苏州在数字经济、数字化和产业集群创新发展领域的总体方向、重点工作和支持政策进行了详细的规划和阐述。苏州形成的完善的、深入有机结合地方发展实际的支持体系，势必将对苏州数字经济发展产生深刻的积极影响。

值得一提的是，《苏州市数字经济"十四五"发展规划》对其面临的数字经济发展现状和环境进行了较为全面的阐述。不仅通过归纳整理中国信息通信研究院相关资料，阐述了北京、广州、深圳和杭州等我国先进地区数字经济发展现状，还对美国、日本、英国等发达国家和印度、巴西的数字经济发展现状进行了分析。[②] 这一点体现了苏州在数字经济发展上的宽广视野，非常值得其他城市借鉴学习。

---

① 陆晓华、张帅：《苏州锚定数字经济时代"主赛道"》，《江苏经济报》2022年1月4日第A2版。
② 《市政府办公室关于印发苏州市数字经济"十四五"发展规划的通知》，苏州市人民政府官方网站，2022年7月1日，http://www.suzhou.gov.cn/szsrmzf/zfbgswj/202207/8fb665481a7f4b31b0e3b1f5a009a7d0.shtml。

表 8-26　"十四五"时期苏州数字经济发展目标

	主要内容
目标	立足苏州实际,锚定数字经济时代"新赛道""主赛道",努力实现建设"全国数字化引领转型升级标杆城市"的目标,高水平打造具有苏州特色的产业创新集群,构建城市数字经济和数字化发展新体系,制定实施"12345"数字化转型推进策略:"1"是深化两化融合战略,聚力加快推动制造业智能化改造和数字化转型,打响"工业互联网看苏州"品牌,加快建设国内领先的数字智造中心;"2"是聚焦汇聚全球顶尖数字创新资源,聚力营造国际一流数字创新生态,推动数字创新链与产业链深度融合,打造全球领先的数字科创中心;"3"是全面推进"一网通用""一网通办""一网统管"建设,不断增强政务服务、公共服务、社会治理等数字化智能化水平,率先建成全国数字政府样板城市;"4"是主攻数字产业化、产业数字化、数字化治理和数据要素化,全力推进苏州数字经济实现跨越式发展;"5"是坚持数字创新引领,构筑具有国际竞争力的数字基础设施、数据要素市场化、数字产业、制造业数字化转型、数字政府五大高地,构建自主可控的数字安全体系,放大数字化发展新优势,打造数字经济新引擎 到 2025 年,全市数字经济核心产业增加值占地区生产总值的比重超 18%。加快建设更具影响力的数字科创中心、数字智造中心和数字文旅中心,打造领先水平的数字融合发展创新区、数字开放创新先导区和数字政府样板区,率先建成全国"数字化引领转型升级"示范城市,成为一个"永远在线"的数字城市

资料来源:《市政府办公室关于印发苏州市数字经济"十四五"发展规划的通知》,苏州市人民政府官方网站,2022 年 7 月 1 日,http://www.suzhou.gov.cn/szsrmzf/zfbgswj/202207/8fb665481a7f4b31b0e3b1f5a009a7d0.shtml。

总体而言,深圳的数字经济发展水平优于苏州,但苏州在制定数字经济发展规划中表现出的大格局、大视野,体现了其在数字经济发展上善于总结、学习和运用其他地区先进经验的先进思想。这种思想对于在推进粤港澳大湾区、中国特色社会主义先行示范区"双区"建设过程中实现数字经济高质量发展的深圳而言,同样是一种强劲的可持续推动力。未来深圳在谋划数字经济发展的过程中,也应更加广阔地开阔自身视野,从而实现发展规划更加科学。

（四）与青岛的对比

作为全国第三经济大省山东的经济发展水平最高的城市，青岛在数字经济领域不断深耕，结合自身在智能家居、装备制造等领域的特色优势，逐步形成了符合自身实际和发展需求的数字经济发展道路，体现出了诸多地方特色。

第一，突出制造业和基础设施建设优势，锚定"世界工业互联网之都"目标。山东作为我国唯一的所有工业门类齐全的省级行政区，近年来大力推动新旧动能转换和制造业转型升级，并积极布局互联网基础设施建设。2021年10月29日，工业和信息化部批复同意在济南、青岛设立国家级互联网骨干直联点，使山东成为全国唯一拥有国家级互联网骨干直联点"双支点"的省份，[1]为山东和青岛发力数字经济建设创造了良好基础。

作为山东省经济总量最高的城市，青岛的制造业实力雄厚，拥有海信、海尔、青岛啤酒、中车青岛四方、中船重工（青岛）等涵盖多类型轻重工业制造业门类的知名企业，而来自潍坊的在高端虚拟现实产品和声学设备制造领域具有全球领先地位的歌尔股份，也将其全球研发中心和微电子产业园设立在青岛。为抢抓数字经济特别是产业数字化、数字产业化发展机遇，青岛于2020年率先提出打造"世界工业互联网之都"的发展目标，并大力培育发展动能、布局基础设施和科技服务创新平台建设。目前，青岛已建成中科院EDA中心青岛分中心芯片设计服务平台等高层次平台，海尔集团开发的卡奥斯COS-MOPlat连续数年蝉联国内"双跨"工业互联网首位，而在重点行业，累计建成智能工厂、数字化车间和自动生产线数量分别达到了52家、146间和350个，全市数字化研发设计工具普及率高达88%。[2]

第二，打造"数字青岛"，提升数字服务水平。数字政府建设是当前各城市发展数字经济和数字治理的重要议题。青岛充分结合城市实际，制定了打造"数字青岛"的发展目标，并采取了一系列行之有效的措施。青岛市政府发布的《数字青岛2022年行动方案》

---

[1] 孙欣、周晓峰：《开通"直联点"，青岛数字经济有了"强支点"》，《青岛日报》2022年5月20日第3版。

[2] 孙欣：《数字经济：青岛跻身"新一线"》，《青岛日报》2022年3月3日第1版。

明确提出46条重点任务，包括深化电子证照集成应用创新、建成人工智能教育示范区、深化千兆城市建设等多个领域，瞄准打造全国数字政府标杆、普惠数字社会样板等四大工程和综合保障体系配套，① 在"数字青岛"建设领域进行了全方位高层次的政策布局。

第三，依托示范区优势，推进数字经济对外开放。青岛是中国—上合组织地方经贸合作示范区所在地，2019年上海合作组织成员国签署的新版《上海合作组织成员国多边经贸合作纲要》提出，运用数字技术完善商品、资本、服务和技术在成员国之间的自由流通，推动向数字经济转型，在贸易领域电子商务、交通物流领域数字技术和智能系统应用等领域加强合作，相关部署得到了青岛的积极推动。2021年9月，青岛市商务局举办了青岛—乌兹别克斯坦跨境电商培训交流活动，并邀请了乌兹别克斯坦国家原料商品交易所、商务部国际贸易经济合作研究院等国内外机构专家参与；随后的2022年1月，"2022全国网上年货节"上合组织国家特色商品电商直播暨青岛·上合示范区网上展销活动依托抖音平台开展，创造了可观的直播消费。②

表8-27　　　　青岛支持数字经济发展的重点工作领域

目标	重点工作领域
加强要素资源供给	强化数据资源供给；优化升级基础设施；降低用电成本；保障建设用地
集聚数字经济人才	多层次培养人才；高质量引进人才；强化人才激励
激发数字经济活力	激励企业创新投入；支持创新平台建设；鼓励科技资源共享和成果转化
培育数字经济生态	支持企业做大做强；建鼓励招大引强；引导产业集聚发展
加大项目扶持力度	支持重大项目建设；加大税费优惠力度；引导社会资本投入；加强金融信贷支持

资料来源：《青岛市人民政府办公厅关于支持数字经济发展的实施意见》，《青岛市人民政府公报》2020年第1期。

---

① 任晓萌：《数字青岛2022："46条"让城市更"智慧"》，《青岛日报》2022年3月8日第7版。

② 刘华芹：《以数字经济提升上海合作组织区域经济合作新空间》，《俄罗斯学刊》2022年第3期。

在取得重要进展的同时，青岛数字经济发展仍存在一些短板。在数字领域尖端技术上，青岛市的科研创新能力仍需提升；在政策制定上，则可以考虑出台更具前瞻性的发展方案。而在总体上，对深圳及其他城市而言，青岛的数字经济发展成果和经验是比较值得借鉴的。

第三节 小结

通过对比广东与部分其他省份、深圳与部分其他城市在数字经济发展上的实际情况，它们在数字经济发展的战略定位、政策体系配套、产业基础、发展方向侧重点、市场规模、基础设施建设、科技创新能力等方面都不尽相同，且各具特色，体现出当前我国数字经济发展总体差异较大、地区特色明显的结构布局。

对深圳而言，如何在竞争激烈的数字经济发展中脱颖而出，是未来提升数字经济发展质量过程中一个关键且需要深入全面思考的问题。结合本书对深圳与其他城市数字经济发展的对比，提出相关政策建议如下。

一 设定更高层次发展目标

当前，全国各数字经济发展水平较高的地区均设定了数字经济发展领域的战略目标，其中部分战略目标的前瞻性和广度、深度非常显著。一些地区不仅在省级层面制定了"十四五"时期乃至更长远的发展目标，还将数字经济发展的战略定位具体到市级，省级直辖市也从城市发展角度出台了相关规划。例如，前文提到，北京已设立了打造中国数字经济发展"北京样板"、全球数字经济发展"北京标杆"，加快建设全球数字经济标杆城市等在国内首屈一指的高层次发展目标；而在各类新闻报道中，杭州也有竞逐"数字经济第一城"的野心，即便在经济总体发展水平和数字经济发展水平上均不及深圳和青岛，也在数字经济发展领域喊出了打造"世界工业互联网之都"的响亮口号。

相比之下，深圳加快智慧城市和数字政府建设的发展目标虽然非常务实，也确实有效指导了深圳数字经济、数字治理的发展，但与深圳打造中国特色社会主义先行示范区这一重要历史任务目标的匹配性仍有待加强。为此，深圳应该在未来的数字经济发展中注重对战略思维的培育，尽快形成符合城市定位、发展基础和发展需求，以及数字经济前沿发展思想的高层次目标，高标准对标对表国内其他数字经济发达城市的发展战略，了解和借鉴发达经济体发展数字经济的目标规划，实现打造数字经济发展的"深圳样板""深圳标杆"。同时，深圳也可以在适当情况下充分依托广东打造国家数字经济创新发展试验区的区位优势，推动形成更高层次的省级数字经济发展战略目标，使市级、省级战略有机结合，推动本地区数字经济更高质量发展。

二 稳步推进数字产业合作

目前，佛山、惠州等多个在数字经济发展领域有一定产业基础的城市均明确提出要加强在数字经济企业和产业领域加强引进，而其他城市也均在积极谋划数字经济发展的对外合作。此外，前文也分析了在数字经济领域，广东与各邻近省份以及京津冀和环渤海地区、长江三角洲地区乃至通过粤桂黔滇高铁经济带合作连接的长江经济带上游地区之间广泛的合作潜力。可以预见的是，深圳未来推进数字经济产业合作和产业转移的前景十分广阔。

深圳作为我国数字经济发展水平较高的城市，拥有规模大、质量高的电子信息产业、互联网和软件服务产业、智能网联汽车产业等数字经济业态。在"逐步形成以国内大循环为主体、国内国际双循环相互促进的新发展格局"战略思想和粤港澳大湾区建设、国内统一大市场建设的政策布局下，面对广阔的跨地区合作发展机遇，深圳应重视对现有合作机制的运用和合作形式的进一步创新，稳步推进数字经济产业的合作和部分对外转移，实现产业升级"腾笼换鸟"，为本地区数字经济进一步高质量发展创造空间。

三 推进数字经济发展对外开放

深圳是中国建设发展最成功的经济特区，是中国改革开放最重要的试验田和政策高地,在经济体制改革和深化对外开放领域具有非常丰富的经验。在广东建设国家数字经济创新发展试验区、打造"打造数字经济开放合作先导示范区"的大背景下,深圳应当充分依托和发挥自身在扩大对外开放和国际合作上的区位优势,打造成为我国数字经济对外开放和数字国际贸易的前沿地带。

参考重庆电子信息制造业与"一带一路"倡议和中欧班列融合发展、青岛依托自身中国—上合组织地方经贸合作示范区区位优势实现数字经济对外开放水平持续提升等成功案例的先进经验,深圳应进一步深入思考和整合自身的"双区"建设、经济特区等定位和特点,依托现有的国际合作框架,进一步扩展数字经济对外开放的空间。在电子信息产业领域,深圳的高新技术企业频繁遭遇美国政府的"长臂管辖"。虽然这严重损害了相关企业的正当权益,但也一定程度上为深圳进一步提升数字经济企业国际贸易合规性提供了借鉴,从而可以有针对性地制定相关发展策略,更好地保障本地区数字经济对外开放的安全性。

四 持续推动基础设施建设和科研创新

一个城市的数字基础设施建设水平直接决定了该城市在经济发展、社会治理、文化建设的各个领域能否充分拓展数字应用场景并保障其运行,科研创新实力则体现了地区数字经济等技术密集型产业的人才供给能力和可持续发展前景。例如,陕西、湖北等省份尽管在当前数字经济产业发展和基础设施建设上与数字经济较发达省份存在差距,但两地高校和科研院所水平较高,在省际对比中优于部分经济发展水平更高的省份,因而也在一定程度上具有更好的专业人才培育能力。

在深圳不断推进智慧城市和数字政府建设的当下,其他地区数字经济发展水平较高的城市也在积极布局数字基础设施建设,并依托科研院所和高新技术平台推动数字技术的研发、创新和应用,这对深圳有重要启示。在基础设施建设和科技创新领域,深圳的优势在于已培育起了一批相关领域具有"领头羊"作用的市场主体和其他类型机构。例如,华为目前在5G基站建设领域已跻身全球领先水平，但在科研机构和高校推动数字技术创新领域，深圳相比北京、上海、广州等城市还存在一定劣势。

在全国各地普遍重视数字治理和基础设施建设，江苏、安徽、上海、广州等地在数字经济发展规划中突出人才引进和培育的当下，深圳应继续推动数字基础设施普及和技术研发，在国内乃至国际数字基础设施建设和创新上占据前列，同时不断加大人才引进和培育力度与对本地区高校和科研院所的建设支持力度，形成规模可观的、符合自身数字经济发展需求的、具有国际视野的专业化人才团队体系，从而进一步增强数字经济发展的持续动力，为数字经济更高质量发展创造活力。

第九章 数字经济发展的国际互鉴

根据全球主要经济体数字经济发展情况，对国际数字经济发展以及国际数字贸易发展情况进行系统梳理总结，提出相关建议。对全球主要经济体数字经济前沿技术、典型案例、政策措施等先进经验进行整理阐述；国际数字贸易发展情况则从全球数字贸易规则发展动态、数字贸易规则的法律实践、数字贸易海关监管三个方面，系统分析国际前沿数字贸易现状，以期在全球数字经济、贸易尚未形成全球性规则和一致性监管方案的竞合期，为推动构建更具包容性的世界数字经济规则、共享数字经济发展成果提供一定的参考借鉴。

第一节 全球主要经济体数字经济发展

根据中国信息通信研究院发布的《全球数字经济白皮书（2021年）》数据，47个国家2020年数字经济增加值规模达32.6万亿美元，占GDP的比重为43.7%。规模方面，美国数字经济蝉联世界第一，规模达到13.6万亿美元，中国位居第二，规模为5.4万亿美元，其次为德国、日本、英国、法国、韩国；占比方面，德国、英国、美国数字经济占GDP的比重超过60%，韩国为52%，日本、爱尔兰、法国、新加坡、中国、芬兰、墨西哥7个国家比重也超过30%。

数字经济发展受到经济基础、产业结构、政策布局、资源禀赋等多种要素影响。整体来看，经济基础好的经济体数字经济发展水平也相对较高，2020年发达国家数字经济规模达到24.4万亿美元，是发展中国家数字经济规模的近三倍。美国、欧盟、德国以及新加坡等数字经济规模大，或在某一领域具备独特发展优势，其数字经济发展模式对中国具有一定借鉴意义。

一　美国数字经济的技术创新持续领先

美国是数字经济的重要发源地，依托先发技术、产业、人才等优势，在技术创新方面持续领先。美国数字贸易发展起步早，诞生了世界上第一台电子计算机和个人计算机，发明了阿帕网，率先提出数字地球、人工智能、电子商务、大数据、云计算等理念，基础设施完善，数字技术相较于其他国家均处于领先地位。美国也是最早将数字贸易从数字经济中分离出来的国家，率先提出数字贸易的概念，是全球数字贸易发展的引领者、相应规则的重要制定者和设计者。[1]

二　欧盟推动一体的数字化生态

欧盟积极探索持续健全数字治理规则，推动形成统一的数字化生态。欧盟拥有欧洲最大的数字贸易市场和数字贸易规模，依托一体化模式和多边机制，通过制定统一的数字经济发展战略推动数字贸易发展，构建数字单一市场，推动前沿关键领域发展，全面推进经济数字化转型，从而带动欧盟经济快速发展。

三　德国打造全球制造业数字化转型标杆

德国拥有强大制造业优势，持续打造全球制造业数字化转型标杆。德国是国际公认的制造业强国，始终秉承制造业立国理念，推动以工业为基础的经济发展模式。通过强化政策布局，德国依托在机械制造、电子技术工业化等领域的生产优势，推动其工业创新发展。2006年，德国政府首次提出高科技战略计划，推动健康、通信及交通、前沿科技三大领域科研政策革新。2013年，德国提出"平台工业4.0"，建设网络平台实现德国工业数字化。2018年发布的

---

[1] 《国脉智库 | 美国数字经济发展规划对我国的启示》，搜狐网，2020年2月6日，https://www.sohu.com/a/371056288_472878。

《德国高科技战略 2025》，提出到 2025 年研发投资成本扩大到 GDP 的 3.5%，并将数字化转型作为科技创新发展战略的核心。在此基础上，德国不断强化研发投入提升高端制造技术创新水平，欧盟 10 家最具创新力企业中有 6 家来自德国。

四　新加坡扩大多双边的数字经贸圈

新加坡积极构建数字经济行动框架，扩大多双边的数字经贸圈。2016 年，新加坡成立未来经济署，并设计搭建 NTP（互联贸易平台），驱动全行业的数字化转型；2018 年 2 月，新加坡加入亚太经合组织主导的跨境隐私规则（CBPR）体系；2018 年 3 月，新加坡参与推进并达成《东盟—澳大利亚数字贸易框架倡议》。2019 年，成立"数字产业发展司"，推广新加坡在网络安全、人工智能、云端科技等领域的解决方案。2020 年 6 月，新加坡与智利、新西兰正式签署《数字经济伙伴关系协定》（DEPA），是数字贸易领域最早的单独协定。2020 年 8 月，新加坡与澳大利以电子方式签署两国数字经济协议。2021 年 12 月，新加坡完成与韩国就数字经济协议的谈判，两国将在跨境在线支付、数据流、密码学和人工智能等多个领域开展合作。[①]

第二节　国际数字经济实践的比较

一　数据价值化

数据作为重要的生产要素，每个国家和地区都在积极探索数据的使用价值。从整体来看，数据价值化可分为资源化、资产化、资本化三个过程。

（一）数据资源化

数据资源化是通过数据采集、整理、聚合、分析等方式，使无序、混乱的原始数据成为可采、可见、标准、互通、可信、有序、

---

① 《从城市国家，到智慧国家，首个智慧国——新加坡》，卫通智慧城市研究院，2022 年 5 月 13 日。

有使用价值的数据资源。目前，全球数字资源化发展尚处于初级阶段，且主要应用集中在欧美、日韩等发达国家和地区。

1. 数据采集领域

数据采集是数据资源化的首要环节，行业主体主要包括采集设备提供商、数据采集解决方案提供商两类。目前，国际上数据采集在电影特效领域应用较为广泛和成熟，数据采集方式也趋向多样化。例如，大众喜爱的科幻电影《阿凡达》主要使用光学动捕技术。人物惟妙惟肖的面部表情和流畅的动作需要专业演员演绎，将演绎搬上银幕的工具就是面部表情捕捉设备和动作捕捉设备。演员在拍摄时，需要穿上特制的紧身衣、戴上头盔、脸上打上标记点，并在摄像机面前表演，运用光学动捕技术，标记点和紧身衣会随着不同的动作而产生特定的数据，通过对这些数据进行加工，阿凡达才能飞入我们的视野中。惯性动作捕捉设备则具有低成本优势。

2. 数据整理领域

数据整理是在挖掘提炼数据价值的过程中进行的前期的数据预处理工作。从全球来看，美国在专业数据整理领域仍具有明显的领先优势。例如，2012年成立于美国旧金山的Trifacta[①]是一家数据整理公司，其产品是可以自动进行数据清理的数据转换平台。通过创建可供多个不同平台（传统的关系式数据库、Hadoop集群）使用的接口，Trifacta可在多个实体数据存储及处理系统上运行的SQL查询或map reduce代码。该平台提供的服务能让数据科学家从数据净化的烦琐工作中解脱出来。目前Trifacta有超过50个企业用户，其中包括思科、百事公司、辉瑞制药公司（Pfizer）和宝洁公司等知名大公司。Trifacta的收费标准是按机构的数据体量计算的，费用从10万美元到15万美元不等。

3. 数据聚合领域

数据聚合是指合并来自不同数据源的数据，强调把分散在不同地方关于同一对象的不同说法合并起来，得到此对象的更为完整的信息。以美国为例，在有银行账户的美国公民中，其中有大约1/4

[①] 《大数据清理软件公司Trifacta融资3500万美元》，爱码网，2021年8月12日，https://www.likecs.com/show-204685531.html。

的人使用了 Plaid。Plaid 主要聚集用户金融账户信息和数据，以调用和开放 API 实现消费者各类金融机构账户与 App 应用开发商的快速对接，使得消费者可以在应用程序中便捷绑定不同金融机构账户，实现一站式财务管理。金融机构可以在用户授权前提下，通过与账户聚合 API 平台的个性化和定制化接口对接，获取开放数据及服务，减少与不同应用程序对接的开发成本和投入。①

4. 数据分析领域

数据分析是为了提取有用信息和形成结论而对数据加以详细研究和概括总结的过程。② 数据分析创造金钱价值的过程，在 NBA 应用中得到直观充分体现。2016 年，NBA 与体育数据公司 Sportradar AG 和 Second Spectrum 签下 6 年价值 2.5 亿美元的合同，在赛季时在联盟每个球馆中安装追踪摄像头，通过高密度计算机技术使用先进的软件和科学的分析方法详细追踪球员个人的动作信息，以此来将球员的优点和弱点以及场上表现可视化。在数据分析的加持下，球员的进攻和防守变成了有迹可循的规律。从基础的数据统计发展到数据分析，2010 年 4.5 亿美元被拉科布买下的金州勇士队目前市值增长至 56 亿美元，市值年均增长率为 23%。

(二) 数据资产化

数据资产化包括数据权属的确定、数据资产的定价、数据的交易流通。

1. 数据权属的确定

政府数据常被认为是一种公共资源，很多国家通过立法确定政府对政府数据的使用、管理、许可等权力，并且确定政府管理政府数据的责任和义务，以及公众对政府数据的使用权和义务。通常情况下，数据生产者拥有非个人商业数据，个人拥有个人数据，但是个别国家另有规定。例如，欧盟 2017 年发布的《构建欧洲数据经济》，提出针对非个人的和计算机生产的匿名化数据设立数据生产者权利，鼓励或强制公司授权第三方访问其数据，促进数据交流和

---

① 王钰等：《境外金融账户数据聚合 API 平台发展研究及启示》，腾讯网，2021 年 2 月 23 日，https://new.qq.com/rain/a/20210223A02LWA00。

② 陶皖主编：《云计算与大数据》，西安电子科技大学出版社 2017 年版，第 44 页。

增值。美国联邦通信委员会 2016 年发布的《宽带互联网消费者隐私政策》规定，由宽带互联网接入业务所产生的数据归消费者所有。欧盟 2016 年通过的《一般数据保护条例》赋予个人的数据权利包括数据访问权、数据纠正权、被遗忘权、限制处理权、可携带权、自主决定权以及拒绝权 7 个方面。美国加利福尼亚州议会 2018 年 6 月通过《加州消费者隐私法案》，为消费者创建了访问权、删除权、知情权、拒绝权等数据权利。

为了促进个人数据利用，一些国家规定个人数据经过匿名化处理（移除可识别个人信息部分且不会再被识别）就成为非个人数据，允许在某些风险较低情形下使用匿名化数据。目前，欧盟、美国、日本等允许企业在承担保证透明性、隐私风险评估和保护等责任前提下，对个人数据匿名化处理后进行市场化利用。欧盟《一般数据保护条例》规定，匿名化数据不属于个人数据，机构可以自由处理匿名化数据。美国《健康保险携带和责任法案》规定，对于不可识别身份的个人健康信息可以被应用或者披露。日本 2015 年《个人信息保护法》修正案允许企业在确保数据不能实现身份识别、不能复原的情况下可以出售匿名化数据。①

2. 数据资产的定价

大数据固定成本高且为沉没成本，边际成本趋近于零，导致传统商品定价机制失效，大数据服务定价在实践中应用较多。公司订阅是市场上最流行的定价模式，②即提供商向商业组织收取订阅费，提供指定时间段内和订阅范围内的数据服务产品。例如，数据公司 AggData 以固定价格销售位置数据，但同时也以订阅的形式为用户提供公司其他业务数据；微软 Azure 为研究人员提供 COVID-19 研究数据集；美国国家海洋和大气管理局（NOAA）为气象学家提供不同价格的综合地面数据等。基于容量的定价是基于提供的数据量进行分层定价的，该定价模式适用于数据使用量低的用户。例如，

---

① 《国际上数据权利界定的做法及发展趋势分析》，链门户网站，2019 年 8 月 21 日，http://www.lianmenhu.com/blockchain-12914-1。

② 刘枡、郝雪镜、陈俞宏：《大数据定价方法的国内外研究综述及对比分析》，《大数据》2021 年第 6 期。

亚马逊网络服务/弹性计算云（EC2）按传输量（以 GB 为单位）或每小时使用的随机存取存储器（RAM）收费；微软 Azure 按小时收取处理能力费，按传输量收取存储费。

3. 数据的交易流通

OnAudience 统计显示，2017—2019 年全球最大的五个数据市场的市场交易值增长率均在 20% 以上，美国规模最大，市场交易值在 2019 年达 152.09 亿美元，中国数据市场 2019 年交易值为 23.93 亿美元。

Factual 和彭博资讯公司是美国该领域具有一定代表性的两家企业。总部位于洛杉矶的 Factual[①] 是一家提供开放位置数据集的企业，它利用与合作伙伴（大部分是移动 App）收集近 6 亿活跃用户的位置信息，建立全球地点数据，并将经纬度信息转化成不同的用户归类（行为归类、地理归类、统计归类），以此建立地理围栏，将产品卖给 Apple Maps、万事达、Microsoft Bing 等客户，以便其投放移动广告、创造新的应用程序。[②] 成立于 1982 年的美国彭博资讯公司是全球最大的财经资讯公司。其核心产品是彭博专业服务，该服务为全球超过 31 万用户提供及时、精准的数据，咨询和分析工具，成为金融行业必不可少的生产力工具，而个人使用其服务终端每年需要支付租金 24000 美元。

（三）数据资本化

数据资本化指数据由货币性资产向可增值的金融资产转化。数据资本化包括数据信贷融资与数据证券化两种方式。

1. 数据信贷融资

数据信贷融资是指将数据货币价值迅速变现，获取企业生产所需资金。美国在该领域的探索实践在国际上处于领先地位。2021 年 3 月，美国医疗保健情报平台 Komodo Health 宣布获得 2.2 亿美元的

---

① 《全球数据资产证券化前景》，东方财富网，2022 年 5 月 2 日，ttps：//caifuhao.eastmoney.com/news/20220502162627326888310。

② 《国外数据交易平台调研报告》，百度文库，https：//wenku.baidu.com/view/80d294277fd184254b35eefdc8d376eeaeaa17be.html。

E 轮融资，其估值已达到 33 亿美元。① 该公司目前连接了数千个医疗保健数据源，使用 AI 从"医疗保健地图"中获取预测性、规范性见解，从而将高级分析应用于应对医疗保健。Komodo Health 产品部署了医疗保健地图和 AI 驱动的分析见解，从而发现具备最佳效果的途径来减轻疾病负担。据了解，其医疗保健地图是一种人工智能和数据分析工具，该公司表示正在追踪超过 3.25 亿名患者（未识别出）的医疗保健记录。目前，有 70 家美国的医疗机构正在为 Komodo Health 的平台和解决方案提供授权，这些平台和解决方案涉及生命科学、政府机构、患者倡导、付费者、实验室、技术公司和研究团体。该公司的客户名单包括排名前 20 的制药公司中的 19 家。

2. 数据证券化

数据证券化是指将数据货币价值转换为权益价值。尽管欧洲和中国在宏观环境上不同，但欧洲数字银行在提升客户黏性、深挖单个客户价值的做法对中国的数字银行仍有一定借鉴意义。在当前疫后经济复苏的背景下，欧洲数字银行的发展值得进一步观察与研究。

得益于经济高度发达、科技实力雄厚、监管协调完备等条件优势，数字银行在欧洲主流国家已逐渐普及。整体来看，欧洲数字银行呈现小而美的特点，其定存产品更加灵活，具有明显利率优势。多数欧洲数字银行的开户流程已经实现自动化，通过生物识别比对进行验证，一般在 10 分钟可以完成。与亚太地区的数字银行不同，欧洲数字银行多由金融科技初创企业发起，而非科技巨头或大型金融机构，短期内无法与传统银行正面竞争，普遍选择差异化路线，开展特色灵活的金融服务。政府监管方面，逐渐加大开放力度并降低准入门槛。推出特殊银行牌照，使金融科技企业更易满足注册资本要求，推出数字银行业务。推动数字银行发展壮大，凸显其运用前沿科技服务客户的能力。实行 EU 银行护照制度，数字银行取得欧盟内任一国的银行牌照，即可在欧经济（EEA）内进行所有银行业务。

---

① 《健康数据公司 Komodo 获 2.2 亿美元 E 轮融资，估值达 33 亿美元》，亿欧网，2021 年 3 月 23 日，https：//baijiahao.baidu.com/s? id = 1695005541308908755&wfr = spider&for = pc。

二 数字产业化和产业数字化

2019年全球数字产业化占数字经济的比重为15.7%，2020年全球数字产业化占数字经济的比重为15.6%。美国作为全球网络信息技术的发源地，拥有英特尔、苹果、微软等知名企业，对全球网络信息产业的发展有着巨大的影响作用。美国信息通信产业的发展探索，有利于我国建设全球信息通信产业高地。

中国信息通信研究院发布的《全球数字经济白皮书》显示，2020年，在测算的47个国家中，数字经济增加值占GDP的比重为43.7%，其中产业数字化是数字经济发展的主引擎，占数字经济的比重为84.4%。数字经济正在加速并深度融入实体经济。

2000年前全球以前全球业数字化进特征开展数字化转型，2000—2016年是以"分享、共享、融合"为特征的数字化转型，2016年至今是以平台化为基础、智能化为特征的数字化转型。

目前，全球第三产业服务业的数字化转型速度高于第二产业工业和第一产业农业。2020年全球服务业的数字经济行业渗透率约为44%；工业的数字经济行业渗透率为24%；农业最低，渗透率为8%左右。[1] 由于生产经营严重依赖自然条件，农业进行数字化转型的影响因素更多。综合来看，现代化程度较高的美国及欧洲部分国家农业数字化渗透率较高。美国农业采用大数据和互联网方法提升农业生产的效率和效益，农业机械正在逐步变得智能化。德国是国际公认的制造业强国，始终秉承制造业立国理念，推动以工业为基础的经济发展模式。

服务业更易于进行数字化转型。以星巴克为例，[2] 从一家卖咖啡豆的公司，成长为世界上最著名的咖啡生产公司，再实现互联网转型，其成长历程以第三产业在面对数字化浪潮时如何转型给我们一个直观的感受。在2015年约翰逊（Kevin R. Johnson）担任首席

---

[1] 《2022年全球数字经济行业分析报告》，搜狐网，2022年6月8日，https://www.sohu.com/a/555202071_120700738。

[2] 《数字化星巴克，科技公司？》，十倍互联网，2022年3月25日，https://mp.weixin.qq.com/s/HNEtv9jojiUcEPs7ODh9ew。

运营官后，星巴克宣布了 5 年科技创新计划，即星巴克的数字化战略，也称为科技创新计划。该计划围绕移动端进行数字化全面布局，涉及四大模块，包括会员奖励、个性化、支付和订单。此外，基于云计算准确捕捉用户需求，提供更多个性化服务，从而影响供应链。

在移动端，用户通过 App/小程序实现快速付款避免排队。在门店端，星巴克推出数字标牌菜单，用数字菜单反映用户偏好以及产品调整，进一步降低菜单成本并提升优化速率。在家庭端，星巴克通过用户数据也设计了袋装咖啡和胶囊咖啡等一系列家庭咖啡产品，这些类型的产品推出进一步满足了用户多样化需求，数据进一步多元化和互通。在研发端，数据的收集与分析进一步加速了产品迭代与缩小开发周期。在用户端，围绕用户画像和数据来推送高度个性化的一系列折扣、追加销售、奖励和周边服务等。

数字化使选址更加高效。星巴克的选址策略通过利用 GIS（地理空间信息系统）大数据分析以及基于 AI 的位置分析，综合考虑人口密度、人口特征、周围星巴克的距离远近、交通状况、收入水平、流量以及竞争对手等多个参数，来决定新连锁店的位置。此外，该系统还会纳入选址对营收的影响，进一步提高门店收入预测、利润水平以及绩效管理等财务表现。

在设备诊断和维护方面，微软为星巴克提供了基于 Azure IoT Central 和 Azure Sphere 的系统，用于门店设备数字化管理与监控，例如门店劳动力分配和管理门店内的库存，使员工能有更多时间来为客户服务。

三　数字化治理

全球主要经济体中，欧盟持续健全数字经济规则，推动建立数字单一市场，不断强化对数字化治理规则的领先探索。

（一）不断迭代完善隐私保护规则

一方面，隐私保护根植于欧盟各国文化。欧洲国家把个人隐私当成人权的一部分，有专门的国家机关强制实施隐私保护。例如，瑞典 1973 年就通过了《数据库法》，规定建立"瑞典数据监督局"

作为专门的国家行政机构,负责对要设立或继续经营个人信息系统的个人及组织进行审查和批准;此外,还规定未在该局的核准和监督下,任何人不得非法拥有他人的个人数据,并在数据库资料的收集、利用、保管等方面都有详细的规定。

另一方面,欧盟顺应时代发展及时更迭隐私保护相关规则。2002年,欧盟开始实行《电子隐私指令》,但随着数字技术、数字平台以及通信软件的发展,原有《电子隐私指令》已不足以对现有电子通信服务进行监管。为此,欧盟正在加快制定《电子隐私条例》,试图增加新的隐私监管对象,为欧盟范围内的所有企业和个人提供隐私保护。

(二)促进数字经济企业公平竞争

欧盟注重数字经济领域平衡发展,规范欧洲数字市场秩序,防止大型数字平台形成垄断。欧盟2016年发布《网络与信息系统安全指令》,旨在加强基础服务运营者、数字服务提供者的网络与信息系统安全,要求二者履行网络风险管理、网络安全事故应对与上报等义务。2019年,为境内商业数据处理提供基本准则的《网络安全法案》出台,从欧盟层面统筹协调网络安全问题。2020年12月16日,欧盟委员会发布最新的《网络安全战略》,利用监管、投资和政策工具解决网络安全问题,完善既有网络安全制度、建构新的协调机制,引领和打造更安全的网络空间。同年公布的《数字市场法案》和《数字服务法案》规定了数字服务商应承担的义务,为在线平台创设了强有力的透明度要求和问责机制,并针对"守门人公司"(数字巨头)加强规制与监管,以促进欧洲数字市场的创新、增长和竞争。

(三)建立全面的数据跨境自由流动规则

设置多种个人数据出境安全管理路径,欧盟《通用数据保护条例》通过"充分性保护认定"、标准合同、公司约束性规则、行业认证等方式进行个人数据出境安全管理。不断强化对个人数据的出境保护,2020年7月,欧盟法院经审理宣判欧美"隐私盾协议"无效,2021年,在欧盟个人数据的强化保护之下,微软宣称将在2022年年底实现欧盟个人数据的本地化存储。注重与其他国家达成

"充分性保护协议",2020 年,欧盟委员会通过了对日本的"充分性保护"认定,2021 年,欧盟委员会发布了拟通过韩国"充分性保护认定"的草案。

(四)致力于推动建设数字单一市场

欧盟实施数字单一市场战略,主要目的是消除国家间的管制壁垒,将 28 个国家的市场统一成单一化市场。2015 年 5 月 6 日,欧盟委员会发布数字单一市场战略,涉及数字文化、数字未来、数字生活、数字信任、数字购物、数字连接六大领域,并列出了欧盟委员会预计推进的三大行动模块:"访问:消费者和企业可以更好地访问欧洲的数字商品和服务""环境:为数字网络和创新服务的蓬勃发展创造合适的条件和公平的竞争环境""经济与社会:最大化数字经济的增长潜力"。

欧盟数字经济建设取得明显成效。一是数字文化水平不断提高。欧盟通过数字文化档案给予更多公民接触资料的机会,例如,Europeana 提供超 5300 万个项目,包括来自欧洲 3700 多个图书馆、档案馆、博物馆、美术馆和视听收藏品的图像、文本、声音和视频等。二是数字未来规划不断完善。欧盟超级计算机、人工智能、区块链、量子力学等前沿技术加速发展,全球性创新和交流积极展开。同时,欧盟建设超 250 个数字创新中心,帮助企业整合技术、改善业务,走向更光明的未来。三是数字生活能力不断提升。欧盟通过数字政府、eIDAS 等为企业和居民提供更大便利。《2020 数字经济与社会指数(DESI)》显示,欧盟以在线方式提交的行政审批表格平均占比为 67%,较 2014 年增加 10%。预计到 2030 年,欧盟所有重要行政文件均可网上完成,所有欧盟公民可在网上查阅就诊档案,80% 的公民可使用电子身份证。四是数字信任水平不断增进。欧盟数字单一市场为公民提供上网、发送电子邮件、购物和使用信用卡等过程的隐私保护,为公民提供更好的个人数据和网络安全保护。五是数字购物环境不断优化。欧洲电子商务协会数据显示,2020 年欧洲线上消费总金额达 2690 亿欧元,共有 2.93 亿欧洲人参与线上购物,电商渗透率达 72%,其中有超过 2.2 亿人参与了跨境购物,约 45% 的欧洲网购消费者购买了来自国外的商品。六是数字连接网络不断普及。欧盟引入适用于整个欧洲的电子通信代码，通过了无线电频谱政策计划，支持 5G 等无线网络，终止在欧盟的漫游费用并设置欧盟内部通信的价格上限，不断提升欧盟内部数字连接的一体化程度。截至 2020 年，欧洲总上网用户数达到 3.98 亿人，家庭互联网覆盖率达 90%。

四　数字化发展战略

从全球来看，美国、新加坡一直高度重视数字化发展战略引领作用，前瞻部署顶层战略，在数字经济关键领域率先布局。

美国数字战略布局是伴随着互联网的兴起而开始的，采取技术领先策略，长久保持对技术变革的高度关注，先后发布《联邦大数据研发战略计划》《国家人工智能研究和发展战略计划》《为人工智能的未来做好准备》《美国机器智能国家战略》，有效地促进了美国数字化转型的发展进程，推动新技术的发展是其数字战略的重中之重。在 2022 年福布斯全球科技公司排行榜的前十名中，美国企业占据七个席位（苹果、alphabet、微软、meta、Intel、思科和 IBM），其技术领先策略取得了巨大的成功。

新加坡为加快数字化步伐，推出一系列"数字化蓝图"，勾勒经济社会的整体转型发展计划，[①] 以服务业转型为重点寻求数字化新变革，积极参与建立全球数字经贸规则。与韩国启动数字伙伴关系协定谈判，在多个领域开展合作；与英国启动数字经济协议谈判，重点是数字贸易、数据流动和网络安全等领域的合作。

五　数据安全

数据安全是指通过采取必要措施，确保数据处于有效保护和合法利用的状态，以及具备保障持续安全状态的能力。[②] 各国围绕数据安全开展多样化的探索实践。

[①]《新加坡热情拥抱数字经济》，中国商务新闻网，2022 年 2 月 23 日，https://baijiahao.baidu.com/s?id=1725520374826964658&wfr=spider&for=pc。

[②]《数据安全法：护航数据安全 助力数字经济发展》，新华社，2021 年 6 月 10 日，http://www.gov.cn/xinwen/2021-06/10/content_5616847.htm。

以色列在创新数据安全产业方面的技术开发涉及与计算机系统安全、网络安全和控制器安全有关的所有技术、策略和标准，涵盖威胁和漏洞缓解、隐私保护、事件响应、网络弹性以及恢复策略和活动。以色列网络隐私保护新锐公司 BigID 凭借数据隐私保护技术获得 RSAC 创新沙盒竞赛冠军，该公司主要借助机器学习技术开发软件平台，帮助企业更好地保护员工和客户的数据，量级可达到 PB 级。此外，Absolute 公司的 GDPR 数据风险和终端准备评估系统、Forcepoint Dynamic Data Protection 公司的动态数据保护、MinerEye 二的 MineEye 数据追踪系统等也受到业界广泛关注。①

北美、西欧、亚太地区在网络安全的政策制定、技术推进、组织机构建立、能力建设、国际合作等方面均作出高度承诺。以南美国家为主的地区已做出网络安全相关战略部署并参与网络安全计划和倡议。以非洲国家为主的地区也已开始做出发展承诺。

对跨境数据流动的限制性措施包括：要求跨国企业在本国开展业务或提供服务时需在本国境内建立数据中心；对数据存储和服务器地址提出本地化要求。例如，越南要求跨国互联网服务企业必须在本国设置数据中心；俄罗斯要求本国公民的个人数据必须保存在其国内；印度中央银行规定所有在印度的支付企业都要将数据存储在本地，禁止支付数据出境。

第三节　全球数字贸易规则发展

数字贸易是在数字经济时代下的一种新型贸易模式，它既涵盖数字订购、数字交付、数字结算等对传统实体货物与服务贸易流程的数字化，也覆盖了数字产品、数字服务、数字信息以及其他数字信息线上增值服务等贸易对象的数字化。数字贸易随着数字时代的到来，内涵在逐渐丰富，但它仍旧以服务传统经济活动为主。通过数字技术发展而促进传统产业向数字化转型升级，是国际贸易创新

---

① 《全球数据安全治理态势与产业趋势分析》，安全内参网站，2019 年 4 月 28 日，https：//www.secrss.com/articles/10297。

发展的一次巨大飞跃，是贸易模式的一种革命性变化。[①]

一 全球数字贸易规则发展

数字经济活动创造出的巨大价值使全球数字贸易市场竞争日益激烈，由此引发的新的贸易摩擦和监管问题成为其当前发展最不稳定因素，数字贸易规则的必要性和重要性日益凸显。从全球数字贸易规则制定权来看，目前发达国家仍占据主导地位，中国也在通过积极参与诸边谈判，提升自身在全球数字经济治理领域的影响力。

世界贸易组织早在1998年就通过了《关于全球电子商务的宣言》，2017年12月，电子商务谈判终被纳入世界贸易组织工作议程。2019年1月，包括中国在内的76个世界贸易组织成员签署了《关于电子商务的联合声明》，共同发起与贸易有关的电子商务议题诸边谈判。尽管世界贸易组织还未产生有关数字贸易的综合性协定，但在世界贸易组织框架下的区域协定涵盖了数字贸易领域，涉及数字贸易产品"货"与"服"问题，电子传输的数字产品的定性问题是WTO"电子商务工作计划"中困难和敏感的问题之一，它将决定数字产品贸易制度的性质，还涉及是否征收关税、如何处理国内税等问题；[②] 数字贸易的市场准入方面，数字贸易所涉商品或服务的市场准入，取决于成员在《服务贸易总协定》（GATS）和区域及双边贸易协定中作出的承诺；[③] 在数字知识产权保护方面，如何确定保护与监管的边界，是规则建设的重要议题，主要涉及数字内容版权的保护等，《与贸易有关的知识产权协定》（TRIPs）体现了技术中立的特点，对知识产权的保护延伸至在线数字内容。

[①] 《数字贸易概念的界定、统计测度方法以及关键议题》，中国高新区研究中心网站，2022年2月25日，http：//www.chrc.org.cn/news/show-241.html。

[②] "Committee on Trade and Development"，Note on the Meeting of 25 April 2002，WT/COMTD/M/40，26 June 2002，para. 146.

[③] 模式一的特征是"服务提供者不在交付服务的成员境内"，如国际运输、通过电信或邮件提供服务以及包含在出口货物（如计算机软盘或图纸）中的服务；模式二通常也被称为"消费者流动"，基本特征为服务是在作出承诺的成员领土之外交付的，如旅游服务。

二 全球数字贸易海关监管

数字经济和数字贸易的发展对海关的传统监管领域和监管手段提出了颠覆性的挑战，各国在数字贸易海关监管的对象、方式、目的和手段上都各有不同。当前尚未形成全球性规则和一致性监管方案，问题的主要争议点表现在两方面：其一是对于数字贸易产品国际规则的归属问题；其二是数字产品关税免征与技术中立原则的相悖，以及由其引发的数字贸易海关统计、知识产权保护等方面的问题。

海关对传统国际贸易货物的监管体系已相对成熟，但系统独立运行、相对封闭，难以满足数字贸易开放、多元、快速的监管需求。国际上对于"数字产品"是否应当纳入海关监管并征收关税，目前尚无统一的贸易规则明确指出。联合国国际贸易法委员会制定的《电子商务示范法》第7条体现了技术中立原则。这一原则同样体现在WTO框架下的GATS和《基础电信协议》及其附件中。

海关监管向数字化转型，世界海关组织把2016年定义为"数字海关"（Digital Customs）年，把2017年定义为"数据分析"（Data Analysis）年，以推动海关监管程序的数字化。WCO强调了海关需要以人为本推动转型进程，为个人与企业提供支持。在此情形下，海关所承担的职能和角色将从原来以征收关贸税赋，实施对外贸易政策和法规，保护国民经济、保护环境和社会安全等，更多转向实现多元化的、管理和服务并重的综合职能。《全球贸易安全与便利标准框架》中指出新时代海关综合职能：海关在加强全球供应链安全、通过征收税款和便利贸易为社会经济发展作贡献等方面有着独特的地位。2022年5月WCO发布的《世界海关组织数据战略》[①]旨在确保世界海关组织数据举措的清晰性和一致性，涵盖了海关领域的所有数据事项和数据使用，其中就"开放海关统计"提出了明确倡议。

近年来，世界各国的一些海关已经开始积极推进或者尝试进行

---

① "World Customs Organization", WCO DATA STRATEGY, Moy, 2022, https://mag.wcoomd.org/magazine/wco-news-97-issue-1-2022/.

数字化转型，部分国家甚至开始大量投入对智能化海关管理的建设，并已在提升通关效率、加强边境协调管理、提高服务能力等方面取得了诸多成效。正在探索或实施数字化进程的国家不仅包括发达国家，还包括一些发展中国家。尽管各国的重点或方法有所差异，但这些国家在推进数字化的过程中普遍提升了其综合管理能力。[①]

由此可见，数字化海关的发展趋势是各国不断探索适合本土的数字海关模式，借力于平台经济发展趋势，利用平台的信息汇集、数据聚集的优势，扩充世界海关组织提出的边境协调（Coordinated Border Management）的内涵，在边境监管部门之间的单一窗口（Single Window）的实践基础上，探索海关与企业合作的综合数字海关平台。

数字贸易知识产权保护壁垒，互联网和信息技术发端于发达国家，其拥有发展数字经济的绝对优势，通过数字知识产权布局及数字贸易国际规则的制定，从而进一步强化这种优势。虽然数字技术具有无边界特性，发展中国家也具有后发优势，如中国、印度等国家的数字技术和数字经济同样发达。但对于多数发展中国家而言，数字技术和数字经济依然处于起步阶段，难以与发达国家博弈。即便是当前部分新兴经济体数字经济发展规模庞大，但是在数字经济创新效率上与发达国家有较大差距。[②]

跨境电商的发展，推动了货物贸易和服务贸易的数字化进程，拥有数据优势的一方更能够通过用户价值创造获得更多的贸易利益，在这种情况下，对发达国家的贸易秩序造成了较大的冲击。因此，发达国家会进一步提高数字贸易中的知识产权保护标准，从而弥补传统贸易壁垒效应削弱带来的贸易利益损失。

[①] 《从质的提升到智的飞跃：海关管理的数字化转型》，2021年6月25日，https://max.book118.com/html/2021/0621/5220011234003244.shtm。

[②] 吕晗：《国际贸易知识产权数字壁垒研究》，《技术经济与管理研究》，2021年第10期。

第十章　中兴通讯数字化转型的典型案例

中兴通讯是全球领先的综合通信信息解决方案提供商，为全球电信运营商、政企客户和消费者提供创新的技术与产品解决方案。以中兴通讯 SPIRE 供应链数字化转型为典型案例，研究深圳数字经济高质量发展。

第一节　企业的基本信息

中兴通讯成立于 1985 年，在香港和深圳两地上市，业务覆盖 160 多个国家和地区，服务全球 1/4 以上人口，致力于实现"让沟通与信任无处不在"的美好未来。

中兴通讯股份主要产品包括 2G/3G/4G/5G 无线基站与核心网、IMS、固网接入与承载、光网络、芯片、高端路由器、智能交换机、政企网、大数据、云计算、数据中心、手机及家庭终端、智慧城市、ICT 业务，以及航空、铁路与城市轨道交通信号传输设备。

中兴通讯是全球电信市场的主导通信设备供应商之一。在中国，中兴通讯各系列电信产品均处于市场领先地位，并与中国移动、中国电信、中国联通等电信服务运营商建立长期稳定的合作关系。在国际电信市场，中兴通讯已向全球多个国家和地区的电信服务运营商和政企客户提供创新技术与产品解决方案，让全世界用户享有语音、数据、多媒体、无线宽带、有线宽带等全方位沟通的服务。

中兴通讯致力于构建 5G 时代自主创新核心竞争力，将凭借领先的 5G 端到端全系列产品与解决方案，加速推进全球 5G 商用规模部署。2021 年是中兴通讯战略发展期的收官之年，这一年，中兴通讯深度参与国内 5G 规模建设，运营商市场格局稳步提升，海外市场稳健经营，政企业务快速增长，终端业务持续恢复，新业务加速布局。坚持技术领先，在芯片、算法、基础软件和架构等方面持续加大投入，强化核心竞争力。持续推进企业内部数字化转型，实现运营过程可视化，促进运营效率提升。全体"中兴人"砥砺奋进，固本拓新，实现有质量增长，顺利达成发展期各项经营目标。

中兴通讯供应链组织结构如图 10 - 1 所示，包括五个业务部门：客户订单交付部、综合计划部、采购部、制造部、质量部，四个平台管理部门：供应链解决方案及运营部、供应链财经部、供应链合规 BU、HR 四部。

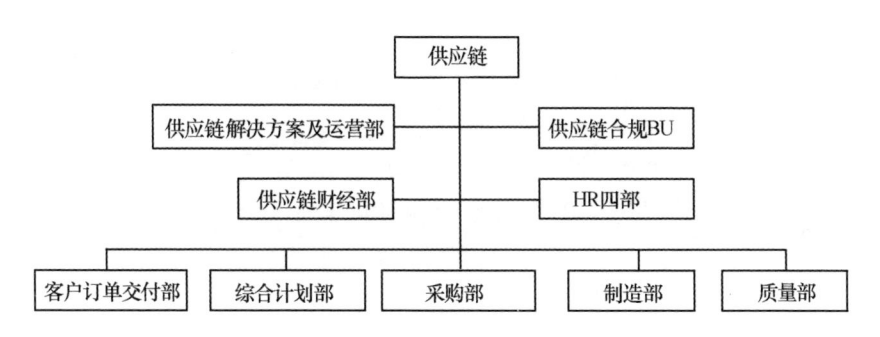

图 10 - 1 中兴通讯供应链组织架构

资料来源：笔者绘制。

第二节 传统供应链中的问题

本节重点分析中兴通讯在 UVCA 时代面临的痛点和问题，针对行业特点和企业本身的优势，建立了以提升用户体验、提升运营效率、推动业务模式创新的数字化转型目标。

一 中兴通讯的供应链行业特点

中兴通讯处于 ICT 行业，该行业的供应链特点鲜明。该行业主要有以下五大特点。

（一）供应商全球布局

通信产品的产业链特性，涉及半导体行业、软件行业、电子元器件行业、塑料行业、钢铁生产、电信运营商等多个行业，这些行业全球布局，龙头企业布局欧美、日韩等国家和地区，边缘政治和国家安全等多方面不确定性影响对供应链韧性诉求很强。

（二）订单驱动型为主

通信产品复杂度高，不同客户定制性强，基本是订单驱动型模式。该模式的订单复杂度最高，在预测准确率不高的情况下，订单履行难度大，订单周期长。

（三）订单波动性强

通信产品受制于运营商的市场布局计划及国家的产业升级计划，产品的需求波动性很大。波峰需求相对于波谷需求经常是数倍差异。对供应链的柔性能力要求更高。

（四）员工对数字化工具需求迫切

通信技术产品行业的高技术门槛意味着员工受教育程度高，员工工作的强度大，对作业工具的要求高。为应对这部分诉求，对业务系统的易用性、个性化、实时性等要求很高。

二 中兴通讯供应链面临的问题

中兴通讯供应链经过 10 多年的发展，从最初的产品线的职能型物流组织发展成为供应链组织，业务和规模呈倍数递增。目前较突出的问题如下。

（一）企业供应韧性需要强化

供应链韧性是企业核心竞争力之一，如何保持企业的业务连续性是韧性的表达方式。数字化技术和手段是提升供应链韧性的核心手段之一。

（二）企业柔性能力需持续提升

供应链面对市场需求波动和供应市场的供应能力波动两个不确定性因素的影响，自身的计划、采购、制造和交付业务如何应对建立柔性的能力来适配供需平衡是中兴通讯供应链面临的重大挑战。

（三）客户满意度需持续提升

通过第三方对国内外客户的调研以及前方市场和销售人员的反馈，中兴通讯客户的主要问题点集中在供货周期和供应齐套性以及交付过程的可视化方面。这些客户的满意度问题影响中兴通讯的市场开拓和产品竞争力。

（四）运营效率需不断优化

供应链关注库存、交付周期、交付齐套性、生产效率等几个方面的运营效率。过去很长一段时间推进的精益供应链等战略促进运营效率优化，虽有部分提升，但很难有较大的突破。中兴通讯在发展过程中，为更好地保证公司战略目标达成，需要大幅提升运营效率。

三　中兴通讯供应链数字化转型的意义

（一）提升用户体验，提升客户满意度

通过数字化技术打通客户订单、采购订单、内部交易订单端到端操作透明可视，保障业务数据实时连接，各个业务操作人能够实现快速响应。业务系统的操作简单、高效，可提升一线用户和客户的体验，提升内外部用户的满意度。

（二）提升运营效率

通过数字化技术驱动业务提效，以整体资源配置最佳的方向提升运营整体效率。重点关注交付周期缩短、库存周期压缩、人力成本降低三个目标来衡量数字化转型项目的价值变现成果。

（三）创新业务模式

数字化转型将重新定义业务模式，未来可能针对产品把服务打包销售，或者以服务替代产品。在当今不间断贸易和客户要求超高的环境中，真正的数字化转型必须要深入到企业对企业贸易的基本基础设施中，通过网络模式寻找新的方法，为客户提供价值并获得巨大的回报。

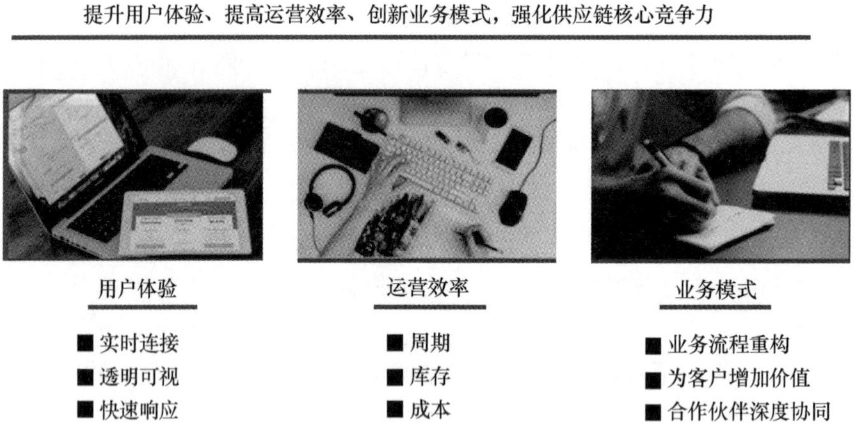

提升用户体验、提高运营效率、创新业务模式,强化供应链核心竞争力

用户体验	运营效率	业务模式
■ 实时连接 ■ 透明可视 ■ 快速响应	■ 周期 ■ 库存 ■ 成本	■ 业务流程重构 ■ 为客户增加价值 ■ 合作伙伴深度协同

图 10-2　中兴通讯供应链数字化转型的意义

资料来源:笔者整理。

第三节　企业供应链数字化转型的过程

本节重点解读企业在推进供应链数字化转型过程中需要关注的几个阶段。首先是企业要建立数字化供应链的整体架构,从战略引领、愿景设定到路线设定的一整套方法论;其次是如何推动大数据、AI、云技术、5G 等技术在数字化转型的具体场景中的应用;最后是分享 SCOR 模型中采购、计划、制造、交付以及数据几个方面的现状及转型过程,为企业进行数字化转型提供借鉴。

一　数字化供应链的整体架构

(一) 供应链 SPIRE 战略

中兴通讯在 2018 年 11 月发布了 SPIRE 供应链战略,在战略中明确要以提升客户价值为导向,坚持技术和成本领先,构建安全、精准、智能、可靠、高效的供应链。这战略中,数字化转型是战略实现的重要手段和过程。

第十章　中兴通讯数字化转型的典型案例　219

Safe-安全的 安全的产品和健康的生态环境
Efficient-高效的 资源配置的最优化
Precise-精准的 信息流和实物流精准匹配
Reliable-可靠的 无保障持续运作的能力
Intelligent-智能的 对外部环境的变化响应能力

图 10 - 3　供应链 SPIRE 战略

资料来源：笔者绘制。

（二）供应链数字化转型愿景

基于 SPIRE 供应链战略，针对数字化转型的整体思路，制定了供应链数字化转型的愿景。中兴通讯希望通过供应链数字化转型，在数字世界里建立"数据+算法"驱动的数字孪生供应链，实时感知用户和客户需求，通过数字化技术实现智能决策支撑，寻找最优的解决方案，并最终能够指导现实的业务高效运作，从而提升供应链的整体运营效率，将供应链打造成公司的核心竞争力。

（三）供应链数字化转型解决方案

为保证数字化转型落地，中兴通讯针对供应链制订了对应的数字化转型解决方案，该方案分四个层次：第一个是流程体系化，流程是数字化的基础，而贯通体系化的流程标准化进行评价和衡量是数字化转型第一步；第二个是业务线上化，业务线上化是基于流程标准化基础上的，把线下作业移到线上，实现数据从无到有、业务自动化、业务无人化；第三个是数据资产化，有了数据，就要通过数据治理和管理，逐步实现数据资产化；第四个是应用服务化，这部分就面向不同用户的服务化应用拓展。

（四）供应链数字化转型业务框架

在数字化转型的业务框架方面，中兴通讯主张对基础系统要进行模块化建设，再加上共享数据，就是数字化转型的基础，核心部

流程体系化　业务线上化　数据资产化　应用服务化

图 10-4　供应链数字化转型解决方案四个层次

资料来源：笔者整理。

分是交付、制造、采购业务数字化，通过计划数字化的控制塔拉通供需平衡，对内协同产品与研发，对外协同客户与合作伙伴，通过智能运营平台最终为客户增加价值。

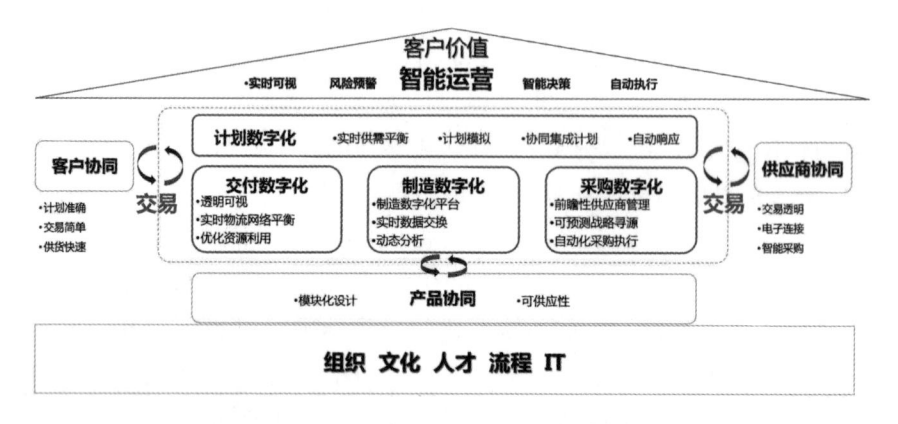

图 10-5　供应链数字化转型业务框架

资料来源：笔者整理。

（五）供应链数字化转型方法论

在如何开展数字化转型方面，中兴通讯沉淀了数字化转型的方法论，总结起来为四句话：极致场景牵引、全域数据支撑、局部工具优化、实现最大化交易。这套方法论在所有业务环节的数字化转型中都适用。

识别高价值场景	梳理核心流程	进行数据治理	强化平台能力	提供共享服务	数据驱动变革	极致场景演进
聚焦客户界面，优选用量大、频次高、用户有感知的工作场景，快速实现价值变现	落实"以客户为中心"的流程管理机制，端到端梳理流程，接续断点、疏通堵点、流程优化再造，实现数字化重构	提升数据治理能力，基于业务场景提升数据赋能水平，实现数据的可用、可评、可判、可预、可察	加强平台支撑，统一资源、统一架构、统一标准、统一规划，统一安全防护，为数字化转型构建强大底座	要素提炼，聚合成能力中心，建设利他主义文化，打造组件化、中台化、服务化的氛围	"数据驱动流程，数据赋能业务"，实现"看板辅助决策"、SLA服务等级、AP督办等应用	对标极致场景，实现架构和应用的持续演进，支撑业务模式创新和高效运营

图 10 - 6　供应链数字化转型方法论

资料来源：笔者整理。

（六）供应链数字化转型 ROADMAP

数字化转型中，最困扰中兴通讯的就是路径是什么。中兴通讯通过大量的研讨和思考，对比业界最优方案后，思考出针对供应链的 ROADMAP。在这个路径中，中兴通讯关注每个模块都有路径，数字化转型过程可以不同步，但目标是一致的。

	2019—2021年 打基础 系统基础/核心业务变革	2022—2023年 全联接 深化变革/持续推广	2024年+ 生态圈 全面实施/成果应用
敏捷计划	计划业务数据化 一体化集成计划	供应能力可视 供应风险主动预警	动态供需平衡 实时双向模拟
智能制造	生活业务在线 制造资源在线	生产要素全联接 制造过程实时可视	制造过程自主决策 数字孪生工厂
精准交付	交付端到端贯通 客户协同平台	订单履行可视 交付风险实时预警	物流网络动态平衡 实时感知客户需求
数智采购	多法人全业务在线 采购绩效可度量	材料交付可仿真 材料风险主动预警	采购过程智能可控 辅助战略采购决策
	线上 业务线上化/可查询/可共享	在线 过程可视化/可预警/可监控	智能在线 自动预测/智能决策

图 10 - 7　供应链数字化转型 ROADMAP

资料来源：笔者整理。

二 数字化供应链运用新技术情况

供应链在面对客户需求的快速变化及供应的不确定环境下，规划并构建智能供应平台，持续发掘数据价值，缩短交易成本，实现前端业务共享及快速迭代，支撑全域贯通，同时保证内外部客户/供应商的极致体验。

平台构建于中兴云上，IaaS 平台提供运行环境，PaaS 平台提供通用能力——基于微服务的业务中心，提供供应链业务标准能力；大数据和 AI 平台，提供算力和算法；IoT 平台，通过 5G/Wi-Fi/工业以太网等链接设备和环境；前台利用低代码平台能力，快速实现业务应用。

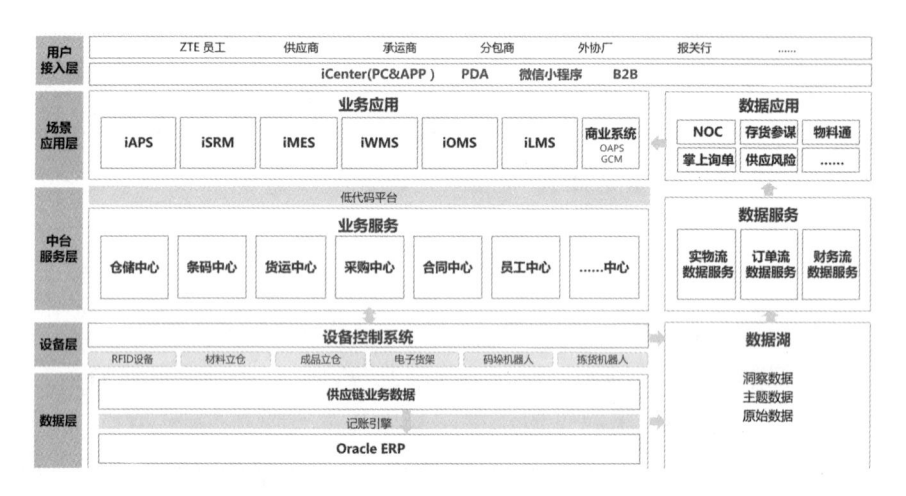

图 10-8 供应链数字化智能供应平台

资料来源：笔者整理。

基于该平台，可以完成从客户订单到客户交付的端到端的完整体系，多工厂与法人协同发货，做统一调度。客户侧，链接中国移动、中国联通、中国电信等客户，实现合同 PO 在线协同；计划大脑 iAPS 支持 MTO 和 MTS 两种计划模式，指挥整个交付过程；iSRM 协同供应商，实现材料多地供应可视可控；货运中台监控在途物料的追踪，实现从仓库发货到客户签收的完整的物流记录，且可通过地图实时呈现物流位置与轨迹；关务系统实现 B2B 自动报关，与 MES、货运系统、MDM 等信息进行集成，将原有线下作业迁移至线上作业，并将海关的进出口政策集成至系统。

在滨江工厂，智能制造也在积极推进。自动化设备，AGV 的引入，加上机器视觉、AI、大数据、5G 等技术的应用，生产的柔性及物流效率得到了极大的提升，逐步实现了工厂的少人化、无人化。

提升客户体验、交付效率、生产效率的同时，也在利用 AI + 大数据进行决策支持和管理预警——iNOC。问题闭环管理，人找系统变成系统找人，出现问题系统出红点，对问题进行分配，PDCA 闭环。从客户端开始识别风险点；供应风险识别：建立风险分析模型，通过大数据分析进行风险识别预警并嵌入研发材料选型过程；存货参谋：统一管理原材料，拉通散落在各个系统的库存数据，实时查看每个库位的库存情况，针对库存超期做出预警，预警事件植入 iNOC，库存统计及查询效率从 8 小时缩短到几分钟。

三 数字化供应链各业务环节现状

（一）供应链数字化转型——夯实基础全面开花

通过近 5 年的数字化转型，中兴通讯取得了一定的转型成果。从流程体系化、业务线上化、数据资产化、应用服务化四个维度进行成熟度评估。

流程体系化：供应链的流程体系化基本实现在 98% 以上，除部分新增业务场景的报废业务及部分海外国家的特殊交付条款要求场景外，流程体系的覆盖健全，指导性较强。

业务线上化：供应链业务线上化的整体比例在 85% 左右。供应链核心业务主场景都已完成线上化的工作。

数据资产化：通过数据资产的盘点、建立目录、分析应用、评估、审计等一系列数据资产管理活动，实现主数据、基础数据、关键交易数据和分析数据等的数据资产化，提升数据使用和共享效率，进而提升数据资产价值。

应用服务化：目前中兴通讯已经基本建立的仓储、货运、关务、制造、采购、计划的业务系统功能，基本基于微服务架构。

在数据应用、可视、可预警方面做得较好。例如，供应链 NOC 可以实时预警到个人作业岛。辅助智能决策方面也试点了智能装柜等场景。

（二）计划数字化转型——供需平衡一键预警

供应链计划数字化转型构建分三步走，第一阶段：业务可视透明；第二阶段：业务预测分析；第三阶段：业务自决策与自执行。目前计划数字化现状基本处于第一到第二阶段之间。

计划执行过程可视：在计划制订后，计划执行的过程也应实时可视（注意：过程执行数据应来自系统的自动采集与更新，而不是人工的间隔性输入）。例如，S&OP 计划发布后，合同到达进展、供应能力进展、库存实时趋势都系统可视，帮助 DP 经理实时判断整体计划执行是否可控。生产计划与采购计划的执行过程可视也遵循同样逻辑。

计划绩效实时可视：重新梳理并设计计划 KPI 框架与关键 KCP 测评指标并嵌入系统，所有的 KPI 指标数据来自于系统实时数据，并进行实时或定期计算，使计划绩效实时可视，以便及时识别计划异常，及时组织协调处理，确保计划顺利执行。

计划风险预警：在计划 KPI 嵌入系统的基础上，对关键 KCP 的测评指标设置阈值与风险前置期，在一定的前置期内如果 KPI 的预计数据超过阈值，则系统自动触发风险预警，并根据风险评估等级，发出类似"红灯、黄灯、绿灯"不同等级风险信号，以便提前识别潜在风险并及时分析触发根因和组织风险应对。

（三）采购数字化转型——供应风险一网打尽

采购数字化规划的内容包含一体化数据底座、材料和供应商全生命周期数字化、采购执行过程数字化（含 S2C 和 P2P）以及采购数据应用。

经过近 3 年的数字化建设，已经搭建了基于微服务架构的智能供应协同平台，并在这个平台上构建了主流采购场景的执行过程数字化应用，实现了采购需求、寻源、协议、订单、送货、验收、付款的全流程数据贯通。

此外，供应商和材料全生命周期管理以及固定资产、低值易耗、研发物料、海外本地等场景的数字化还在规划中。采购数字化现状的基本情况如图10-9所示。

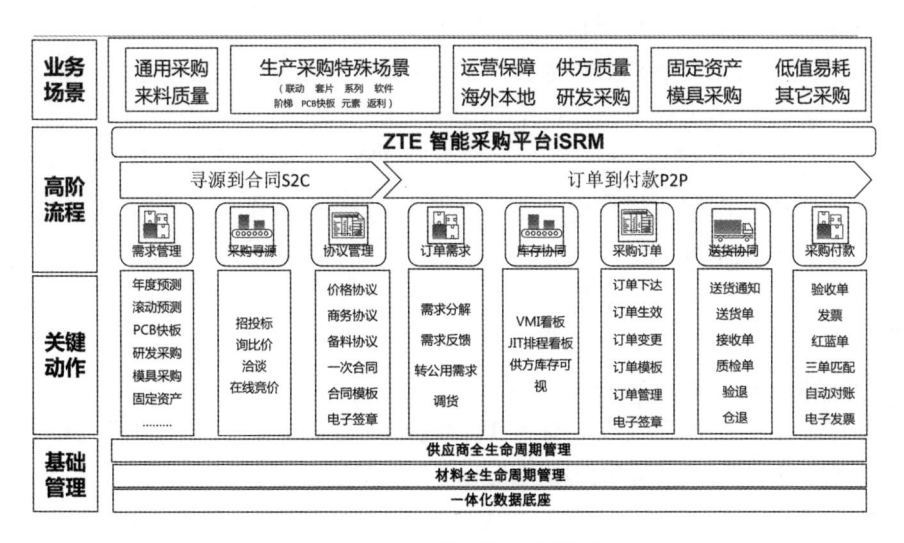

图10-9 采购数字化规划

资料来源：笔者整理。

（四）制造数字化转型——智能制造一览无余

中兴通讯南京滨江5G智能制造基地秉承"用5G制造5G"理念，以中兴通讯自身既懂生产又懂5G网络技术为优势，打造云、网、业三位一体的智能制造标杆，自建设之初就确定了打造5G智慧工厂，生产制造全方位数字化、智能化转型升级并与5G技术深度绑定、融合，探索5G+工业互联网切实降本增效场景，攻克工业现场高要求5G网络技术难题。2020年5月成功中标新基建项目，探索了16大类40余项5G+工业场景的融合创新应用，场所包括制造生产车间、5G立库、工厂园区一体化管理等，初步实现5G全连接工厂，并成为集团5G设备生产运营中心，协同深圳、河源、长沙和西安制造基地，为全球用户提供最佳产品与服务。

中兴通讯滨江全球5G智能制造基地以自身降本增效提质的成功5G工业互联网经验，通过自身技术沉淀和生态合作探索，形成

5G行业领域可复制、真正有价值的方案，让企业敢用、愿用5G，推动赋能更多企业进行5G+工业数字化转型。当前已经与多家滨江开发区企业达成合作意向，未来3年依托滨江区位优势，带动区域产业链协同发展，形成产业集群效应。

（五）交付数字化转型——精准交付一诺千金

交付数字化转型包括以下四个部分。

合同交付管理：目前交付侧合同LTC流完全贯通，从订单创建、生效、配置、生产、入库到货运、清关、验收。并通过B2B模式连通客户系统，实现客户需求到订单交付的端到端贯通。

仓储管理：中兴通讯已建立了基于仓储业务的标准仓系统，是基于微服务架构的，仓储系统的核心功能完善，并可以适配各种业务场景，目前已应用在原材料、资产、备件、返修料、报废料、半成品、成品等环节；实物流端到端打通，任何一件物料，只要扫一个SN码，即可追溯全程物料踪迹。

货运管理：中兴通讯与德勤、阿里巴巴共建了货运中心平台，该平台覆盖原材料采购货运、调拨货运、返修货运、逆向货运、正向交付货运等所有货运场景。并已完成与核心物流服务商的对接，货运轨迹可视，货运过程实时预警。

关务管理：中兴通讯与SAP共建了GCM全球关务系统，该系统包括进口、出口、贸易优惠等模块，实现关务合规。目前已系统实现95%以上业务在线报关，并与中国海关、中国香港海关等海关系统进行系统对接，实现清关自动化。

四 实施路径

（一）数字化转型之路——客户供应协同

通过连接客户的数字"纽带"，贯通与客户交易的数字化"通路"，构筑起连接客户的"一带一路"。进而提升中兴通讯与客户的作业效率以及彼此间的合作黏性。我们与客户一起推进数字化转型，解决端到端业务痛点，共建"供应生态"，实现"融合共赢"。

从2019年开始，中兴通讯搭建了客户协同平台（iCCP），形成了与客户之间的配置协同、订单协同、计划协同、物流协同、财务协同、工程协同、服务协同七大协同能力，根本性解决了与客户无法端到端在线作业、交易效率低的问题。

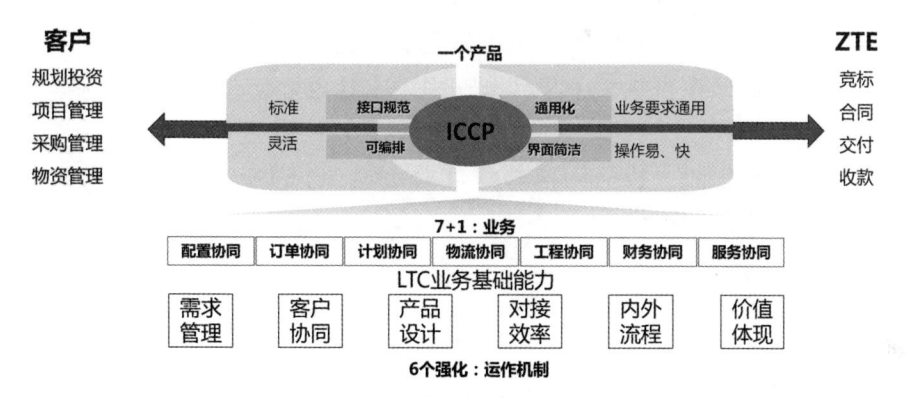

图 10 – 10　中兴通讯客户协同平台

资料来源：笔者整理。

针对与客户在交易过程中的各类痛点问题制订通用化方案包，通过对业务切片成不同场景，实现操作全面线上化，支撑中兴通讯与客户快速交易，实现降本提效。

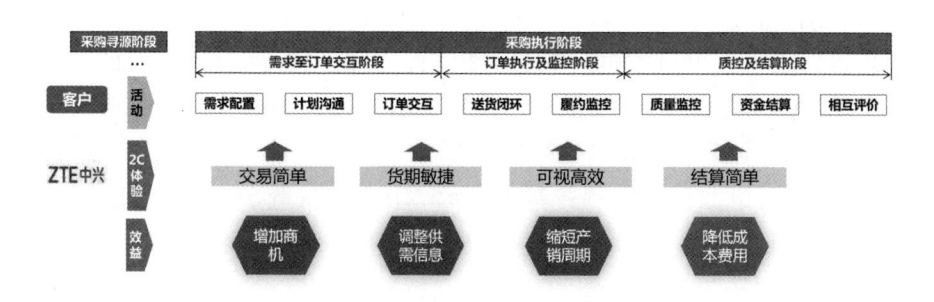

图 10 – 11　数字化管理闭环

资料来源：笔者整理。

（二）数字化转型之路——智能制造

在中兴滨江智能制造基地的智能化改造过程中，公司提出以数字化为纲，制定公司智能制造整体目标，定义细分场景，通过数字化技术构建了智能工厂完整的研发协同、计划、采购、生产、物流及运维环节,形成了数字化管理闭环。

1. 数字大脑,让工厂学会自我思考

为了应对生产个性化、小批量化、智能化的高效自动化生产需求,中兴通讯在自身数字化转型过程中,利用传感、物联网、5G网络、边缘计算、大数据AI、机器视觉等技术,通过精准交付、智能制造、智慧物流、智慧园区等维度升级改造,实现更智能、高效、高质量的产品制造。

在公司智能制造及多工厂运营的战略下,通过设备智联与数据采集,建立工厂—车间—线体—设备的数字化体系,实现生产过程数字化,通过知识建模与生产大数据分析,逐步实现运营智能化。构建以 iMES 为核心的智能制造执行系统,iMES 系统基于微服务架构,分级部署,支撑多工厂多模式的制造场景。

企业级 MES 打通外部订单、生产任务调度,域级 MES 打通车间设备,对车间现场设备各系统下发执行指令,实现生产设备与系统互联互通,完成全流程的数据采集与工艺管控,实现设备可视、线体可视、物流可视,结合边缘计算与大数据应用,拓展数字化生产与数字化运营。iMES 系统的通用数字化工艺平台,实现工艺信息从前端,如研发、中试,穿透至生产一线,通过结构化的工艺设计,实现工艺参数的智能管理,集文件制作、智能归档、智能应用于一体的智能管理平台。

2. 5G 全连接,数字化的加速器

中兴通讯滨江智能制造基地秉承"用5G制造5G"的理念,打造 5G 全连接工厂,规划了 16 大类 40 余项 5G+工业融合创新应用,积极推动制造流程的重塑和变革,向智能制造演进。目前已初步建成极致滨江智能制造示范标杆,主要应用聚焦于企业园区一体化管理和生产车间、立库的 5G 化改造,初步实现 5G 全链接工厂,包括 5G 云化机器视觉类应用(来料监测、AAU 转接柱/螺钉视觉识别、AAU 点胶与 PCB 板检测、机器视觉反向引导控制机械臂)、5G 云化 AGV、XR 远程单板维修操作指导、360 度全景生产环境监控、产线数字孪生、无线看板、望闻问切机器人、5G 看板、园区数字孪生、

5G 非接触式红外测温、园区 5G 巡逻机器人、5G 无人扫地车等 5G 应用的部署上线；实现了单位产值所需人力较中兴通讯其他生产制造基地低 25%，向柔性化、智能化、少人化、无人化智能制造工厂演进。

3. 数字孪生，助力工厂透明化管理

滨江基地针对工厂生产和园区管理不同场景和使用对象，设计了不同的孪生。

生产线数字孪生实时反映产线生产状况，进行生产预测、质量追溯以及预测性维护，提供生产调度指令下发与执行和实时状态的反馈、直观监测物料和成品的流转，实现生产物料和成品在规划、生产、运营全流程数字化管理以及产线仿真优化、生产设备预测性分析等功能，让生产更透明，让管理更智能。生产预测分析：孪生系统对生产数据进行汇总分析，形成生产数据模型库，实现对产线的多维度剖析，查优补缺，提高产能，为产线的优化策略提供全面的数据资料支撑；智能设备维保：基于 IIOT 平台，搜集产线设备的运行时长、产能、运行数据等信息，并根据设备信息自动生成设备维保任务，维修保养记录线上存储，形成设备完整的全生命周期的设备台账，实现设备的精细化管理。

工厂园区数字孪生利用视频虚实融合、激光扫描、物联网、3D 成像等技术，将园区中的资产、车辆、安保、环境、视频监控、ICT 网络、能耗等信息数据集成、整合、融入，实现设备联防联动监控，快速定位设备故障点，对区域内人员、资源等实现高效调配，保障管理高效、运维科学，最终实现园区运营的可视化分析、园区业务的闭环联动、园区决策仿真模拟等。

中兴通讯滨江智能制造基地数字化转型一直在路上，从自我做起，通过点滴的积累，打造极致滨江，实现智能制造的柔性化、无人化，为业界树立新标杆。

（三）数字化转型之路——供应链智能运营中心

供应链智能运营中心包含整个供应链中的数据、关键业务指标和事件。供应链智能运营中心使组织能够实时更充分地了解相关信息，确定优先级并解决关键问题。供应链智能运营中心提供整个供应链的端到端可视性,特别是对于无法预料的外部事件。它利用诸如 AI 和机器学习之类的先进技术打破数据孤岛,减少或消除手动流程,并获取实时可行洞察信息。更智慧运营中心将支持跨团队和合作伙伴之间的协作,并保留组织知识,以便改进和加速决策及成果。这有助于更好地预测风险,提高业务连续性,管理异常情况,以及响应计划外事件。

供应链智能运营中心不是一个供应链业务操作平台,它是一个供应链端到端指挥和管理平台,通过统一指挥,实现组织间高效协同,快速响应需求,提升运营效率。它可以分三层架构:第一层是基础层,实现供应链业务线上可视、风险预警;第二层是数据驱动预测性分析,通过基于业务场景构建算法模型,对发现问题进行根因分析及未来趋势判断;第三层是自动执行层,它基于预测分析、场景模拟分析,通过机器学习自改善,给出问题或风险改善建议,并自动执行形成闭环。

图 10-12 供应链智能运营中心

资料来源:笔者整理。

供应链三层架构其实也代表了三个阶段,并不是一定要按部就班一个个阶段实施,因为在有些规则化或业务比较成熟的场景,第一阶段和第二阶段可同步实施，但第一阶段是其他两个阶段的基础，第一阶段如果基础没有打好，其他阶段实施起来就是空中楼阁，无法顺利实现。

第一阶段：实现供应链端到端业务透明可视，风险及时预警。实现供应链业务的线上可视，就是业务数字化，从营销和产品线的需求计划、采购与制造的供应能力、计划的供需平衡决策和计划制定、交付的订单履行、质量的全程管理都需要形成线上作业与闭环管理。将孤立系统中的数据与外部事件信息关联起来，实现供应链的端到端各业务流程状态可视、流程节点可视，责任人可视，风险主动预警、告警并能主动干预；同时，基于供应链战略规划与经营目标，供应链KPI架构与测评指标嵌入系统，实现系统自动数据提取和计算，KPI风险实时可视预警；由"事后度量分析"转到"实时调度指挥"，驱动供应链业务变革和运营提效。

第二阶段：业务可预测。对供应链各业务能实现未来风险预警。构建各关键业务环节的典型业务场景数据模型，通过现有及外来的大数据分析来追溯现有问题根因以及预测未来趋势和进行风险应对，这一阶段可先实现内部供应链协同与应用，并逐步扩大到关键客户与供应商的协同与应用。

第三阶段：实现供应链业务智能决策与自动执行。利用基于AI的解决方案室和数字行动手册，再结合供应链应用，更好地开展协作和管理整个供应链中的异常情况，帮助快速响应计划外事件，并优化执行以提高KPI绩效，通过机器学习、模拟分析，形成智能决策建议，并自执行，实现全供应链的最优运作。

（四）*数字化转型之路——数智采购&供应商协同*

采购数字化建设于2019年启动，在执行数字化的过程中，逐步摸索出规划与实践相结合的方法，用规划指导实践、在实践中修订规划，渐进明晰的形成了采购数字化转型的实施路径。

总体路径分三大步，每步之间迭代梯度推进，前面的步骤是后面步骤的基础、后面的步骤验证和修正前面的输出。

第一步是搭建基于微服务架构的智能供应协同数字化平台；第二步是在采购数字化平台上构建应用场景；第三步是采购数据

应用。

截至 2021 年年底，采购数字化平台已搭建、主流采购场景已实现，并试点了部分数据应用，如供应商绩效评价。正在持续丰富业务场景，打磨优化功能，提升用户体验。

从 2022 年开始将重点加强数据应用，通过数据分析实现采购过程透明可视、识别并预警采购交付风险，辅助采购决策。

图 10 – 13 采购数字化的具体路径

资料来源：笔者整理。

（五）数字化转型之路——数据治理及数据架构

供应链数字化转型的数据治理工作是重中之重。强化数据资产管理组织，基于数据资产管理框架，进行供应链全域数据资产的盘点梳理，输出数据资产目录，进行数据资产应用、数据资产变更、数据资产评估、数据资产审计等管理。结合各业务变革项目数据质量问题痛点，依据数据治理方法论，发现并梳理问题，分析问题，制订解决方案，最终解决问题，提升关键重点数据的数据质量，快速支撑业务项目推广应用。基于实时可视、风险预警、智能决策等业务场景的数据消费需求，梳理采集相关数据，设计数据架构和模型，提供数据服务能力，支撑数据应用，实现数据价值的挖掘和变现。

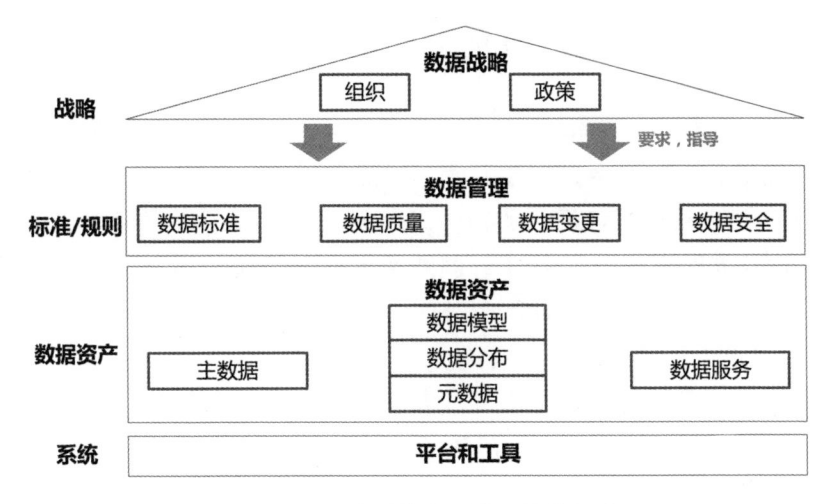

第十章　中兴通讯数字化转型的典型案例　　233

图 10-14　供应链数字化转型的数据治理

资料来源：笔者整理。

第四节　供应链数字化转型的效果

如何评价企业推进供应链数字化转型？如何评估数字化转型对提升供应链的核心竞争力的影响？中兴通讯经过几年的数字化转型，取得了一定的成果，重点体现在供应链运营效率的提升和供应韧性的提升。

一　供应链运营效率提升

（一）制造效率

中兴通讯滨江制造基地，通过"5G+工业互联网"对生产流程、园区管理的数字化转型升级，通过提升自动化、智能化、柔性制造水平，有效增加"互联网+"协同制造与管理水平，促进工厂车间提质增效，优化成本、增强产出。通过数字化建设前后对比，在生产效率、产线柔性以及应对内外部诸多不确定性风险的能力等方面都取得了明显的成效，装配问题漏检率降低80%，关键产品不良率降低46%；操作人员数量节约28%，物流周转效率提升27%等。总结起来，中兴通讯南京分公司切实提升了可持续发展、柔性化产线、精细化管理、精益化生产水平,并在基层迸发了愿用5G、多用5G的创新激情。

(二)收入与成本

通过数字化转型,打通了库存断点、堵点,通过数字化手段推动库存共享和资源盘活,加速的库存周转,降低了库存成本。过去5年库存周转率提升了20%,制造费用率和物流费用率每年都降低近5%,而收入周期年均提效15%。

(三)交付周期

经过近5年的数字化转型,中兴通讯供应链在交付方面有了很大的提升,交付周期缩短了29.7%,交付的齐套性提升了42%,2021年年底的客户满意度调研显示,客户在交付侧满意度提升了6.42个百分点。

(四)外部评价

日本KDDI运营商评价中兴通讯供应链:数字化供应链全程优异,首次"零指摘"。

美国空客评价中兴通讯供应链:亚洲最优供应商。

GARTNER:中兴通讯入围2021年中国供应链TOP25。

二 供应链抗风险韧性提升

我们认为组织韧性应该被理解为一种产出韧性结果的过程,是一种事前预判、事中免疫、事后适应和不断迭代的系统适应能力,由企业的变革能力、学习能力和重构资源的能力决定。

预判能力:中兴通讯全方位、多渠道地获取信息,开发了供应风险可视系统和供需平衡智能分析系统等工具,系统会自动结合需求信息进行分析研判,快速识别风险并制订相应的策略。

免疫能力:提升自身的抵抗力,在风险事件发生时不受影响,或者只受到很小的影响。为了提升免疫能力,中兴通讯聚焦三个关键词:生态、创新和解耦。

适应能力:首先为了快速识别物料供应风险,中兴通讯开发了风险地图系统,比如,2018年9月日本北海道发生6.7级地震,中兴通讯通过供应风险地图,1小时快速识别受影响的32家供应商、

65 个代码，及时应对，先人一步。

其次是生产风险，中兴通讯有深圳、河源、南京、长沙、西安五大制造基地，通过多基地布局，生产资源共享，产能相互备份。并通过数字化转型，构建基于多工厂多法人的系统平台，通过数字化转型，能够让工厂更协同更高效。

最后对于物流风险，中兴通讯的策略是加强风险识别速度和快速应对能力，也就是方案的备份。2021 年 3 月 21 号，长荣天赐号搁浅，导致苏伊士运河堵塞，中兴通讯立即启用备份方案，协调 18 个中欧铁路货柜，满足了欧洲发运的紧急需求。

第五节　企业供应链数字化转型的创新点

中兴通讯在推动供应链数字化转型过程中，在项目化运作、战略引领、上下游协同等方面进行了拓展和创新。这些创新为数字化转型提供了更明确的方向和转型驱动力，为更好地完成数字化转型目标助力。

从 2018 年中兴通讯启动数字化转型之路，经过 3 年多的发展，总结供应链在过去的数字化转型之路有如下几个创新点。

一　项目化运作推动数字化转型

为推动供应链数字化转型，中兴通讯强化了数字化转型工作的项目化运作。从 2017 年开始，中兴通讯的数字化转型项目团队每年都有 10 个左右的数字化转型项目同步运作。通过整体 PMO 策划和推动，实现战略到落地的任务分解。通过项目化运作，打通端到端流程和系统。找到最终用户实现场景应用，关注价值变现实现整体运营效率提升。

中兴通讯项目管理组织采用项目型、强矩阵型、平衡矩阵型、弱矩阵型等多种管理形式，供应链主要采用项目型和强矩阵型。

（1）对于关键且需要跨领域协同的任务，设置独立的组织，组建固定的团队（将相关人员的编制划入该组织管理），实行项目型运作，全体项目成员的考核和激励由项目经理负责。

（2）对于领域内协同的任务，采用强矩阵型组织形式，组建项目团队，任命专职的项目经理。在强矩阵型组织中，ü 项目核心成员的考核和激励由项目经理全权负责。项目一般成员的考核和激励由项目经理和所在业务部门实行矩阵考核。考核结果应用到项目成员所在业务部门。

项目型：以"端到端库存管控项目"为例，公司安排组建团队独立运作，并由人力资源下发正式文件，聘任相关人员以管理干部的身份承担（承接）相关岗位（项目），项目经理对项目全权负责，能根据项目需要充分调动项目内部资源或外部资源。端到端库存管控项目的项目经理及项目核心成员全职参与，项目预算控制由项目经理负责，在项目范围内，项目经理可以调动与之相关的资源。

强矩阵型：以"客户供应协同项目"为例，由供应链 PMO 下发正式文件，聘任相关人员以项目经理的身份牵头相关项目。客户供应协同项目的项目经理及项目主要成员全职参与，其中部分项目成员来自业务部门。项目经理对项目具备较强的掌控力度，能够根据本人的意见去管控项目进度、质量、成本等核心项目因素。

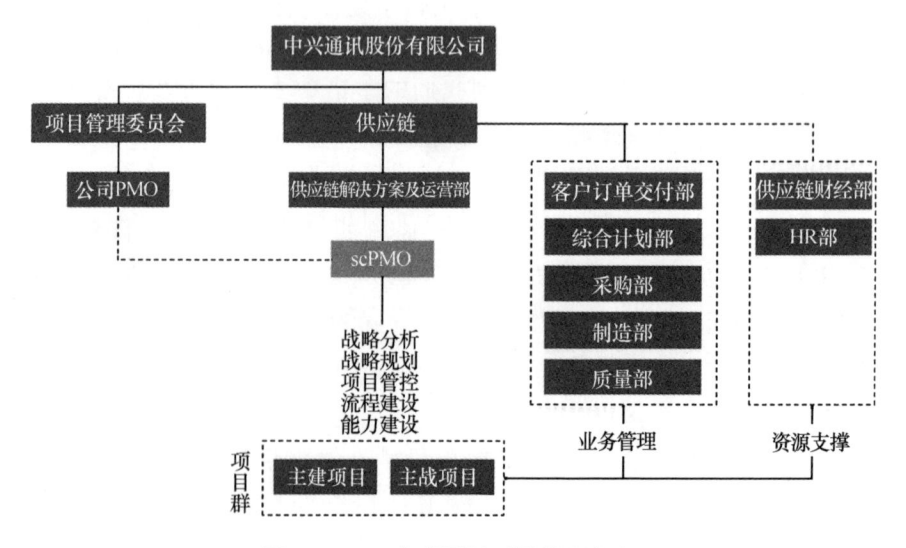

图 10 - 15　中兴通讯项目管理组织

资料来源：笔者整理。

供应链 PMO 负责公司战略项目的规划到落地，在这一过程中，直接管理和控制项目，能够参与战略目标制定和战略任务分解，具有承上（战略分解）和启下（立项执行）的双重作用。

二　从战略到落地

我们主张数字化转型需要自有化从战略到落地方法论端到端整体方案，每个企业都有不同的企业现状，都需要制定基于自身业务的数字化转型理论和方法。拿来主义在企业的数字化转型中，特别是大型复杂制造企业中很难推动落地。

中兴通讯供应链数字化转型是基于战略咨询，拆解战略目标，规划以价值为导向的转型蓝图。

（一）SPIRE 战略愿景驱动供应链战略规划

以终为始：用 SPIRE 战略描绘供应链年度规划，通过团队成员的头脑风暴、PEST 分析、SWOT 分析等工具，供应链规划团队制定战略规划。对准供应链长期发展的业务方向，站在未来愿景的视角，思考未来供应链需要哪些变革和规划才能支撑战略达成。

五步实现：第一步，对齐供应链的整体战略；第二步，了解供应链行业的演进方向；第三步，识别出自身现状、问题，并进行对标分析，找到 GAP；第四步，分析技术应用，通过分析技术趋势和成熟度了解哪些技术可以应用到我们的举措中去；第五步，了解客户，通过客户对我们的要求和体验，分析具体的战略落地规划。

统一认识：设计供应链年度规划蓝图架构，为保证思想统一性，战略规划团队与项目管控团队的人员复用，保证战略从制定到执行的一张蓝图绘到底。

（二）用管理变革的思路推动战略解码

在已经明确了供应链战略规划的情况下，scPMO 专注于对战略进行解码，利用管理变革的思路。把战略进行系统性、分层分级的梳理和诠释，通过业务架构、变革架构进行细化设计，例如：哪些变革点能够支撑哪些业务在战略目标的达成？支撑度是多少？是否足够？是否需要其他变革协同？等等。

根据战略制定的能力主建和业务主战目标，把数字化转型及管理创新变革的思路明确后,分解出核心任务清单,通过分析 VOC/VOB 确定项目,再根据整体项目资源分配,明确项目支撑关系。

把握节奏,规划举措和项目,识别战略达成的关键点,制定举措;规划项目承接举措,确定项目;设定项目优先级,制定项目节奏;匹配项目资源,明确项目范围。

(三)层层分解,主战、主建双轮驱动保障战略落地

通过每个项目的目标支撑整体战略的目标,保证战略落地。项目里程碑及关键任务能支撑项目目标达成,保证分解到人、责任到位。

项目责任到位:选择对应 Sponsor 和 Owner 角色,确保项目变革举措承接了业务战略,满足业务发展需要,不让能力项目与业务管理两张皮。

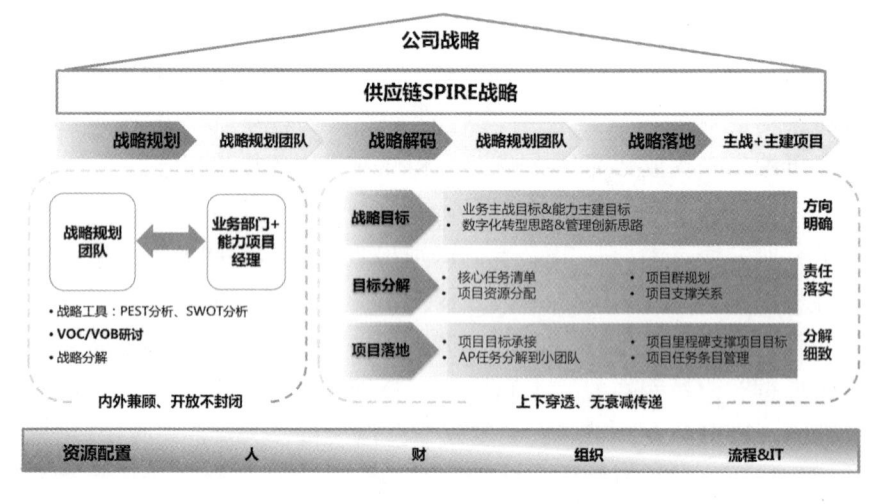

10-16 战略规划—战略解码—战略落地模型

资料来源:笔者整理。

搭班子选对人:选择适合的项目经理和项目核心成员,有影响力的主管和骨干是项目成功的重要因素。一方面能力项目需要业务主导,IT 使能支撑,选择优秀的项目负责人是重中之重;另一方面优秀的业务一线人员投入项目也保障项目不偏离主航道,能够真正支撑业务持续发展。

三 上下游协同发展

数字化转型需要拉通上下游，才能实现价值最大化。例如，中兴通讯和客户同步进行数字化转型。在客户实现价值变现的同时，中兴通讯也同步实现收入的增加和客户黏性的增加。

在客户侧，我们持续推动与战略客户在上下游协同过程中的规范制定、标准推动、方案整合方面贡献力量，制定一系列包括配置协同、订单协同、计划协同、物流协同、财务协同、工程协同、服务协同的标准和定义，用客户需求拉动公司内部流程变革和优化，实现与客户同步提升数字化成熟度，让交易更简洁，提升客户感知。

在供应商侧，中兴通讯构建了新网络、新模式和新平台，通过系统 B2B 在线对接、门户网站、供应商协同 App 等多层次、多维度的协同方案，针对战略供应商、重要供应商、一般供应商的分层、分级管理，持续覆盖原材料供应商、物流服务商等多维度合作伙伴的协同，让产业链协同共进，实现双赢生态。

图 10 - 17 数字化转型的上下游协同

资料来源：笔者整理。

第六节 未来发展机遇与挑战

中兴通讯在推动供应链数字化转型过程中，利用新的数字化技术、协同上下游推动全链条的业务转型，其中积累的经验和教训可供企业借鉴。

受新冠肺炎疫情影响，全球供应链受阻、能源价格高企、通胀压力上升，再加上地缘摩擦，这些问题共同构成了复杂的不确定性。另外，全球供应链体系分工细致，只要一个环节没有理顺，就可能出现系统性的"梗阻"。

在这种复杂多变的环境下，原来企业在应对不确定性的时候，会显得手忙脚乱，力不从心。每个企业都在或快或慢地加入这场数字化转型的变革中，无论主动或是被动。每个企业也都在数字化转型中权衡投入和价值的对比，以及诸多不确定性因素对企业数字化转型之路的影响。

中兴通讯在推动供应链数字化转型过程中，积累了一些经验和教训，总结起来有如下四个方面。

第一，明确数字化转型的方向：企业在推动供应链数字化转型中，需要提前明确数字化转型的方向，并且在高层中达成共识。这有助于企业在数字化转型中更快更有效地推动，只有坚定的信念和一致的向心力才能让数字化转型立足、生根、结果。

第二，重视数据的作用：企业在数字化转型过程中最先体验到的就是数据质量问题，但最容易忽视的也是数据的治理工作。每家企业在数字化转型中都需要建立数据管理的模型和体系，并从转型之初就将数据工作放在重中之重。例如，如何从源头做好数据质量管理、如何做好数据治理、如何建立统一的数据管理规则、如何保证数据清洁与完整等一系列问题。这些问题需要进行数据处理、数据控制、数据消费，用完整的数据管理理论推动建立数据服务能力，满足各个业务对数据的需求。

第三，利用合适的数字化技术：提到数字化技术，大家都会想到云计算、5G、大数据、AR/VR、AI等，这些技术是推动企业进行数字化转型的手段和方法，但企业不能"唯技术论"，每项技术的应用都需要特定的场景，需要时间和资源的投入。这就需要决策者进行权衡，适度超前地利用数字化技术是合理的。重点还是放在针对具体场景如何解决用户痛点，如何利用合适的技术构建数字化的平台。

第四，强调转型而非单纯的信息化：企业在推动数字化转型中，经常会将线下的业务转成线上当成数字化转型的重点，而在实际上，如何提升体验和整体运营效率才是企业最终的目标。在分析业务场景数字化方案时，需要面向未来，而不是把现在做的流程当成业务方案。只有通过重构业务模式，构建出一个效率更高、交易更简单的方式，才能真正实现交易简单、体验极佳、效率更高的转型目标。

供应链数字化转型，道长且坚，行则必至，行而不辍，未来可期。

第十一章　深圳数字经济高质量发展的政策建议

深圳要保持数字经济的领跑地位，加快打造数字经济创新发展试验区，推进数字经济高质量发展。《深圳市数字经济产业创新发展实施方案（2021—2023 年）》指出，要深入贯彻落实《中共中央国务院关于支持深圳建设中国特色社会主义先行示范区的意见》《国家数字经济创新发展试验区实施方案》等文件精神，抢抓数字经济产业密集创新和高速增长的战略机遇，加快推动深圳市数字经济产业创新发展，着力打造国家数字经济创新发展试验区。重点扶持高端软件、人工智能、大数据、金融科技等数十个细分产业，完成提升科技创新引领能力、推动信息技术应用创新、优化数字经济产业布局、打造数字经济公共服务平台等九项重点任务。

一　推动产业间和产业内数字化均衡发展

利用好我国作为全球大国的相关优势，如广大的国土以及庞大的人口，进而推动数字技术与三大产业融合发展，带动企业数字化转型。加大工业互联网发展进程，推动制造业与互联网深入融合，发挥工业云、工业大数据以及工业电子商务等新优势。注重发展数字农业和打造数字乡村，加快信息技术与现代服务业融合发展，重视消费互联网的作用。同时，构建多层次数字化研发体系，夯实产业数字化基础。要加快新型基础设施建设，缩小不同区域以及乡村之间的"数字鸿沟"。

二　提高数字经济的开放水平

高质量发展数字经济需要统筹协调对内对外开放格局，对内激发数字企业劳动生产率,引进国外先进技术和管理经验。数字企业自身应该提高国际竞争力,制定国际化发展战略,培育国际数字化人才,推动数字化标准的制定,提高国际数字治理体系话语权。中国目前在人工智能和军事领域的飞速进步已经对美国主导的全球数字经济体系产生挑战,特别是在人脸识别、社会信用体系、互联网金融和数字货币等方面。①

三 处理好政府与市场的关系

为实现数字经济高质量发展,应妥善处理好政府与市场的关系,推动数字经济健康发展。随着信息信息技术变革不断加速,数字经济领域的发展充满挑战。中华人民共和国成立之初,我国实行高度集中的计划经济体制,虽然有效地提高了我国工业化水平,但长期来看不适合国民经济发展。改革开放后,我国开始走市场与计划并行的道路。政府要更好地引导市场公平合理的竞争,强调市场在资源配置中起决定性作用,通过积极主动、富有活力的行为补充市场经济的弊端,厘清政府与市场之间的有关界限,采取有效方式干预经济以保障国民经济健康发展。②

四 优化营商环境

一方面,在做好监管的同时保证发展。营造包容审慎的数字治理理念,延续包容创新的数字治理制度,提升创新精神。防止互联网法律漏洞,预防出现互联网危害人民群众生命财产安全的行为。另一方面,推动数据要素交易市场完善。从顶层设计方面加快数据要素流动体制机制建设,出台有关数据要素合理流动的监管条例。健全数据要素交易市场,加快数字技术融入股权质押通道,强化资

---

① C. Gregory, "Understanding China's AI Strategy: Clues to Chinese Strategic Thinking on Artificial Intelligence and National Security", Washington, DC: Center for a New American Security, 2019, pp. 5 – 9.

② S. Osvaldo, Z. Gustavo, "Neo – Structuralism Versus Neoliberalism in the 1990s", *CEPAL Review*, Vol. 42, 1990, pp. 35 – 51; G. Rosenthal, "Development Thinking and Policies: The Way Ahead", Cepal Review, 1996.

本市场对数字经济的支持。政府效率①、人力资源②、金融服务③等都是营商环境的重要组成部分，数字技术的融合有助于改善营商环境。

五 支持实体经济高质量发展

数字产业化的目标是将数字化的知识和信息转化为生产要素，通过信息技术创新和管理创新、商业模式创新融合，不断催生新产业、新业态、新模式，最终形成数字产业链和产业集群。产业数字化的目标是利用现代信息技术对传统产业进行全方位、全角度、全链条的数字化、智能化改造。深圳的数字产业化将以协同已有的算力供应和聚焦优势数字产业为抓手，一方面充分协同利用国家超级计算深圳中心等方式解决算力问题，另一方面重点突破深圳有先发优势的集成电路、数字光电、人工智能、大数据、云计算等新业态，并提高招商引资标准，优先引进具备数智化特征、不需要过分依赖产业空间发展的优质数字产业企业。

《深圳市人民政府关于加快智慧城市和数字政府建设的若干意见》指出，到2025年，打造具有深度学习能力的鹏城智能体，成为全球新型智慧城市标杆和"数字中国"城市典范。融合人工智能（AI）、5G、云计算、大数据等新一代信息技术，建设城市数字底座，打造城市智能中枢，推进业务一体化融合，实现全域感知、全网协同和全场景智慧，让城市能感知、会思考、可进化、有温度。

六 创新人才培养路径

深圳市可以借鉴全国各地的发展战略，因地制宜，出台符合深圳发展现状、发展规律的推动数字经济发展的人才培养新举措。

继承、发扬深圳人才"磁场"传统。2017年实施的《深圳经济

---

① D. Lim et al., "Institutional Environment and Entrepreneurial Cognitions: A Comparative Business Systems Perspective", *Entrepreneurship Theory and Practice*, No. 3, 2010, pp. 491–516.
② H. Aldrich, *Organizations Evolving*, Sage, 1999.
③ H. Bowen, D. De Clercq, "Institutional Context and the Allocation of Entrepreneurial Effort", *Journal of International Business Studies*, No. 4, 2008, pp. 747–767.

特区人才工作条例》确定每年 11 月 1 日为"深圳人才日",努力营造全社会尊才爱才敬才的氛围。深圳始终坚持党管人才原则,深入实施人才优先发展战略,放眼全球、对标一流,以开放的姿态和宽广的胸怀广聚天下英才。在 2021 年 10 月 31 日举行的 2021 深圳全球创新人才论坛上,深圳市委书记王伟中代表市委、市政府向全市广大人才致以节日祝贺,向长期以来关心支持深圳改革开放、创新发展的各界人士表示衷心感谢。他说,深圳放眼全球"引才",不拘一格"用才",搭建平台"育才",用心用情"留才",正迎来新的人才聚集高峰,城市更具魅力、动力、活力和创新力。①

发扬深圳争当引才、惜才先行者的作风。深圳特区自成立以来,就是全国引才、惜才、育才的先行者,我们应将这种爱才的作风发扬光大,以人为本,结合数字经济,创新发展人才培养路径。已有的"深圳人才日""人才公园"等举措,是在像世界宣示深圳爱才之心。如今深圳的决心已被世界看见,接下来该去做的应该是把口号进一步落到实处,从政策、教育、培训、引进等方面,结合时代特点——数字经济,来进行数字经济方向的制度创新,契合数字化的时代精神,打造数字经济的人才聚集发展先导区。

重塑高校人才培育体系,在基础学科建设方面加大投入,加强建设数学、物理、信息技术等基础学科,聚焦优势特色的数字学科建设,突出基础学科研究能力、创新意识和创新能力的培养。发展数字经济相关新兴交叉专业,跨学科交叉培育,开拓新的跨学科形式,如信息技术、数据科学、大数据工程和金融工程;打破传统单一学科观念的障碍,加强学科相互联系,促进知识互补、数字技能与观念的培养,重视分析数据、理解业务逻辑和数据价值、数字规则的能力。重塑课程体系,嵌入新一代的数字经济技术,积极推进数字经济与多学科、多专业课程的深度融合,建立大数据概论、人工智能概论、区块链等先进的数字课程,建设综合性、多元化、高度一体化的科技课程体系,为各类人才特别是数字科技创新人才的培养提供前沿知识。打造"高校—科研机构—企业"联动的人才培

---

① 《第五个深圳"人才日"之际,王伟中提出这样引才用才育才留才》,腾讯网,2021年 11 月 3 日,https://new.qq.com/omn/20211103/20211103A06KBZ00.html。

养机制，聚焦数字经济高校、龙头企业、研究所，打通"产学研用"。实现创新、产业、价值一体化，理顺科技成果转移转化的各个环节，优化资源配置。高校负责数字经济基础研究，科研机构负责基础研究成果的孵化，龙头企业负责科研成果的产业化，并解决企业与高校之间长期存在的信息不对称问题，实现产业闭环。

创建深圳"数字工匠"培育库。建立数字职业技术教育新体系，以教育与产业相结合为目标，加快培养具有教育专业素质和数字技能的复合型"数字工匠"。实现"产中学""学中做"，打通企业优秀数字经济人才培养过程中的"最后一步"。

建设数字经济产业学院。建设"高校主导、企业参与"的数字经济产业学院，建立以商业精英和学术专家为主的教育团队，共同参与数字经济课程开发、实践基地建设和人才培养方案制订，无缝对接高校数字创新人才与企业发展所需创新人才的培养。高校与企业签订协议，每年从产业学院接收一定数量的优秀学员进一步培养为企业员工，充分解决学员的就业问题，指明发展道路，鼓励学员们专心学业的同时结合企业实际需求，毕业之后更快更好地上手实际业务。

出台加强数字经济人才引进的专项政策。鼓励产业链上下游龙头企业引进高端人才。硕士、博士等高端人才的落户，在数字经济领域加大补贴力度。保持各类人才交流活动定期举行，邀请数字经济各龙头企业的精英和专家。举办数字经济主题创业创新大赛，通过"以赛带引"，吸引大批相关领域的年轻人才。

多渠道发布数字经济就业创业信息。推动宣传对数字经济领域创业、就业培训和职业技术教育领域的税费优惠政策，发挥对就业形势分析研判、促进人才流动的导向性作用，对企业工资分配进行指导和间接调控，做到人尽其能，"人才"有用武之地。

设立数字经济人才专项基金。通过财政支持，选拔和培养数字经济领域优秀青年人才，发挥财政性资金对人才扶持培育的重要引导作用，充分实现市政府专项基金在人才培养、产业培育、价值显现等方面的重要作用。

七　构建数字贸易标准体系

随着数字技术和数字科技的飞速发展，与数字贸易相关的标准体系也在各领域快速研制,尤其是在中国"入世"二十年和积极申请加入《数字经济伙伴关系协定》(DEPA)的对外开放背景下,以信息技术为核心的产品和服务的贸易相关标准系列族群构成了数字贸易标准体系。构建基于中国良好实践的数字贸易标准体系,对于多边和区域贸易规则下的全球经济治理具有重要的作用和意义。

首先,关注和研制数字技术和数字贸易相关领域的标准。与数字技术和数字贸易相关的领域包括信息技术、隐私安全、大数据、云计算、人工智能、智慧城市、数字孪生等技术领域与贸易相关的标准研制,技术与贸易的融合从关键点、关键环节、关键技术、良好实践等方面支撑全球经济治理体系的建设。

其次,构建数字贸易标准体系,全方位助力全球经济治理体系建设。"一流的企业做标准",标准跟随技术的前沿,而走在技术最前沿的数字贸易标准体系建设,将全方位地支撑全球经济治理体系建设。数字贸易标准既是技术指南和技术规范,也是货物和服务贸易的模式。借助数字贸易标准制修订和实践,从而推动国际经贸规则的制定。根据全球经济治理体系构建数字贸易标准体系,包括数字贸易的各个环节和流程、数字贸易的各种新模式新业态、数字贸易的各种技术支撑和平台建设等。

最后,数字贸易标准在各个国家之间达成技术上的共识,从点到面助力推动全球经济治理体系建设。技术上的共识,通过标准制修订的各个环节和流程,包括标准提案立项、标准的工作组草案、标准的委员会草案、标准的最后征求意见草案等环节,在参与国家之间达成共识,吸收应用的良好实践案例,企业继续应用标准,或者获得相关认证,共同提升产品和服务质量水平,推动全球经济的高质量发展,从而也助力全球经济治理体系建设。[1]

---

[1] 刘伟丽:《完善数字贸易标准体系 助力全球经济治理体系建设》,《中国质量报》2021年11月10日。

参考文献

一 中文文献

白雪洁等：《数字经济能否推动中国产业结构转型？——基于效率型技术进步视角》，《西安交通大学学报》（社会科学版）2021年第6期。

白雪洁、宋培、李琳：《数字经济发展助推产业结构转型》，《上海经济研究》2022年第5期。

柏培文、喻理：《数字经济发展与企业价格加成：理论机制与经验事实》，《中国工业经济》2021年第11期。

柏培文、张云：《数字经济、人口红利下降与中低技能劳动者权益》，《经济研究》2021年第5期。

曹偲等：《区块链研究综述》，《重庆邮电大学学报》（自然科学版）2020年第1期。

曹海波、胡小兵：《5G+智慧园区解决方案》，《信息技术与信息化》2021年第9期。

曹正勇：《数字经济背景下促进我国工业高质量发展的新制造模式研究》，《理论探讨》2018年第2期。

陈碧红：《提质引强补链建圈 加速发展核心产业》，《四川日报》2021年11月24日第1版。

陈冬梅、王俐珍、陈安霓：《数字化与战略管理理论——回顾、挑战与展望》，《管理世界》2020年第5期。

陈建军、韩靓：《深圳企业外迁问题探析——以深圳市福田区为例》，《特区实践与理论》2018年第3期。

陈靖斌：《数字经济成广东驱动高质量发展新引擎》，《中国经营报》

2022 年 5 月 9 日第 B10 版。

陈明明、张文铖：《数字经济对经济增长的作用机制研究》，《社会科学》2021 年第 1 期。

陈文、吴赢：《数字经济发展、数字鸿沟与城乡居民收入差距》，《南方经济》2021 年第 11 期。

陈小辉、张红伟、吴永超：《数字经济如何影响产业结构水平？》，《证券市场导报》2020 年第 7 期。

陈晓红等：《数字经济理论体系与研究展望》，《管理世界》2022 年第 2 期。

陈晓龙：《数字经济对中国经济的影响浅析》，《现代商业》2011 年第 11 期。

陈鑫鑫、段博：《数字经济缩小了城乡差距吗？——基于中介效应模型的实证检验》，《世界地理研究》2022 年第 2 期。

陈雪柠：《北京打造中国数字经济发展样板》，《北京日报》2022 年 4 月 17 日第 1 版。

陈颖婷：《打造数字经济的上海样板》，《上海法治报》2022 年 1 月 24 日第 A5 版。

丛屹、俞伯阳：《数字经济对中国劳动力资源配置效率的影响》，《财经理论与实践》2020 年第 2 期。

程启月：《评测指标权重确定的结构熵权法》，《系统工程理论与实践》2010 年第 7 期。

崔耕瑞：《数字金融与产业高质量发展》，《西南民族大学学报》（人文社会科学版）2022 年第 2 期。

邓荣荣、张翱祥：《中国城市数字经济发展对环境污染的影响及机理研究》，《南方经济》2022 年第 2 期。

董有德、米筱筱：《互联网成熟度、数字经济与中国对外直接投资——基于 2009 年—2016 年面板数据的实证研究》，《上海经济研究》2019 年第 3 期。

杜传忠、管海锋：《数字经济与我国制造业出口技术复杂度——基于中介效应与门槛效应的检验》，《南方经济》2021 年第 12 期。

樊轶侠、徐昊：《财政助力数字经济高质量发展：核心机理与经验启示》,《改革》2020 年第 8 期。

范筱静:《数字贸易的海关监管问题探讨》,《海关法评论》2021 年第 0 期。

范鑫:《数字经济发展、国际贸易效率与贸易不确定性》,《财贸经济》2020 年第 8 期。

范鑫:《数字经济与出口：基于异质性随机前沿模型的分析》,《世界经济研究》2021 年第 2 期。

方凌智、沈煌南:《技术和文明的变迁——元宇宙的概念研究》,《产业经济评论》2022 年第 1 期。

费方域等:《数字经济时代数据性质、产权和竞争》,《财经问题研究》2018 年第 2 期。

付曦地:《我国有望在明年成为第一数据资源大国》,《科技金融时报》2019 年 12 月 3 日第 2 版。

傅晓冬、杜琼:《数字经济对中国文化产品出口贸易的影响研究》,《宏观经济研究》2022 年第 3 期。

高富平:《数据流通理论——数据资源权利配置的基础》,《中外法学》2019 年第 6 期。

高磊、董翰博:《建设制度创新高地 打造数字辽宁样板》,《辽宁日报》2022 年 5 月 25 日第 7 版。

葛孟超:《让数字人民币更好惠企利民》,《人民日报》2022 年 7 月 18 日第 18 版。

葛和平、吴福象:《数字经济赋能经济高质量发展：理论机制与经验证据》,《南京社会科学》2021 年第 1 期。

龚沁宜、成学真:《数字普惠金融、农村贫困与经济增长》,《甘肃社会科学》2018 年第 6 期。

管卫华、林振山、顾朝林:《中国区域经济发展差异及其原因的多尺度分析》,《经济研究》2006 年第 7 期。

郭斌、杜曙光:《新基建助力数字经济高质量发展：核心机理与政策创新》,《经济体制改革》2021 年第 3 期。

郭炳南、王宇、张浩:《数字经济、绿色技术创新与产业结构升级——来自中国 282 个城市的经验证据》,《兰州学刊》2022 年第

2 期。

郭炳南、王宇、张浩：《数字经济发展改善了城市空气质量吗——基于国家级大数据综合试验区的准自然实验》，《广东财经大学学报》2022 年第 1 期。

郭凤鸣：《数字经济发展能缓解农民工过度劳动吗？》，《浙江学刊》2020 年第 5 期。

郭倩：《激发新动能 多地发力数字经济》，《经济参考报》2022 年 6 月 23 日第 6 版。

韩健、李江宇：《数字经济发展对产业结构升级的影响机制研究》，《统计与信息论坛》2022 年第 7 期。

韩松、王洺硕：《数字经济、研发创新与文化产业高质量发展》，《山东大学学报》（哲学社会科学版）2022 年第 3 期。

何地、林木西：《数字经济、营商环境与产业结构升级》，《经济体制改革》2021 年第 5 期。

何枭吟：《数字经济与信息经济、网络经济和知识经济的内涵比较》，《时代金融》2011 年第 29 期。

何宗樾、宋旭光：《数字经济促进就业的机理与启示——疫情发生之后的思考》，《经济学家》2020 年第 5 期。

侯世英、宋良荣：《数字经济、市场整合与企业创新绩效》，《当代财经》2021 年第 6 期。

侯文坤、夏国燕：《湖北数字经济占 GDP 比重超四成 新基建成经济社会新动能》，《大众投资指南》2022 年第 12 期。

侯向平：《数字化品牌始于"倾听"成于"倾听"》，《国际公关》2018 年第 5 期。

黄志、程翔、邓翔：《数字经济如何影响我国消费型经济增长水平》，《山西财经大学学报》2022 年第 4 期。

惠宁、杨昕：《数字经济驱动与中国制造业高质量发展》，《陕西师范大学学报》（哲学社会科学版）2022 年第 1 期。

纪园园、朱平芳：《数字经济赋能产业结构升级：需求牵引和供给优化》，《学术月刊》2022 年第 4 期。

贾艳丽等：《浅析深圳品牌建设的现状与发展方向》，《中国标准化》

2018 年第 20 期。

蹇令香、苏宇凌、曹珊珊：《数字经济驱动沿海地区海洋产业高质量发展研究》，《统计与信息论坛》2021 年第 11 期。

江红莉、侯燕、蒋鹏程：《数字经济发展是促进还是抑制了企业实体投资——来自中国上市公司的经验证据》，《现代财经》（天津财经大学学报）2022 年第 5 期。

姜南、李鹏媛、欧忠辉：《知识产权保护、数字经济与区域创业活跃度》，《中国软科学》2021 年第 10 期。

姜奇平：《数字经济学的基本问题与定性、定量两种分析框架》，《财经问题研究》2020 年第 11 期。

姜松、孙玉鑫：《数字经济对实体经济影响效应的实证研究》，《科研管理》2020 年第 5 期。

姜卫红：《打造数字品牌资产，促进多层次资本市场服务品牌发展》，《上海企业》2022 年第 7 期。

荆文君、孙宝文：《数字经济促进经济高质量发展：一个理论分析框架》，《经济学家》2019 年第 2 期。

柯静：《WTO 电子商务谈判与全球数字贸易规则走向》，《国际展望》2020 年第 3 期。

廖信林、杨正源：《数字经济赋能长三角地区制造业转型升级的效应测度与实现路径》，《华东经济管理》2021 年第 6 期。

李苍舒、沈艳：《数字经济时代下新金融业态风险的识别、测度及防控》，《管理世界》2019 年第 12 期。

李广昊、周小亮：《推动数字经济发展能否改善中国的环境污染——基于"宽带中国"战略的准自然实验》，《宏观经济研究》2021 年第 7 期。

李海舰、田跃新、李文杰：《互联网思维与传统企业再造》，《中国工业经济》2014 年第 10 期。

李海舰、李燕：《对经济新形态的认识：微观经济的视角》，《中国工业经济》2020 年第 12 期。

李浩、黄繁华：《数字经济能否促进服务消费？》，《现代经济探讨》2022 年第 3 期。

李倩、深圳：《服务数字经济发展 打造知产保护高地》，《人民法院报》2022年4月25日第8版。

李润嫒、刘小容：《"数字化浪潮"席卷而来 合肥跑出发展"加速度"》，《合肥晚报》2022年7月28日第A2版。

李腾、孙国强、崔格格：《数字产业化与产业数字化：双向联动关系、产业网络特征与数字经济发展》，《产业经济研究》2021年第5期。

李晓华：《数字经济新特征与数字经济新动能的形成机制》，《改革》2019年第11期。

李晓华：《数字科技、制造业新形态与全球产业链格局重塑》，《东南学术》2022年第2期。

李晓钟、李俊雨：《数字经济发展对城乡收入差距的影响研究》，《农业技术经济》2022年第2期。

李亚波、崔洁：《数字经济的出口质量效应研究》，《世界经济研究》2022年第3期。

李振利：《数字经济高质量发展下数据隐私权保护新途径的研究》，《宏观质量研究》2022年第10期。

李治国、车帅、王杰：《数字经济发展与产业结构转型升级——基于中国275个城市的异质性检验》，《广东财经大学学报》2021年第5期。

李宗显、杨千帆：《数字经济如何影响中国经济高质量发展？》，《现代经济探讨》2021年第7期。

梁琦、肖素萍、李梦欣：《数字经济发展、空间外溢与区域创新质量提升——兼论市场化的门槛效应》，《上海经济研究》2021年第9期。

林宏伟、邵培基：《区块链对数字经济高质量发展的影响因素研究》，《贵州社会科学》2019年第12期。

刘方、孟祺：《数字经济发展：测度、国际比较与政策建议》，《青海社会科学》2019年第4期。

刘翠花：《数字经济对产业结构升级和创业增长的影响》，《中国人口科学》2022年第2期。

刘达禹、徐斌、刘金全：《数字经济发展与区域经济增长——增长门槛还是增长瓶颈？》，《西安交通大学学报》（社会科学版）2021年第6期。

刘华芹：《以数字经济提升上海合作组织区域经济合作新空间》，《俄罗斯学刊》2022年第3期。

刘淑春：《中国数字经济高质量发展的靶向路径与政策供给》，《经济学家》2019年第6期。

刘家旗、茹少峰：《数字经济如何影响经济高质量发展：基于国际比较视角》，《经济体制改革》2022年第1期。

刘军、杨渊鋆、张三峰：《中国数字经济测度与驱动因素研究》，《上海经济研究》2020年第6期。

刘儒、张艺伟：《数字经济与共同富裕——基于空间门槛效应的实证研究》，《西南民族大学学报》（人文社会科学版）2022年第3期。

刘伟丽、陈勇：《中国制造业的产业质量阶梯研究》，《中国工业经济》2012年第11期。

刘伟丽、方晓萌：《世界经济特区演进与中国特色经济特区发展路径选择》，《国际贸易》2022年第7期。

刘伟丽、李楚童：《各国经济特区比较及我国特区应有的新作为》，《开放导报》2022年第2期。

刘伟丽、林玮菡：《质量创新与创新质量空间差异及耦合协调研究——基于中国高技术产业的经验分析》，《财经问题研究》2018年第6期。

刘伟丽、刘宏楠：《智慧城市建设推进企业高质量发展的机制与路径研究》，《深圳大学学报》（人文社会科学版）2022年第1期。

刘伟丽、刘正园：《国际贸易中收入分配与产品质量研究综述》，《国际贸易问题》2016年第5期。

刘伟丽、孟庆昇、付雪辉：《国内城镇住房质量指标体系研究——基于北京、上海和深圳统计数据的分析》，《财经问题研究》2014年第8期。

刘伟丽、杨景院：《柯兹纳式套利型还是熊彼特式创新型？——企业家创业对经济增长质量的影响》,《统计研究》2022 年第 4 期。

刘伟丽、余淼杰、吕乔:《制造业出口质量升级的跨国比较》,《学术研究》2017 年第 12 期。

刘伟丽、袁畅、曾冬林:《中国制造业出口质量升级的多维研究》,《世界经济研究》2015 年第 2 期。

刘伟丽、郑启明、张涵:《发展中国家制造业出口质量升级研究》,《中国工程科学》2015 年第 7 期。

刘伟丽、朱恺:《加快深圳服务贸易发展的政策建议》,《开放导报》2015 年第 2 期。

刘伟丽:《大力培育和弘扬工匠精神》,《中国战略新兴产业》2017 年第 21 期。

刘伟丽:《国际贸易中的产品质量问题研究》,《国际贸易问题》2011 年第 5 期。

刘伟丽:《全球化视域的中国品牌发展与培育》,《深圳特区报》2017 年 5 月 16 日第 C1 版。

刘伟丽:《全球经济失衡与再平衡问题研究》,《经济学动态》2011 年第 4 期。

刘伟丽:《全球贸易投资新规则对中国经济的影响》,《开放导报》2015 年第 6 期。

刘伟丽:《全球视野的质量经济与质量创新》,《深圳特区报》2015 年 2 月 2 日第 A10 版。

刘伟丽:《深圳服务业发展和开展国家服务业综合改革试点展望》,《特区经济》2012 年第 4 期。

刘伟丽:《世界贸易组织利益再平衡问题研究》,《财经问题研究》2012 年第 8 期。

刘伟丽:《质量强国战略是全方位的建设过程》,《特区报·理论版》2018 年 7 月 31 日 C2 版。

刘伟丽:《质量时代的工匠精神传承与弘扬》,《特区报·理论版》2017 年 5 月 2 日 B2 版。

刘伟丽:《质量文化助推高质量发展》,《光明日报·理论版》2018 年 7 月 31 日第 11 版。

刘伟丽：《中国实体经济的品质革命》，《中国质量报》2018 年 4 月 4 日第 4 版。

刘伟丽主编：《质量经济学研究》，社会科学文献出版社 2020 年版。

刘向阳：《点燃贸易数字化引擎，释放产业数字化潜力，推动深圳产业生态升级》，《进出口经理人》2022 年第 5 期。

刘鑫鑫、惠宁：《数字经济对中国制造业高质量发展的影响研究》，《经济体制改革》2021 年第 5 期。

刘洋、陈晓东：《中国数字经济发展对产业结构升级的影响》，《经济与管理研究》2021 年第 8 期。

刘悠扬：《数字赋能深圳文化产业》，《深圳商报》2021 年 9 月 23 日第 A2 版。

刘枬、郝雪镜、陈俞宏：《大数据定价方法的国内外研究综述及对比分析》，《大数据》2021 年第 6 期。

刘志坚：《数字经济发展、科技创新与出口技术复杂度》，《统计与决策》2021 年第 17 期。

鲁玉秀、方行明、张安全：《数字经济、空间溢出与城市经济高质量发展》，《经济经纬》2021 年第 6 期。

陆建栖、任文龙：《数字经济推动文化产业高质量发展的机制与路径——基于省级面板数据的实证检验》，《南京社会科学》2022 年第 5 期。

陆晓华、张帅：《苏州锚定数字经济时代"主赛道"》，《江苏经济报》2022 年 1 月 4 日第 A2 版。

龙卫球：《再论企业数据保护的财产权化路径》，《东方法学》2018 年第 3 期。

罗茜、王军、朱杰：《数字经济发展对实体经济的影响研究》，《当代经济管理》2022 年第 7 期。

罗小芳、王素素：《数字经济、就业与劳动收入增长——基于中国家庭追踪调查（CFPS）数据的实证分析》，《江汉论坛》2021 年第 11 期。

吕晗：《国际贸易知识产权数字壁垒研究》，《技术经济与管理研究》2021 年第 10 期。

吕绍刚、邓圩：《从"深圳速度"到"深圳质量"》，《人民日报》2016年8月15日第1版。

马其家、李晓楠：《论我国数据跨境流动监管规则的构建》，《法治研究》2021年第1期。

马勇、王慧、夏天添：《数字经济对中部地区实体经济的挤出效应研究》，《江西社会科学》2021年第10期。

马中东、宁朝山：《数字经济、要素配置与制造业质量升级》，《经济体制改革》2020年第3期。

孟天广：《政府数字化转型的要素、机制与路径———兼论"技术赋能"与"技术赋权"的双向驱动》，《治理研究》2021年第1期。

米嘉伟、屈小娥：《数字经济发展如何影响城乡收入差距》，《现代经济探讨》2022年第6期。

米彦泽：《高质量发展数字经济，河北如何发力》，《河北日报》2022年7月15日第5版。

牟天琦、刁璐、霍鹏：《数字经济与城乡包容性增长：基于数字技能视角》，《金融评论》2021年第4期。

聂昌腾、张帆：《中国数字经济发展的区域差异及驱动因素——基于空间面板模型的实证分析》，《技术经济与管理研究》2022年第4期。

欧阳日辉：《我国多层次数据要素交易市场体系建设机制与路径》，《江西社会科学》2022年第3期。

潘如龙、周宇晗：《数字经济引领浙江高质量发展》，《浙江日报》2019年7月25日第8版。

裴长洪、倪江飞、李越：《数字经济的政治经济学分析》，《财贸经济》2018年第9期。

戚聿东、刘翠花、丁述磊：《数字经济发展、就业结构优化与就业质量提升》，《经济学动态》2020年第11期。

戚聿东、刘翠花：《数字经济背景下互联网使用是否缩小了性别工资差异——基于中国综合社会调查的经验分析》，《经济理论与经济管理》2020年第9期。

齐俊妍、任奕达：《数字经济渗透对全球价值链分工地位的影响——基于行业异质性的跨国经验研究》，《国际贸易问题》2021年第9期。

邱磊：《全国首个预制菜产业互联网平台"快肴网"正式上线》，《走向世界》2022年第22期。

人民教育出版社历史室：《世界近代现代史》，人民教育出版社2006年第2版。

任保平、杜宇翔：《高质量发展目标下的中国经济发展成本度量》，《财经问题研究》2020年第6期。

任晓萌：《数字青岛2022："46条"让城市更"智慧"》，《青岛日报》2022年3月8日第7版。

王俊秀：《深圳：打造数字经济创新发展试验区》，《深圳特区报》2019年11月12日第C2版。

吴德群：《深圳数字经济领跑全国》，《深圳特区报》2022年1月21日第A5版。

吴德群：《深圳数字经济风头正盛》，《深圳特区报》2022年6月13日第A3版。

沈克印等：《数字经济驱动体育产业高质量发展的理论阐释与实践路径》，《武汉体育学院学报》2021年第10期。

沈克印等：《数字经济驱动体育产业高质量发展的变革机制与推进策略》，《体育学研究》2022年第3期。

时东、杨晖：《征信业个人信息可携带权保护》，《中国金融》2022年第1期。

司玉静、曹薇、赵伟：《知识产权保护赋能数字经济发展的实证检验——基于区域创新的中介效应》，《金融与经济》2022年第5期。

宋旭光、何佳佳、左马华青：《数字产业化赋能实体经济发展：机制与路径》，《改革》2022年第6期。

盛斌、刘宇英：《中国数字经济发展指数的测度与空间分异特征研究》，《南京社会科学》2022年第1期。

苏为华：《多指标综合评价理论与方法问题研究》，博士学位论文，厦门大学，2000年。

苏艳丽：《深圳品牌战略实施路径思考：经济与文化共轭》，《特区经济》2018年第3期。

孙杰：《从数字经济到数字贸易：内涵、特征、规则与影响》，《国际经贸探索》2020年第5期。

孙黎、许唯聪：《数字经济对地区全球价值链嵌入的影响——基于空间溢出效应视角的分析》，《经济管理》2021年第11期。

孙欣、周晓峰：《开通"直联点"，青岛数字经济有了"强支点"》，《青岛日报》2022年5月20日第3版。

唐红涛、陈欣如、张俊英：《数字经济、流通效率与产业结构升级》，《商业经济与管理》2021年第11期。

唐斯斯等：《我国新型智慧城市发展现状、形势与政策建议》，《电子政务》2020年第4期。

唐洋：《全球数字贸易规则发展趋势与中国对策》，硕士学位论文，商务部国际贸易经济合作研究院，2020年。

陶皖主编：《云计算与大数据》，西安电子科技大学出版社2017年版。

滕磊、马德功：《数字金融能够促进高质量发展吗？》，《统计研究》2020年第11期。

吴秋余：《数字人民币，为高质量发展添动力》，《人民日报》2022年7月20日第6版。

万晓榆、罗焱卿：《数字经济发展水平测度及其对全要素生产率的影响效应》，《改革》2022年第1期。

万晓琼、王少龙：《数字经济对粤港澳大湾区高质量发展的驱动》，《武汉大学学报》（哲学社会科学版）2022年第3期。

万晓榆、罗焱卿、袁野：《数字经济发展的评估指标体系研究——基于投入产出视角》，《重庆邮电大学学报》（社会科学版）2019年第6期。

汪克亮、赵斌：《"双碳"目标背景下数字金融对能源效率的影响研究》，《南方金融》2021年第9期。

汪亚楠、叶欣、许林：《数字金融能提振实体经济吗》，《财经科学》2020年第3期。

王佳宜、王子岩：《个人数据跨境流动规则的欧美博弈及中国因应——基于双重外部性视角》，《电子政务》2022 年第 5 期。

王军、车帅：《黄河流域数字经济对高质量发展的影响——来自城市异质性的经验证据》，《资源科学》2022 年第 4 期。

王军、肖华堂：《数字经济发展缩小了城乡居民收入差距吗?》，《经济体制改革》2021 年第 6 期。

王俊豪、周晟佳：《中国数字产业发展的现状、特征及其溢出效应》，《数量经济技术经济研究》2021 年第 3 期。

王磊、杨宜勇：《数字经济高质量发展的五大瓶颈及破解对策》，《宏观经济研究》2022 年第 2 期。

王利明：《论个人信息权的法律保护——以个人信息权与隐私权的界分为中心》，《现代法学》2013 年第 4 期。

王苗、曲韵、陈刚：《数字化变革与品牌资产概念与模型研究》，《贵州社会科学》2020 年第 8 期。

王攀、孙飞、印朋：《"数"上开出"产业花"——深圳数字经济推动高质量发展观察》，《经济参考报》，2022 年 2 月 10 日。

王伟：《上海 2025 年元宇宙产业规模将突破 3500 亿元》，《中国电子报》2022 年 6 月 21 日第 2 版。

王文：《数字经济时代下工业智能化促进了高质量就业吗》，《经济学家》2020 年第 4 期。

王文森：《变异系数——一个衡量离散程度简单而有用的统计指标》，《中国统计》2007 年第 6 期。

王雍君：《数字经济对税制与税收划分的影响：一个分析框架——兼论税收改革的核心命题》，《税务研究》2020 年第 11 期。

王永仓、温涛：《数字金融的经济增长效应及异质性研究》，《现代经济探讨》2020 年第 11 期。

王聿昊、张璇：《浙江数字经济核心产业增加值突破 8000 亿元》，《中国信息报》2022 年 6 月 9 日第 5 版。

卫晓君、赵淼：《"十四五"时期数字贸易高质量发展：问题审视与创新路径》，《经济体制改革》2022 年第 3 期。

魏丽娜、方晴、黄庆：《〈广州市数字经济促进条例〉6 月 1 日起实施》，《金融科技时代》2022年第6期。

魏君英、胡润哲、陈银娥：《数字经济发展如何影响城乡消费差距：扩大或缩小？》，《消费经济》2022年第3期。

魏亚飞、李言：《网络基础设施与数字经济产业化——来自"宽带中国"政策的准自然实验》，《云南财经大学学报》2021年第7期。

温珺、阎志军、程愚：《数字经济驱动创新效应研究——基于省际面板数据的回归》，《经济体制改革》2020年第3期。

邬爱其、刘一蕙、宋迪：《跨境数字平台参与、国际化增值行为与企业国际竞争优势》，《管理世界》2021年第9期。

巫细波、杨再高：《智慧城市理念与未来城市发展》，《城市发展研究》2010年第11期。

吴赢、张翼：《数字经济与区域创新——基于融资和知识产权保护的角度》，《南方经济》2021年第9期。

伍江：《赋能东莞数字经济发展》，《东莞日报》2022年3月28日第A2版。

习近平：《不断做强做优做大我国数字经济》，《求是》2022年第2期。

夏杰长、刘诚：《数字经济赋能共同富裕：作用路径与政策设计》，《经济与管理研究》2021年第9期。

夏杰长、徐紫嫣、姚战琪：《数字经济对中国出口技术复杂度的影响研究》，《社会科学战线》2022年第2期。

向定杰：《贵州：数字经济连续七年高增长》，《经济参考报》2022年7月14日第5版。

肖威、张艳婷：《数字经济背景下制造业数字化转型升级路径研究——以佛山市为例》，《广东轻工职业技术学院学报》2022年第2期。

向云、陆倩、李芷萱：《数字经济发展赋能共同富裕：影响效应与作用机制》，《证券市场导报》2022年第5期。

谢宝树、吴国志：《惠州加速打造具有世界级竞争力电子信息产业基地》，《惠州日报》2021年9月29日第1版。

谢富胜、江楠、吴越：《数字平台收入的来源与获取机制——基于马克思主义流通理论的分析》,《经济学家》2022 年第 1 期。

谢康、夏正豪、肖静华:《大数据成为现实生产要素的企业实现机制：产品创新视角》,《中国工业经济》2020 年第 5 期。

谢云飞:《数字经济对区域碳排放强度的影响效应及作用机制》,《当代经济管理》2022 年第 2 期。

徐华、魏然:《数字贸易规则构建的国际经验与启示》,《经济论坛》2021 年第 4 期。

徐清源、单志广、马潮江:《国内外数字经济测度指标体系研究综述》,《调研世界》2018 年第 11 期。

徐晓慧:《数字经济与经济高质量发展：基于产业结构升级视角的实证》,《统计与决策》2022 年第 1 期。

许宪春、张美慧:《中国数字经济规模测算研究——基于国际比较的视角》,《中国工业经济》2020 年第 5 期。

杨宇:《多指标综合评价中赋权方法评析》,《统计与决策》2006 年第 13 期。

杨公仆主编:《产业经济学》,复旦大学出版社 2005 年版。

杨慧梅、江璐:《数字经济、空间效应与全要素生产率》,《统计研究》2021 年第 4 期。

杨凯瑞、张毅、何忍星:《智慧园区的概念、目标与架构》,《中国科技论坛》2019 年第 1 期。

杨文溥:《数字经济促进高质量发展：生产效率提升与消费扩容》,《上海财经大学学报》2022 年第 1 期。

杨文溥:《数字经济与区域经济增长：后发优势还是后发劣势?》,《上海财经大学学报》2021 年第 3 期。

杨骁、刘益志、郭玉:《数字经济对我国就业结构的影响——基于机理与实证分析》,《软科学》2020 年第 10 期。

姚维瀚、姚战琪:《数字经济、研发投入强度对产业结构升级的影响》,《西安交通大学学报》(社会科学版) 2021 年第 5 期。

姚战琪:《数字经济对城乡人力资本差距的影响机理分析》,《哈尔滨工业大学学报》(社会科学版) 2022 年第 3 期。

姚战琪:《数字经济对我国制造业出口竞争力的影响及其门槛效应》,

《改革》2022 年第 2 期。

姚震宇:《区域市场化水平与数字经济竞争——基于数字经济指数省际空间分布特征的分析》,《江汉论坛》2020 年第 12 期。

叶堂林、李国梁:《京津冀蓝皮书:京津冀发展报告(2022)——数字经济助推区域协同发展》,《北京商报》2022 年 7 月 11 日第 2 版。

游笑春、林侃:《创新驱动新变革 数字引领新格局》,《福建日报》,2022 年 7 月 22 日第 1 版。

易宪容、陈颖颖、位玉双:《数字经济中的几个重大理论问题研究——基于现代经济学的一般性分析》,《经济学家》2019 年第 7 期。

阎世平、武可栋、韦庄禹:《数字经济发展与中国劳动力结构演化》,《经济纵横》2020 年第 10 期。

余博、潘爱民:《数字经济、人才流动与长三角地区高质量发展》,《自然资源学报》2022 年第 6 期。

余海华:《中国数字经济空间关联及其驱动因素研究》,《统计与信息论坛》2021 年第 9 期。

余姗、樊秀峰、蒋皓文:《数字经济对我国制造业高质量走出去的影响——基于出口技术复杂度提升视角》,《广东财经大学学报》2021 年第 2 期。

袁佳航、郭树行、佘万卫:《数字经济环境下品牌多维协同建设研究》,《互联网周刊》2022 年第 12 期。

袁勇、王飞跃:《区块链技术发展现状与展望》,《自动化学报》2016 年第 4 期。

袁园、杨永忠:《走向元宇宙:一种新型数字经济的机理与逻辑》,《深圳大学学报》(人文社会科学版)2022 年第 1 期。

张红伟等:《财政科技投入对数字经济发展的影响》,《财经科学》2022 年第 5 期。

张娟娟:《天津数字经济发展模式及路径探索》,《天津经济》2022 年第 3 期。

张茉楠:《全球贸易规则框架与数字贸易治理》,《新经济导刊》2018 年第 7 期。

张少华、陈治：《数字经济与区域经济增长的机制识别与异质性研究》，《统计与信息论坛》2021年第11期。

张腾、蒋伏心、韦朕韬：《数字经济能否成为促进我国经济高质量发展的新动能？》，《经济问题探索》2021年第1期。

张雪玲、焦月霞：《中国数字经济发展指数及其应用初探》，《浙江社会科学》2017年第4期。

张新民、陈德球：《移动互联网时代企业商业模式、价值共创与治理风险——基于瑞幸咖啡财务造假的案例分析》，《管理世界》2020年第5期。

张勋、万广华、吴海涛：《缩小数字鸿沟：中国特色数字金融发展》，《中国社会科学》2021年第8期。

张勋等：《数字经济、普惠金融与包容性增长》，《经济研究》2019年第8期。

张正怡：《数据价值链视域下数据跨境流动的规则导向及应对》，《情报杂志》2022年第7期。

赵宸宇、王文春、李雪松：《数字化转型如何影响企业全要素生产率》，《财贸经济》2021年第7期。

赵丹丹：《国内外领先银行数字化转型的实践与启示》，《新金融》2021年第10期。

赵龙跃、高红伟：《中国与全球数字贸易治理：基于加入DEPA的机遇与挑战》，《太平洋学报》2022年第2期。

赵涛、张智、梁上坤：《数字经济、创业活跃度与高质量发展——来自中国城市的经验证据》，《管理世界》2020年第10期。

赵星：《数字经济发展现状与发展趋势分析》，《四川行政学院学报》2016年第4期。

赵玉鹏、王志远：《数字经济与数字经济时代浅议》，《广西民族学院学报》（哲学社会科学版）2003年第1期。

郑佳宁：《数据信息财产法律属性探究》，《东方法学》2021年第5期。

钟敏：《国际数字经济测度的实践经验及中国的战略选择》，《经济体制改革》2021年第3期。

钟若愚、曾洁华：《数字经济对居民消费的影响研究——基于空间杜宾模型的实证分析》，《经济问题探索》2022 年第 3 期。

钟祥铭、方兴东：《智能鸿沟：数字鸿沟范式转变》，《现代传播》（中国传媒大学学报）2022 年第 4 期。

钟业喜、毛炜圣：《长江经济带数字经济空间格局及影响因素》，《重庆大学学报》（社会科学版）2020 年第 1 期。

周慧、孙革、周加来：《数字经济能够缩小城乡多维差距吗？——资源错配视角》，《现代财经》（天津财经大学学报）2022 年第 1 期。

周经、吴可心：《东道国数字经济发展促进了中国对外直接投资吗？》，《南京财经大学学报》2021 年第 2 期。

周文、韩文龙：《平台经济发展再审视：垄断与数字税新挑战》，《中国社会科学》2021 年第 3 期。

周小亮、宝哲：《数字经济发展对实体经济是否存在挤压效应？》，《经济体制改革》2021 年第 5 期。

朱福林：《后疫情时代我国数字经济高质量发展战略对策》，《经济体制改革》2021 年第 1 期。

朱金周、方亦茗、岑聪：《粤港澳大湾区数字经济发展特点及对策建议》，《信息通信技术与政策》2021 年第 2 期。

诸竹君、黄先海、王毅：《外资进入与中国式创新双低困境破解》，《经济研究》2020 年第 5 期。

庄媛：《推动中小企业加"数"跑》，《深圳特区报》2022 年 7 月 1 日第 A9 版。

左鹏飞、陈静：《高质量发展视角下的数字经济与经济增长》，《财经问题研究》2021 年第 9 期。

二 英文文献

Aditi Kapoor, "Financial Inclusion and the Future of the Indian Economy", *Futures*, Vol. 56, 2014.

Afërdita Berisha-Shaqiri and Mihane Berisha-Namani, "Information Technology and the Digital Economy", *Mediterranean Journal of Social Sci-*

ences, Vol. 6, 2015.

Alexander Bleier, "Consumer Privacy and the Future of Data-Based Innovation and Marketing", *International Journal of Research in Marketing*, Vol. 37, No. 3, 2020.

Anthony Castillo et al., "Privacy and Security in the Era of Digital Health: What Should Translational Researchers Know and Do about It?", *American Journal of Translational Research*, Vol. 8, No. 3, 2016.

Avi Goldfarb and Catherine Tucker, "Digital Economics", *Journal of Economic Literature*, Vol. 1, 2019.

Barbara Filkins et al., "Virtual Field Experiments for A Digital Economy: A New Research Methodology for Exploring An Information Economy", *Decision Support Systems*, Vol. 32, No. 3, 2002.

Chen Yongmin, "Improving Market Performance in the Digital Economy", *China Economic Review*, Vol. 62, 2020.

Dale Jorgensona, "The Impact of Information Technology on Postwar US Economic Growth", *Telecommunications Policy*, Vol. 40, No. 5, 2016.

Daron Acemoglu and Pascual Restrepo, "Robots and Jobs: Evidence from U.S. Labor Markets", *Journal of Political Economy*, Vol. 128, No. 6, 2020.

Dominic Lim et al., "Institutional Environment and Entrepreneurial Cognitions: A Comparative Business Systems Perspective", *Entrepreneurship Theory and Practice*, Vol. 3, 2010.

Dominic Chalmers et al., "Artificial Intelligence and Entrepreneurship: Implications for Venture Creation in the Fourth Industrial Revolution", *Entrepreneurship Theory and Practice*, Vol. 45, No. 5, 2021.

Don Tapscott ed., *The Digital Economy: Promise and Peril in the Age of Networked Intelligence*, New York: McGraw-Hill, 1995.

Gert Rosenthal, "Development Thinking and Policies: The Way Ahead", *Cepal Review*, 1996.

Harry Bowen and Dirk Clercq, "Institutional Context and the Allocation of Entrepreneurial Effort", *Journal of International Business Studies*, Vol. 4, 2008.

Hayat Khan, Liu Weili, Itbar Khan, "The Role of Financial Development and Institutional Quality in Environmental Sustainability: Panel Data Evidence from the BRI Countries", *Environmental Science and Pollution Research*, 2022.

Hoppner Thomas, "Defining Markets for Multi-sided Platforms: The Case of Search Engines", *World Competition*, Vol. 38, 2015.

Howard Aldrich ed., *Organizations Evolving*, Sage, 1999.

Ittay Eyal, "Blockchain Technology: Transforming Libertarian Cryptocurrency Dreams to Finance and Banking Realities", *Computer*, Vol. 9, 2017.

Dale Jorgenson and Khuong Vu, "The ICT Revolution, World Economic Growth, and Policy Issues", *Telecommunications Policy*, Vol. 40, No. 5, 2016.

Liu Weili et al., "The Impact of Information and Communication Technology, Financial Development, and Energy Consumption on Carbon Dioxide Emission: Evidence from the Belt and Road Countries", *Environmental Science and Pollution Research*, Vol. 29, No. 19, 2022.

Liu Hongnan, Liu Weili, Chen Guangchun, "Environmental Information Disclosure, Digital Transformation, and Total Factor Productivity: Evidence from Chinese Heavy Polluting Listed Companies", *International Journal of Environmental Research and Public Health*, Vol. 19, No. 15, 2022.

Litwin Adam and Tanious Sherry, "Information Technology, Business Strategy and the Reassignment of Work from in-House Employees to Agency Temps", *British Journal of Industrial Relations*, Vol. 59, No. 3, 2021.

Mark Knickrehm, Bruno Berthon, Paul Daugherty, "Digital Disruption: The growth multiplier", *Accenture Strategy*, 2016.

Marek Beranek et al., "Architecting Enterprise Applications for the Cloud: The Unicorn Universe Cloud Framework", *International Conference on Service-Oriented Computing*, 2017.

McKinsey Digital ed., *The Future of Digital Innovation in China*, 2021.

Neal Lane, "Advancing the Digital Economy into the 21st Century", *Information Systems Frontiers*, Vol. 1, No. 3, 1999.

Osvaldo Sunkel and Gustavo Zuleta, "Neo-Structuralism Versus Neoliberalism in the 1990s", *CEPAL Review*, Vol. 42, 1990.

Pedro Neves, Tiago Sequeira, "Spillovers in the Production of Knowledge: A Meta Regression Analysis", *Research Policy*, Vol. 47, No. 4, 2018.

Pun-lee Lam and Alice Shiu, "Economic Growth, Telecommunications Development and Productivity Growth of the Telecommunications Sector: Evidence around the World", *Telecommunications Policy*, Vol. 4, 2010.

Robert Solow, "A Contribution to the Theory of Economic Growth", *The Quarterly Journal of Economics*, Vol. 1, 1956.

Rumana Bukht and Richard Heeks, "Defining Conceptualising and Measuring the Digital Economy", *Development Informatics Working Paper*, Vol. 68, 2017.

Steven Landefeld and Barbara Fraumeni. "Measuring the New Economy", *Bea Papers*, Vol. 3, 2001.

Simon Loertscher and Leslie Marx, "Digital Monopolies: Privacy Protection or Price Regulation?", *International Journal of Industrial Organization*, Vol. 71, 2020.

Thomas Mesenbourg, "Measuring the Digital Economy", *US Bureau of the Census*, Vol. 1, 2001.

后 记

感谢此次有机会参与《深圳这十年》特辑的撰写工作，于我也是一个难得的机会，针对深圳数字经济高质量发展开展深入的研究。在此期间有幸得到相关部门和企业的支持，提供了宝贵的研究素材和研究资料，感谢参与书稿撰写和资料收集整理工作的团队成员，期待未来能继续携手行走在数字经济领域的研究中。2022年8月15日深夜，终于完成深圳数字经济高质量发展书稿的撰写工作，时间有限，希望拙著可以给予读者些许启迪。

本书主要参与撰写者：深圳大学博士研究生陈腾鹏协助撰写第一章和第三章，深圳大学博士研究生杨景院协助撰写第二章，深圳大学博士研究生方晓萌协助撰写第四章和第五章，厦门大学博士研究生李楚童协助撰写第六章，深圳技术大学助理教授周灵协助撰写第七章，香港理工大学硕士研究生常海青协助撰写第八章，深圳海关曹鹏飞、高琼、王晓丽、李函儒、覃慧喆、谭思纯协助撰写第九章，中兴通讯供应链规划总监田其新协助撰写第十章，前海产业智库秘书长罗润华协助撰写第十一章，深圳大学高级会计师刘芳、硕士研究生于佳琪和华南理工大学本科生成天琪协助查询和整理相关资料。

刘伟丽
2022 年 8 月 15 日于深圳大学粤海校区